3 THE MODERN WESTERN THOUGHT SERIES

Routledge
Taylor & Francis Group

西方现代思想丛书

珍藏版

通往奴役之路

[英] 弗里德里希·奥古斯特·冯·哈耶克 著
王明毅 冯兴元 等译
冯兴元 毛寿龙 王明毅 统校

F.A.Hayek

The Road to Serfdom

中国社会科学出版社

图字:01-2017-7842 号

图书在版编目(CIP)数据

通往奴役之路/(英)哈耶克(Hayek, F. A.)著,王明毅等译.—修订本.—北京:中国社会科学出版社,1997.8(2025.1 重印)
(西方现代思想丛书;3)
书名原文:The Road to Serfdom.
ISBN 978-7-5004-2136-8

Ⅰ.①通… Ⅱ.①哈…②王… Ⅲ.①新自由主义(经济学) Ⅳ.①F091.352

中国版本图书馆 CIP 数据核字(2015)第 089801 号

出 版 人 赵剑英
责任编辑 李庆红
责任校对 韩天炜
责任印制 张雪娇

出 版 中国社会科学出版社
社 址 北京鼓楼西大街甲 158 号
邮 编 100720
网 址 http://www.csspw.cn
发 行 部 010-84083685
门 市 部 010-84029450
经 销 新华书店及其他书店

印刷装订 环球东方(北京)印务有限公司
版 次 1997 年 8 月第 1 版
印 次 2025 年 1 月修订第 44 次印刷

开 本 880×1230 1/32
印 张 8.75
插 页 2
字 数 228 千字
定 价 42.00 元

凡购买中国社会科学出版社图书,如有质量问题请与本社营销中心联系调换
电话:010-84083683

《西方现代思想丛书》之一

译校者的话

弗里德里希·奥古斯特·冯·哈耶克（Friedrich August von Hayek）是20世纪西方著名的经济学家和政治哲学家，当代新自由主义思潮的代表人物，原籍奥地利，后于1931年迁居英国并于1938年获得英国国籍。他一生从事教学和著述，自20世纪20年代以来，先后执教于奥地利维也纳大学、英国伦敦经济学院、美国芝加哥大学和联邦德国弗赖堡大学等著名学府，主要著作有《货币理论和商业盛衰周期性》（*Monetary Theory and the Trade Cycle*，1928?）、《价格与生产》（*Prices and Production*，1931）、《货币民族主义与国际稳定》（*Monetary Nationalism and International Stability*，1937）、《利润、利息和投资》（*Profits, Interest and Investment*，1939）、《资本的纯理论》（*The Pure Theory of Capital*，1941）、《通往奴役之路》（*The Road to Serfdom*，1944）、《个人主义与经济秩序》（*Individualism and Economic Order*，1948）、《约翰·斯图尔特·穆勒和哈里特·泰勒》（*John Stuart Mill and Harriet Taylor*，1951）、《科学的反革命》（*The Counter-Revolution of Science*，1952）、《感觉的秩序》（*The Sensory Order*，1952）、《自由宪章》（*The Constitution of Liberty*，1960）和《法律、立法和自由》（*Law、Legislation and Liberty*，1973—1979）等。1974年，鉴于哈耶克"在经济学界自亚当·斯密以来最受人尊重的道德哲学家和政治经济学家至高无上的

地位”[①]，他和冈纳·缪尔达尔（Cunnar Myrdal）一起获得诺贝尔经济学奖。

哈耶克享有巨大的世界性声誉，然而，他的这种声誉却是随着时代倾向的变化经历了几起几落之后才得以确立的。作为20世纪30年代奥地利经济周期理论的杰出倡导者，他在关于凯恩斯《货币论》（1920）的论战中败下阵来，从此，他丧失了一流经济学家的地位。但这一经历却使他转向政治哲学、法律理论和思想史的研究，并在这些领域取得极大的成就，他作为一个“自由至上主义者”的名声又传播起来，其影响远远超出经济学领域，成为一名不容忽视的大思想家。不过，作为一名伟大的经济学家，其地位却是晚至20世纪70年代之后才得以恢复的。当时，凯恩斯主义在西方国家走向低潮，福利国家政策实践的结果令人反感，在这种情况下，作为凯恩斯主义坚定的反对者，哈耶克自然应运再起，他的经济学说也再度引起人们的重视。1974年哈耶克荣获诺贝尔经济学奖，就是以此为背景。此后，哈耶克无论是作为经济学家，还是作为政治哲学家，都一直处于一生中最辉煌的地位，而且他的新自由主义观点对西方思想界的影响也越来越大。在美国，他成为正在兴起的“公民拥有充分自由权”运动的领袖；在英国，连公认最保守的撒切尔夫人也自称是哈耶克的信徒。

对于中国学术界，哈耶克的名字并不陌生。早在20世纪五六十年代，哈耶克的著作就曾由我国学者滕维藻等人译出[②]，但在当时的形势下，这些著作多属“内部读物”，印数甚少，流传

① 〔英〕马克·布劳格：《20世纪百名经济学巨匠》，吴雅杰等译，中国经济出版社1992年版，第106页。

② 《物价与生产》，上海人民出版社1958年版；《通向奴役的道路》，商务印书馆1962年版。

范围有限，故影响不大。80 年代末 90 年代初，又有哈耶克的著作译出[①]，但数量仅有一种。对哈耶克著作的译介状况，与其日隆的声名极不相符，故此，中国社会科学出版社的“西方现代思想丛书”将哈耶克《通往奴役之路》推出，对我国读者全面、系统地了解哈耶克及其著作提供了条件。

《通往奴役之路》一书在哈耶克的学术生涯中占有极其重要的地位，这本书为他赢得了广泛的注意，其世界性声誉就是由此奠定的。他在这本书中论证道，当时正在计划中的福利国家不是为个人自由的战斗在和平时期的继续，倒是朝着专制的方向迈出了一步。因此，他认为追求计划经济，其无意识后果必然是极权主义。为了反对这种计划经济，哈耶克有力地重申了他一贯坚持的古典自由主义观点，同时，也允许适度的政府活动，但这仅限于符合他的法治概念的那些活动形式。应该强调的是，哈耶克的自由主义包括对许多有用的社会制度的赞赏，但这些制度只能是人的自发行动的后果，而不能是人设计的结果。这一论点是从休谟、亚当·斯密和苏格兰历史学派那里继承过来的，它在哈耶克的著作中占据了重要位置。由此出发，哈耶克认为，良好的社会不是简单地依赖于在政府所提供的法律框架内追求私利，相反，它应依赖于一套复杂的法律、道义传统和行为规则的框架，这套框架的特点应该为大多数社会成员所理解和认同。

这部著作从问世至今，一直在学术界中存有争议。其中，一个重要原因在于这本书本身的内在悖论。我们知道，哈耶克这本书的观点来源于关于市场和其他非主观设计的制度所具有的“自发秩序”的特性的思想。这种思想使哈耶克遇到一些难以解决的问题，使他不可避免地陷于社会进化和群体选择的争端之中。他

① 《个人主义与经济秩序》（诺贝尔经济学奖获奖者著作丛书），贾湛等译，北京经济学院出版社 1991 年版。

对选择机制特点的论述与自由主义的关系并不总是清楚的。这些论点的非理性特征与其高度理性的几近乌托邦的新自由主义思想，形成鲜明的对照。《通往奴役之路》一书所存在的这种缺陷，日后也为作者本人意识到，他在后来出版的《自由宪章》和《法律、立法和自由》中，多处涉及这个难题，试图将古典自由主义与“现代国家”的主题结合起来。至于这一尝试成功与否，尚有待评说，但哈耶克及其著作无疑对学术界产生了重要影响，并对政治思想领域中古典自由主义的复兴发挥了极大的作用。

对中国的读者来说，对哈耶克的《通往奴役之路》要进行批判性的阅读。哈耶克从多方面阐述了计划经济的弊病，从理论角度看，其论点和探讨还是有某些启发意义的。从打破过去只讲计划经济的优越性这一点来看，他的观点并不一定正确，但其视角可以帮助我们对此进行反思。然而，他把集体主义、社会主义、极权主义和法西斯主义混为一谈，对各种社会主义思潮不加区别，是不符合历史事实的。哈耶克基于自由主义立场，攻击社会主义与纳粹主义有同样的思想基础，中国读者也不应盲从。读者在阅读时一定要加以鉴别和批判，以免为错误的观点所误导，这一点十分重要。

特别应当说明的是，在本书翻译过程中，我们征得滕维藻先生的同意，参考了他和朱宗风先生在1962年出版的中译本，从中得到很大帮助，特此向滕先生表示深深的谢意。同时，我们也冒昧地在有些地方采取了和滕先生不同的译法，并增补了滕先生的译本中漏译或删除的部分。此次修订再版，亦是对已辞世的滕先生的一种纪念。是为译校序。

王明毅　冯兴元　识

2013年2月于北京

目　　录

良序社会运行的基本原理

——《通往奴役之路》中文修订版导言

天有显道，厥类惟彰。

——《周书·泰誓》

在《通往奴役之路》第一章，弗里德里希·奥古斯特·冯·哈耶克（Friedrich August von Hayek）说："观念的转变和人类意志的力量，塑造了今天的世界。"①这句话寓意甚深，实际上道出了哈耶克本人写作这本书的初旨。

从人类社会近现代思想史来看，19 世纪之前，曾出现了影响人类社会发展进程的两部伟大政治经济学著作：一部是 1776 年出版的亚当·斯密（Adam Smith）的《国富论》，另一部是 1867 年出版的卡尔·马克思（Karl Marx）的《资本论》（第一卷）。前者揭示了人类社会市场经济运行的基本法则和国家富裕之道，而后者则与马克思和恩格斯的其他著作一起，构成了 20 世纪世界范围的中央计划经济的巨大社会工程试验的主要思想来源。进入 20 世纪以后，也曾有两部著作对现当代人类社会产生了至深和至远的影响：一是 1936 年出版的约翰·梅纳德·凯恩

① 见本书英文原版，F. A. Hayek, *The Road to Serfdom*, (*The Collected Works of F. A. Hayek*, Vol. II), ed. by Bruce Caldwell, Chicago: The Chicago University Press, 1944/2007, p. 66。

斯（John Maynard Keynes）的《就业、利息和货币通论》；一是1944年出版的哈耶克的这本《通往奴役之路》。凯恩斯的《通论》曾主导并影响了第二次世界大战后西方国家政府的宏观政策多年，以至在西方当代历史上曾有第二次世界大战后近40年"凯恩斯革命"的经济繁荣之说。尽管凯恩斯的《通论》"二战"后在世界范围内影响巨大，且每当世界性的商业周期和经济萧条发生时，凯恩斯的理论和政策主张总是被各国政府重拾起来并不断地加以应用，但凯恩斯的分析方法和经济理论指向却是短期的，甚至连他本人也公开承认这一点①。与凯恩斯的理论相反，哈耶克的《通往奴役之路》所关注的是人类社会发展的长期问题。这部著作1944年一出版，在英美国家乃至世界范围内即产生了巨大反响。尽管在短期内，对哈耶克的这本书所宣讲的理念和观点有赞同之声，但同时也有很多负面的评论、批评意见乃至带有情绪的理论攻击。然而，20世纪以来世界各国的经济发展与制度变迁，尤其是20世纪80年代后期苏联和东欧国家经济体制的巨变和中国经济改革的巨大成就，已经在一定程度上证明了哈耶克的自由市场经济理论及其所讲述的一些经济、政治与社会理念，有许多基本符合人类社会发展演进的方向。

这部《通往奴役之路》1944年由英国的老牌出版社罗德里奇（Routledge）出版社出版。按照哈耶克本人在1974年获诺贝尔经济学奖讲演中的说法和他晚年的回忆，他于1940年至1943年在英国剑桥期间写作了这部书，而主要成稿于1941—1942年，

① 在1924年出版的《货币改革论》中，凯恩斯就明确地说："……讲长期是对处理当前事务的误导。在长期，我们都死了。如果在暴风雨的季节，经济学家们告诉人们，暴风雨在长期中会过去，海洋将恢复平静，这未免把他们自己的任务定得太过容易和无用了。"（John Maynard Keynes, *A Tract on Monetary Reform*, Amherst, NY: Prometheus Books, 1924—2000, p. 80.）

且“整本书花了他数年的工夫”，“一遍又一遍地阅读和推敲”[①]。这说明，哈耶克本人十分重视这本书。

这本书也是哈耶克本人在参与了20世纪20年代后期到40年代两次世界性经济理论大论战后写出来的。这两场世界性的理论论战，一场是由以路德维希·冯·米塞斯（Ludwig E. von Mises）和哈耶克为一方、以奥斯卡·兰格（Oskar R. Lange）与阿巴·勒纳（Abba P. Lerner）等为另一方的关于社会主义经济计算可行性的大论战；另一场是哈耶克与凯恩斯就货币、利息和商业周期理论的论争。这本《通往奴役之路》，从很大程度上来说是第一场理论论战的结果，又是在第二场理论论战的后期哈耶克所开始撰写出的。[②] 这两场世界性的理论论战，乍看起来互不相关，但在如何看待政府在市场中的作用上，又密切关联着。从写作这本书开始，哈耶克也改变了他本人学术研究的兴趣和理论著述的方向，即从对货币与商业周期的纯经济学理论研究，走向了更多地关注和写作经济、政治、法学和社会方面的著作，以至到后来逐渐形成了其横跨经济学、哲学、法学、政治学、伦理学、

① Stephen Kresge& Leif Weinar (eds.), *Hayek on Hayek: An Autobiographical Dialogue*, Indianapolis: Liberty Fund, 1994, p. 101.

② 在开始写作《通往奴役之路》时，哈耶克刚刚花数年时间殚思竭虑地撰写了他与凯恩斯理论论战的一本巨著《资本纯理论》。《资本纯理论》这本中间经历了第二次世界大战的磨难而写出来的450多页的煌煌巨著，几乎耗费了哈耶克近十年的艰苦思考和四年多的关门写作，但最后仍然是一个“未完成交响曲”。哈耶克本人在该书“前言”中就直率地承认，对现实中的许多重要的问题，他的这部纯理论著作并没有提供多少答案，因而在资本理论的研究领域中对工业波动的理论解释，“依然是一项须待努力完成的任务”（见 Hayek, *The Pure Theory of Capital*, Norwich, England: Jarrol and Sons Ltd, 1941, p. vii）。从哈耶克的传记和思想发展历程来看，几乎那边还未结束《资本纯理论》的写作，并且在他感到十分疲劳甚至有点厌倦了关于货币、资本与商业周期的纯经济学理论的思考和推理时，就开始构思和写作这本《通往奴役之路》了。

社会学和心理学等诸多学科的一个宏大理论世界。

从这本著作写作和出版的时代背景来看，其出现也可谓是适逢其时。在人类社会进入 20 世纪之后，整个世界陷入了惨烈的战争杀戮和剧烈的经济动荡。在经历了共有上亿人伤亡的 1914—1918 年的第一次世界大战和 1939—1945 年第二次世界大战以及中间发生的 1929—1933 年的世界经济大萧条之后，尤其是 1917 年俄国十月革命出现了第一个社会主义国家后，世界上许多国家——特别是英国——的一些政治家、哲学家、社会思想家，尤其是经济学家们均相信中央计划经济可能是未来人类社会发展的一个必然趋势。正是在那样一种世界格局和流行的思潮中，哈耶克出版了这部《通往奴役之路》，向世人和世界大声疾呼：大家先不忙努力走向计划经济之路，那是一条通向奴役之路！

这声音一发出，立即震惊了全世界。当时，英国还处在第二次世界大战的后期，罗德里奇出版社出版这部书之后，几千册立即销售一空，战时的伦敦一时"洛阳纸贵"。这部书于 1944 年 9 月在美国由芝加哥大学出版社印行后，尽管开始受到了一些左翼人士的抵制甚至压制，但也很快成了畅销书。结果，几乎一夜之间，哈耶克被西方政界、企业界乃至一些专业人士奉为先知，随即被邀请到美国做巡回讲演。正如西方一位当代自由主义者阿瑟·塞尔登（Arthur Seldon）后来所评价的那样：在 1944 年出版《通往奴役之路》之后，"哈耶克已经成为伦敦经济学院——乃至在全世界——中最坚定地捍卫古典自由主义的人了"[①]。甚至连哈耶克经济理论的宿敌凯恩斯在去布雷顿森林会议的途中读过这本书后，1944 年 6 月 28 日也写信给哈耶克，高度赞扬这部

① Alan Ebenstein, 2001, *Friedrich Hayek: A Biography*, Ney York: St Martin's Press., ch. 7, note 18.

著作说："亲爱的哈耶克，我在旅行途中拜读了大作。在我看来，这本书是一部宏伟、动人的著作！我们有最充分的理由感谢你这么精彩地说出了我们想说的话。"[①]

《通往奴役之路》自 1944 年出版近七十年来，世界上已经有很多人读过或者或多或少地知道这部书了。然而，包括许多读过这本书的人或许都没有注意到，在这本书原版的内页上，哈耶克写明：本书"献给所有党派的社会主义者"。然而，书中一些尖锐、鲜明和深刻的观点，却摆脱不了被一些左翼人士商榷、批判乃至攻击的命运。譬如，这本书在美国刚一出版，哈耶克就被美国民主派《新共和》杂志的一篇题为《可怜的哈耶克》的社论斥责为"最重要的反动思想家"[②]，之后，哈耶克在苏联和其他实行中央计划经济国家中多年被视为"马克思主义的敌人"。[③]即使在英国和美国这些自由市场经济国家，哈耶克多年来也一直被视为右翼的思想家，不时受到一些左翼人士的批评和攻击。据这本书 1991 年再版"导言"的作者德特马·多林（Detmar Doering）博士所言，尽管带领英国人民走向第二次世界大战胜利的

① 见 John Maynard Keynes, *The Collective Writings of John Maynard Keynes*, London: Macmillan vol. XXVII, 1971—1989, p. 385。但是其中自然也不乏凯恩斯对哈耶克的观点的商榷与批评。

② "Poor Hayek", *New Republic*, April 23, 1945, p. 543.

③ 在计划经济时期，哈耶克理论在中国的命运相对而言要好一些。在"文化大革命"前，国内只有时任南开大学校长、著名经济学家滕维藻先生和朱宗风一个译本，由商务印书馆作为"内部读物"出版。译者在"译序"中明确说，他们"把这本充满毒素的书翻译出来，目的也是想供学术界了解和批判现代资产阶级反动经济理论时作为参考"（见哈耶克《通向奴役的道路》，滕维藻、朱宗风译，商务印书馆 1962 年版，第 6 页）。由于这个中译本只是"内部发行"，大约只能在处级以上干部中传阅，且只印了 3500 册，国内学界知道哈耶克和真正了解这本书中思想的人并不多，这也使得哈耶克在中国"文化大革命"前和"文化大革命"中所遭到的"大批判"相对而言还比较少。

首相丘吉尔（Sir Winston L. S. Churchill）对英国来说是国家的英雄，但却因其在1946年的竞选讲演中引用了哈耶克这本书的一些话，成为导致他所领导的保守党在英国大选中惨败的原因之一。①

尽管这本书的观点在短期内遭受了一些左翼人士的批评和攻击，出版后许多年也遭受到一些西方专业经济学家的“冷处理”和冷眼对待，以至一段时期内世界上许多经济学家当时把哈耶克视为一个“（行）外人”（outsider），② 但是，20世纪整个人类社会的演变和发展，最后却验证了哈耶克的一些观点和预言。尤其是在1973年“石油危机”的冲击下西方各国出现严重的经济衰退后，哈耶克的思想和学说开始在西方乃至全世界被人们重新关注起来。在1973年的经济衰退中，西方各国出现了一种新的宏观经济现象，即“滞涨”（经济增长下滑和停滞与通货膨胀并存），随之宣告了西方国家政府所奉行多年的凯恩斯主义经济学的破产。随之，以弗里德曼（Milton Freedman）为领袖的货币主义和哈耶克所倡导的自由主义经济学在世界各国大行其道。随之，哈耶克、弗里德曼所坚持和弘扬的自由市场经济理念也随即占领了世界经济理论和思想阵地中的“制高点”，成了美国里根（Ronald W. Reagan）政府和英国撒切尔夫人（Margaret H. Thatcher）保守主义政府执政和施政的基本理念。在1989年哈耶

① 见哈耶克《通往奴役之路》，王明毅、冯兴元等译，中国社会科学出版社1997年版，第2页。

② 在晚年回答加州大学洛杉矶分校经济系的Jack High的访谈中，哈耶克说：“在我写出《通往奴役之路》后，这本书是如此不受欢迎，以致大多数同行经济学家都不再信任我了。结果，不但我的理论影响下降了，许多大学的经济系也不欢迎我了，一直到现在我都感到这一点。很多经济学家倾向于把我看成是一个（行）外人，认为竟然有人降格写出像《通往奴役之路》这样的完全属于政治学的书。”（Stephen Kresge & Leif Weinar（eds.），*Hayek on Hayek: An Autobiographical Dialogue*, Indianapolis: Liberty Fund, 1994, p. 143.）

克 90 岁生日时，撒切尔夫人曾写信给哈耶克，称赞他："您的著作和思考所给予我们的指导和启迪，是极其重要的，您对我们功勋卓著。"[①] 美国的里根总统，不仅公开承认受哈耶克和米塞斯思想的影响，而且在里根政府六大部门所聘任的 74 位经济学家中，有二十多位是哈耶克所发起创办的蒙佩尔兰学社（Mont Pelerin Society）[②] 的成员。

1962 年，在芝加哥为哈耶克夫妇举行的一次送别宴会上，

---

① 转引自 Richard Cockett, *Thinking the Unthinkalbe: Think – Tanks and Economic Counter – Revolution, 1931 – 1983*, Great Britain: Harper Collins, 1994, p. 1975.

② "Mont Pelerin Society" 曾被国内学界译为"朝圣山学社"或"飘零山学社"。可能因为法语中的"pèlerine"有"朝圣者"、"旅行者"的意思，"Mont Pelerin Society"被国内学人翻译为"朝圣山学社"。但从欧洲地图上查找，这个 Mont Pelerin 是位于瑞士日内瓦湖东北岸和洛桑东南面的一个度假区的地名，附近最高山峰也只有 800 米高，没有任何朝圣的地方和意思，故在旅游出版物中根据法语发音一般被翻译为"蒙佩尔兰"。由此看来，把"Mont Pelerin Society"翻译为"朝圣山学社"可能不甚合适，且有引导世人错误理解该学社宗旨（表达意见自由、自由市场经济，开放社会的政治价值观）之嫌。另外，把它译为"飘零山"似乎也不合适。因为，当哈耶克、米塞斯、弗里德曼、奈特（Frank Knight）、斯蒂格勒以及波普尔（Karl Popper）、迈克尔·波兰尼（Michael Polanyi）、阿隆·德雷克特（Aaron Director）等 39 位世界著名经济学家、历史学家和哲学家于 1947 年 4 月 8 日在风景如画的 Mont Pelerin 度假区开会并在 4 月 10 日宣告成立这个学社时，个个参会学者均可谓是意气风发、如日中天，没有任何学者在当时有"飘零人"的境况。从该学社历史记录来看，本来在开始有学者想把这个学社定名为"阿克顿—托克维尔学社"（the Acton – Tocqueville Society），但是芝加哥大学的德雷克特（一说弗兰科·奈特）教授等提出反对意见，不同意用历史上这两位有罗马天主教背景的贵族思想家作学社的名字，米塞斯则认为阿克顿和托克维尔也有一些错误，并对当代社会产生了一些不良影响，因而也持反对意见。最后，参会者把该学社按成立大会所在地定名为"Mont Pelerin Society"。由于"Mont Pelerin"实际上只是日内瓦湖畔的一个度假区，而不是像有海拔 4810.9 米的欧洲最高峰"Mont Blanc"（一般翻译为"勃朗峰"）那样是一座山的名字，经反复考虑，我还是觉得在中文中应按其法语比较近的发音把它译为"蒙佩尔兰学社"为好。

经济学家弗里德曼也高度赞扬哈耶克在不同社会科学领域的巨大贡献和影响："历史上不乏试图影响公共舆论的人，但很少有人能提出足以影响科学进程且透彻、渊博而又深刻的学术思想。很少有人能像哈耶克一样不仅对美国而且对整个西方世界产生深远的影响。"另一位诺贝尔经济学奖得主乔治·斯蒂格勒（George J. Stigler）也认为，哈耶克是"20 世纪对其所处时代的变化产生了深远影响的三四位学院派经济学家之一"。[①] 在 1994 年出版《通往奴役之路》新英文版的"导言"中，弗里德曼一上来就高度赞扬该书："这一著作已成为真正的经典：对于那些广义而超越党派意见、对政治感兴趣的每一个人来说，这是必读书，因为这本书要传达的信息是无时限的，适用于各种具体的情况。"弗里德曼还认为，在当今世界，包括美国，哈耶克这本书所表达的思想更为有用且更有意义。[②]

20 世纪 70 年代后，在西方世界，自由市场的基本理念为绝大多数经济学家所信奉，相对而言凯恩斯的政府干预主义则似乎在全世界衰落了。随着哈耶克和以弗里德曼为代表的芝加哥学派所宣扬的自由市场经济的理念在世界各国广泛传播，20 世纪和 21 世纪之交，全世界经济学界中又似乎人人都成了自由市场经济的信奉者。20 世纪 80 年代后半期苏联和东欧各国的转制以及中国、越南等中央计划经济国家的改革，尤其是中国、越南等国家市场经济改革所取得的巨大成功，又似乎标志着哈耶克一生所宣扬的市场经济和自由主义理念在全世界的凯旋。随之，哈耶克的经济社会理论和政治理念也在中国、东欧转型国家和俄罗斯较

① 弗里德曼和斯蒂格勒的这两段话，原见美国斯坦福大学收藏的《哈耶克档案》（*Hayek Archive*, Hoover Institute, 114.3, 116.10），转引自 Alan O. Ebenstein, *Friedrich Hayek: A Biography*, New York: St. Martin's Press, 2001, p. 214。

② Hayek, *The Road to Serfdom*, The University of Chicago Press, 1944/2007, p. 259.

广泛地传播开来，为大多数知识分子和经济学人所接受。现在，在中国、俄罗斯和东欧国家，知道哈耶克的名字和了解其学术观点和经济社会思想的人，可能比在西方国家中还多。

为什么这本书乃至哈耶克的整个学术思想在20世纪世界范围有过如此大影响并经历了如此曲折的命运？这首先是与这部著作尖锐且深刻地论述到了现代社会运行的一些根基层面的理念和问题有关。这些现代良序社会——或现在可以称为“法治民主下的现代良序社会”——运行的一些基本原理和理念，虽然近代以来经由洛克（John Locke）、休谟（David Hume）、亚当·斯密、康德（Immanuel Kant）、孟德斯鸠（Charles de Montesquieu）、托克维尔（Alexis de Tocqueville）乃至穆勒（John Stuart Mill）等许多政治学家、经济学家所论述过，也在“光荣革命”后英国的《权利法案》、美国宪法、法国的《人权宣言》等西方近现代国家建构的基础性制度宪章中反映出来，但是，经由20世纪两次人类伤亡惨重的世界大战和1929—1933年的大萧条，从20世纪40—60年代，世界各国的许多哲学家、经济学家和其他各界的知识分子和人士纷纷认为人类社会还需要探索新的经济社会发展道路，以至像哲学家罗素（Bertrand Russell）、维特根斯坦（Ludwig Wittgenstein）、经济学家熊彼特（Joseph A. Schumpeter）乃至物理学家爱因斯坦（Albert Einstein）等这些世界级的思想巨擘，都开始觉得中央计划经济或民主社会主义可能是未来人类社会的一种选择。对于这一情形，哈耶克在《通往奴役之路》第二章一开始就写道，到20世纪40年代，“社会主义已经取代自由主义成为绝大多数进步人士所坚持的信条”了。[①] 在当时那样

① F. A. Hayek, *The Road to Serfdom*, Chicago: The University of Chicago Press, 1944/2007, p. 76. 英国著名经济学家列昂内尔·罗宾斯（Lionel Robbins）当时就指出：“‘计划’成了我们这个时代的一付宏大的包治百病的万应灵药。”（Lionel Robbins, *Economic Planning and Economic Order*, London: Macmillan, 1937.）

的时代氛围中，哈耶克独具慧眼地提出并重申一些古典自由主义的基本经济、政治和社会理念，遭到世人的一些批评、攻击和经济学界的一些冷遇，是可以理解的。

那么，在1944年出版的这本书中，哈耶克到底提出并重申了哪些基本理念和观点而遭受到如此的对待以至到了80年代才逐渐被理解和接受？在经历了20世纪80年代末苏联、东欧国家的剧变和中国三十余年改革开放取得了伟大成就的今天，重读哈耶克70年前所撰写的这本《通往奴役之路》，笔者觉得至少有以下几点值得重新提出来：

第一，市场经济是人类迄今所能发现的最有效率且较为理想的一种资源配置体制。在20世纪40年代，世界刚刚经历过1929—1933年的大萧条，西方各国的经济复苏依然是步履维艰、路途漫漫，但整个世界那时又卷入了由希特勒纳粹德国和日本军国主义所发动的第二次世界大战的巨大灾难之中。当时，许多哲学家、经济学家和社会各界人士对自由市场体制产生了这样或那样的怀疑，且对中央计划经济抱有这样或那样的幻想和憧憬，以至哈耶克在1944年出版的《通往奴役之路》第一章中就不无感叹地说："根据目前占统治地位的见解，问题已经不再是如何才能最佳地利用自由社会中可以发现的自发力量。实际上，我们已经着手取消那些产生不可预知后果的力量，并对一切社会力量加以集体的和'有意识'的指导，借以达到刻意选择的目标，来取代那些非个人化和匿名的市场机制。"[①] 就是在那样一个历史背景中，哈耶克当时十分孤寂但却又数十年持之以恒地坚持认为，中央计划经济会限制个人自由、摧毁人们的责任感和社会的道德基础；会阻碍财富的生产，造成社会贫困；亦会导致极权主

① F. A. Hayek, *The Road to Serfdom*, Chicago: The University of Chicago Press, 1944/2007, p. 73.

义政府的兴起。他当时就尖锐和深刻地指出，放弃市场竞争和价格机制，用中央计划和政府行政手段干预经济过程和进行资源配置，不但会在经济上导致像诗人荷尔德林（F. Holderlin）所描述的那样“用通向天堂的美好愿望来铺设一个国家通向地狱之路”，而且必定会在政治上走向一条通向奴役之路。

第二，经济自由与政治自由密切相关且前者构成了后者的基础和条件。在《通往奴役之路》第一章，哈耶克先回顾了欧洲近代史，指出人类社会发展的一般方向是使个人从束缚他日常活动的习俗和成规中解放出来，建立起一个法治下的自由社会。哈耶克发现，西方世界的兴起和近代以来科学的巨大进步，均是建立在个人经济自由和政治自由基础上的一种复杂的市场秩序的结果。同时他也发现，甚至在德国纳粹极权主义魔影变成人类真正威胁之前的四分之一个世纪，西方社会已经出现了逐渐偏离构成欧洲近代文明之基础的经济自由与政治自由的基本理念的苗头，试图以集体主义的中央计划来取代经济的市场运行。哈耶克当时就警告说：“我们逐渐放弃了经济事务中的自由，而离开这种自由，就绝不会存在以往的那种个人的和政治的自由。”① 基于这一认识，哈耶克在第八章中指出，当时德国纳粹分子和中央计划经济的倡导者对“经济与政治的人为分离”责难，以及他们对政治支配经济的共同诉求，也从反面证明了这一点。他论证道：“国家一旦负起为整个经济生活制订计划的任务，不同个人和集团的应处地位（the due station）就必不可免地成了政治的中心问题。由于在计划经济中只有国家的强制权力决定谁拥有什么，唯一值得掌握的权力就是参与行使这种命令权。”②哈耶克认为，

---

① F. A. Hayek, *The Road to Serfdom*, Chicago: The University of Chicago Press, 1944/2007, p. 67.

② Ibid., pp. 138—139.

在此情况下，人们的经济自由与政治自由将会全面丧失。由此哈耶克认为，“如果‘资本主义’这里是指一个以自由处置私有财产为基础的一个竞争体制的话，那么，更要认识到，只有在这种体制中，民主才有可能”[①]。对于哈耶克的这一洞识，弗里德曼在 1971 年出版的《通往奴役之路》新德文版序中归纳道（并在 1994 年这本书的新英文版序中重新强调）：“自由市场是迄今所能发现的唯一能达致参与民主的机制。”[②]

第三，私有财产制度是自由的最重要的保障。没有保护私有财产的正式的法律制度，就没有自由。这是哈耶克一生一再宣扬的观点。在《通往奴役之路》中，哈耶克明确指出：“我们这一代已经忘记，私有财产制度是自由的最重要的保障，这不仅对有产者来说是这样，而且对无产者来说一点也不少。只是由于生产资料掌握在许许多多的独立行动的人的手里，才没有人有控制我们的全权，我们方能以个人的身份来决定做我们要做的事情。如果所有的生产资料都掌控在一个人手中，不管这在名义上是属于整个‘社会’的，还是属于一个独裁者的，谁行使这个管理权，谁就有全权控制我们。”[③]这在当时是多么深刻和振聋发聩的观点和呼喊啊！其实，私有财产制度是自由的根本保障，这一点早就为马克思本人所认识。譬如，在 20 世纪 40 年代，一位叫伊斯门（Max Eastman）的以前老牌共产主义者曾经指出：“私有财产制度（the institution of private property）是给人以有限自由与平等的主要因素之一，而马克思则希望通过消除这个制度而给人以无限的自由与平等。奇怪得很，马克思是第一个看到这一点

① F. A. Hayek, *The Road to Serfdom*, Chicago: The University of Chicago Press, 1944/2007, p. 110.

② Ibid., p. 260.

③ Ibid., p. 136.

的。是他告诉我们，回顾以往，私人资本主义连同其自由市场的发展成了我们一切民主自由（democratic freedom）的发展的先决条件。他从未想到，向前瞻望，如果是他所说的那样，那些其他的自由，恐怕就会随着自由市场的取消而消逝。"①

从私有财产与自由之间的这种内在联系，哈耶克也讨论了私有财产制度与平等、正义的关系问题。他发现，当时许多进步人士的理想是通过消灭私有财产来达到社会收入的平等，缩小收入分配的差距。哈耶克认为，这是一个莫大的误识。他发现，"虽然在竞争社会中，穷人致富的可能性比拥有遗产的人的可能性要小得多，然而，只有在竞争制度下，前者才有可能致富，且才能单凭自己的努力而不是靠掌权者的恩惠致富，才没有任何人阻挠个人致富的努力"。并且相信，没有人会怀疑这一点："一个富人掌权的世界仍然比只有那些已经掌权的人才能获取财富的世界要更好些。"② 正是基于这样的观察、推理和理念，哈耶克当时也发现，这就可以解释当时一些西方国家的劳工社会主义运动领袖们的一个困惑不解的现象和问题："随着社会主义方法运用范围的日益扩大，广大的贫苦阶级的怨恨竟然会转而对准他们。"③

第四，法治之下才有真正的自由。这是直接承传了西方社会中自由主义的古典传统，尤其是洛克、康德、托克维尔、阿克顿勋爵（Lord Acton）的自由主义思想理念。哈耶克在《通往奴役之路》中较详细地阐述了法治（the Rule of Law）、法治国（他和 Rechtsstaat）的理念以及自由与法治的关系。在第六章论述"计划与法治"时，他明确指出："只有在自由主义的时代，法

① 轩引自 F. A. Hayek, *The Road to Serfdom*, Chicago: The University of Chicago Press, 1944/2007, p. 136。

② F. A. Hayek, *The Road to Serfdom*, Chicago: The University of Chicago Press, 1944/2007, p. 135.

③ Ibid., p. 145.

治才被有意识地加以发展，并且是这一时代最伟大的成就之一。法治不但是自由的保障，而且是自由的法律的体现（a legal embodiment）。”根据伏尔泰（Voltaire）乃至可能是康德的说法“如果一个人不需要服从任何人而只服从法律，他就是自由的”①。哈耶克认为，只有在法治之下，人们才有真正的自由。

对法治与自由的关系，哈耶克在《通往奴役之路》中并没有做进一步的阐释。16 年之后，在《自由宪章》中，他则明确地阐释了二者的关系：“自由的意义仅仅是指人们的行动只受一般性规则的限制……自由意味着，也只能意味着，我们的所作所为并不依赖于任何人或任何权威机构的批准，只能为同样平等适应于所有人的抽象规则所限制。”② 在法治之下才有自由，反映了“限制政府的权力以保障人民的自由”这一西方古典自由主义的传统理念。这也意味着自由主义就是宪政主义。对于这一点，哈耶克后来曾专门论述道：“由于法治意味着政府除非实施众所周知的规则以外不得对个人实行强制，所以它构成了对政府机构的一切权力的限制，包括对立法机构权力的限制。”③ 基于这一理念，哈耶克提出了他的自由社会之理想的第五个基本

---

① F. A. Hayek, *The Road to Serfdom*, Chicago: The University of Chicago Press, 1944/2007, pp. 118—119.

② F. A. Hayek, *The Constitution of Liberty*, Chicago: The University of Chicago Press, 1960, p. 155.

③ F. A. Hayek, *The Constitution of Liberty*, Chicago: The University of Chicago Press, 1960, p. 205. 对于法治包含对立法机构的限制这一重要思想，哈耶克在《通往奴役之路》中有明确的论述：“法治因而就含有限制立法范围的意思：它把这个范围限制在公认为那种作为一般规则的正式法律，而排除那种直接针对特定人或是使任何人能够用国家的强权来达到差别待遇之目的的立法。这即意味着，不是每件事都要由法律规定，相反，它是指国家的强制权力只能被用于事先由法律限制的情形之中，并按预先可知的将如何实用之的方式来行使。”（F. A. Hayek, *The Road to Serfdom*, Chicago: The University of Chicago Press, 1944/2007, p. 120.）

观点：

第五，法治的含义不是政府以法律来治理社会，而首先是政府的行为在法律约束之下。在《通往奴役之路》第六章“计划与法治”中，哈耶克明确指出：“撇开所有的技术细节不论，法治的意思就是指政府在一切行动中均受到事前规定并宣布的规则约束——这种规则使得一切个人有可能确定地预见到当权者（the authority）在特定情况中会如何使用其强制权力，并据此知识来规划自己的个人事务。”[①] 很显然，在20世纪三四十年代，哈耶克就明确地认识到，法治并不意指当权者或政府以法律为手段来治理社会，即“rule by law”，而首先且必定是政府及其领导人先遵守法律；换句话说，法治首先就意味着政府本身和任何公民一样要受预先制定的法律规则尤其是宪法所约束，这才是“the Rule of Law”（哈耶克在其著作中经常用大写的这个词组来专门指称“法治”）。在这一章中，他还探究了计划经济中的法律与政府的合法性问题，明确指出，“如果说在一个计划社会中并不存在法治，这并不是说政府的行动将不是合法的，也不是说在这样的社会中不存在法律。这只是说，政府的强制权力的运用不再受事先规定的规则的限制和制约。法律能够……使任何专断行动的意旨和目的合法化。如果法律规定某一政府机构或当局可以为所欲为，那么该机构和当局所做的任何事都是合法的，但是，其行动肯定不是受法治原则的约束。通过赋予政府以无限的权力，可以把最专断的统治合法化，但这与法治没有任何关系”[②]。

第六，“自由放任”理念是对自由与法治的最大危害。尽管哈耶克在《通往奴役之路》以及后来出版的《自由宪章》、《法、

① F. A. Hayek, *The Road to Serfdom*, Chicago: The University of Chicago Press, 1944/2007, p. 112.

② Ibid., p. 119.

立法与自由》等著作中始终一贯地宣扬自由、法治和宪政的一些基本理念，主张要用预先制定的法律规则来约束政府，但是他并不是一个无政府主义者，更不能把他的经济和政治主张理解为在现代社会中政府要简单地“无为”（inaction）。在经济领域中，哈耶克多年来主张要采取私有企业制度，主张市场竞争体制，但他并不主张经济活动中的“自由放任”（即“laissez faire”）。在《通往奴役之路》第一章中，哈耶克就明确指出：“也许对自由主义事业危害最大的，莫过于某些自由主义者基于某种经验主义的粗略法则的顽固态度，而以自由放任原则为甚。”① 之后，哈耶克多次强调，不要把他对计划经济的批评和反对意见与教条主义的“自由放任”态度混淆起来：“自由主义的论点，是赞成尽可能地运用竞争力量作为协调人类活动的工具，但不是主张让事务放任自流。自由主义的论点基于这样的信念：只有能创造出有效的竞争，就是再好不过地引导个人努力的方法了。它并不否认，甚至还强调，为了使竞争有益地运行，需要一种精心考虑出来的法律框架……”② 故通观哈耶克的《通往奴役之路》，可以确认，哈耶克一生并不是主张无政府，也不是主张政府在管理经济、政治与社会事务上无所作为③，而是主张在政府自己遵守预

---

① F. A. Hayek, *The Road to Serfdom*, Chicago: The University of Chicago Press, 1944/2007, p. 71.

② Ibid., pp. 85—86.

③ 在第六章，哈耶克还特别批判了那种主张“自由放任”原则的人的一个糊涂信念：“这种信念认为自由主义的典型态度是政府的无为。提出政府应当或不应当‘采取行动’或‘干预’这个问题，这整个就提错问题了，而‘自由放任’一词，是对自由主义政策所依据的原则的非常模糊不清和常引起误导的一种描述。每一个政府当然必须要有所作为，而政府的每一行动都要干涉到这样或那样的事。但这并非是问题的关键。重要的问题是个人能否预见到政府的行动，并用这种知识为依据来制订自己的计划”（F. A. Hayek, Ibid., p. 118）。

先制定的法律框架下制定并通过法律来管理和治理社会。对此，哈耶克在多处曾有明确的论述。譬如，在谈到过去那些使竞争体制成功运作的积极条件时，哈耶克就指出："竞争要得以运行，不仅需要组织起来某些足够的建制（adequate organization of certain institutions)，如货币、市场和信息渠道等等（其中有些是私人企业所从来未能提供的），而且尤其依赖一种适当的法律制度的存在，这种法律制度的目的在于既要维系竞争，又使竞争尽可能有利地发挥作用。"①由此哈耶克得出他心目中理想的社会治理状态："国家应当只限于建立起适应于一般类型情况的规则，而让个人在那些根据时间、地点等情况所决定的所有事务上自由行动，因为只有与每一情况有关的个人，才充分了解这些情况，并采取适宜的行动。"②照哈耶克看来，现代法治社会的基本构架应当是，在政府遵守预先制定的规则下订立并依靠规则来管理和治理社会，而让个人和企业在市场机制中自由地参与竞争，这才是一个良序法治社会运行的基本原理。

第七，民主本质上是实现自由和保障社会安定的一种手段，而不是最终目的。民主是哈耶克在《通往奴役之路》一书中讨论较多的一个议题。在书的一开始，哈耶克就讨论了在当时欧洲乃至全世界所出现的"以民主手段实现并维持社会主义的"思潮，认为这只不过是"最近几代人的一个伟大的乌托邦，不仅不能实现，而且为之奋斗还会产生完全不同的东西，以至于现在对其抱希望的人中几乎无人会接受这样的结果"③。之后，他在第五章又专门讨论了民主与计划经济的关系问题。整体而言，哈

① F. A. Hayek, *The Road to Serfdom*, Chicago: The University of Chicago Press, 1944/2007, p. 87.

② Ibid., p. 114.

③ Ibid., p. 82.

耶克是基于在当时英国“民主的议会在贯彻似乎是人民明确授权方面的无能为力，将不可避免地导致对民主制度不满”[①] 的情况下从哲理上讨论计划经济的目标、现代国家的建构与民主制度之优长与问题的。根据阿克顿勋爵对自由的评价“它本身就是一个最高的政治目的”这一点，哈耶克指出，民主并不是最高的目的，而是“达致这一更高目标的手段”，“是一种保障国内和平和个人自由的实用设置（a utilitarian device）”。他还警告说：“我们绝不能忘记，在一个专制统治下往往比在某些民主制度下有更多的文化和精神的自由——至少可以想见，在一个非常整齐划一和由教条主义多数所支配的政府统治之下，民主政府可能和最坏的政府同样暴虐。”因而，哈耶克相信“民主的控制可能会防止权力变成专断，但并非仅仅存在民主的控制就能做到这一点”。[②]

值得注意的是，尽管哈耶克并不认为民主是现代良序社会的最高目的，且民主也绝不是一贯正确和可靠无疑，因而主张“不要把民主奉为神灵”，但他绝不是说民主不重要。哈耶克相信，“只要政府的职能是根据一种广为接受的信条被限制在大多数人通过自由讨论而能达成一致的那些领域中，民主政府便能成功地运行”[③]。另外，值得注意的是，在第二章中，哈耶克曾引用了托克维尔于 1848 年 9 月 12 日在法国制宪会议上关于劳动法问题的讲演中的一段话：“民主扩展个人自由的范围，而社会主义却对其加以限制。民主赋予每个人以所有可能的价值，而社会主义却使每个人只成为一个工具（agent）、一个数字。民主与社

① F. A. Hayek, *The Road to Serfdom*, Chicago: The University of Chicago Press, 1944/2007, p. 104.

② Ibid., pp. 110—111.

③ Ibid., pp. 109—110.

会主义除了‘平等’一词外，毫无共同之处。但请注意二者的区别：民主在自由中寻求平等，而社会主义则在束缚和奴役中寻求平等。”① 尽管托克维尔在他所处时代所说的“社会主义”和今天人们所理解的“社会主义”已经不完全是一回事了，但今天重读托克维尔一百六十多年前说过的这句话，仍让人们觉得尖锐、深刻、意义深远，且令人回味无穷。

在《通往奴役之路》这本不厚的书中，哈耶克还讨论了计划与法治、经济控制与极权主义、保障与自由、纳粹的社会主义根源、社会的物质条件与理想目标、现代社会中的道德与自由、联邦制与国际秩序等问题，其中不乏独到见解和洞识。限于篇幅，我就不在这篇“导言”中一一列举和讨论了。以上提出的七方面的观点和见解，已经足以说明这本书超越时限和国家疆域的理论价值和潜在影响了。我相信，只要人类社会还存在，这本《通往奴役之路》就有它的理论意义和现实意义。

最后要指出的是，在《通往奴役之路》第四章，哈耶克曾说过这样一句话：“在社会演化中，没有什么是不可避免的，使其成为不可避免的，是思想。”② 这句话亦寓意甚深，也许只有把它和哈耶克的经济理论的宿敌凯恩斯的一段名言一起来读，才能理解其中的真谛。在《就业、利息和货币通论》这本世界经济名著的结束语中，凯恩斯说：“经济学家和政治哲学家的思想，当它们对的时候与它们错的时候，都比一般所理解的要更有力量。确实，世界就是由它们所统治着。讲求实际的人认为他们不受任何思想的影响，可是他们已经是某个已故的经济学家的（思想）俘虏。……我确信，与思想的逐渐侵占相比，既得利益

① F. A. Hayek, *The Road to Serfdom*, Chicago: The University of Chicago Press, 1944/2007, p. 77.

② Ibid., p. 94.

的力量是被过分夸大了。……不论早晚，不论好坏，危险的东西不是既得利益，而是思想。”[①] 凯恩斯的这段话，与这篇导言第一段所引的哈耶克在《通往奴役之路》一开篇所说的那句话，又是何等的精神一致？

近些年来，随着哈耶克的著作和思想不断被译介到中国来，他的经济、政治、法律与社会理论、思想方法乃至政策主张，已较广地为中国学界、社会各界乃至青年学子们所了解。现在，冯兴元先生和毛寿龙教授重新审校这部经典，相信对于更加准确、全面和客观地传播和理解哈耶克的学术思想和理论主张，将起到积极的作用。在经历了三十余年的改革开放而处在大转型时期的当下中国，重读哈耶克近七十年前出版的这部著作，无疑对我们认识人类社会发展的一般法则和大趋势会有所帮助，对未来中国的一个现代良序法治民主社会的建构，乃至对未来中国经济社会的转型与发展，无疑都有着重要的理论和现实意义。

最后特别要说明的是，这篇新中译本导言写出来后，曾呈送给哈耶克先生的关门弟子林毓生教授批评指正。林先生十分细致地阅读了这篇序言，提出了一些非常宝贵的修改意见，也改正了我的一些打字错误。林毓生先生的所有修改意见都已被吸纳在最终修改稿中了。这里谨志笔者对林先生的由衷谢忱！然而，按照国际学术惯例，这篇导言中的所有观点、谬误和纰漏，仍全由笔者自己负责。

是为此书中文修订版导言。

——韦森于2013年1月谨识于复旦

---

① John Maynard Keynes, *The General Theory of Employment, Interest and Money*, London: Macmillan, 1936, pp. 383—384.

导 言

德特马·多林[①]

世纪之作——F. A. 哈耶克的《通往奴役之路》

弗里德里希·奥古斯特·冯·哈耶克生在1944年出版了他的划时代作品《通往奴役之路》（德文书名为 *Der Weg zur Knechtschaft*[②]），这并非仅仅意味着他的首部畅销书问世。这部著作不仅很快震动了经济学界，而且很快引发了一场迄今为止仍然令广泛的阶层感兴趣的辩论。它在很大程度上也符合哈耶克的个人兴趣。如果说哈耶克的老师路德维希·冯·米瑟斯所同属其中的奥地利学派最初追求的是某种如同一种纯粹的——没有经验因素或历史因素也过得去的——经济理论的东西，那么哈耶克在《通往奴役之路》一书中似乎想至少部分跳出这一狭窄的框框。他自己在后来也曾这样描述过："我对纯理论有些厌倦。我写作《纯粹资本理论》的四个年头里是非常艰苦的。"

---

① 德特马·多林（Detmar Doering），德国哲学博士，生于1957年，曾在德国科隆和英国伦敦攻读哲学和历史，现为哈耶克本人所创办的佩勒兰协会（Mont Perérin Gesellschaft）的会员。

② 弗里德里希·奥古斯特·冯·哈耶克：《通往奴役之路》（Friedrich August von Hayek，Der Weg zur Knechtschaft，München 1991）。

《通往奴役之路》唤醒了所有不同流派的知识分子。或者，如同哈耶克后来所说的那样：“它关注一个瞬间，完全针对英国的社会主义知识分子，在他们的头脑里似乎有着一种想法，以为国家社会主义不是社会主义，而只是某种可憎的东西。于是，我试图对他们说：‘你们和他们一样在走同一条道路。’”

毫无疑问，哈耶克成功地唤醒了这些知识分子。在左派的眼里，哈耶克很快成为头号敌人。当丘吉尔在1946年的竞选讲演中引用了哈耶克的话以对他的工党对手克莱门特·艾德礼的社会主义国有化计划的危险提出警告的时候，左派利用这一点以图搞坏丘吉尔的名声。艾德礼在他的讲演中始终津津有味地强调哈耶克姓名中的“冯”字称呼，以便把对德国的仇视气氛引向丘吉尔。这对哈耶克是不公正的，因为他是一位坚定的亲英人士，国家社会主义的坚决反对者，是本应不容任何怀疑的，更因为他自己从1934年以来就生活在英国并且已经在那里寻求避难。尽管如此，在英国仍有不少的声音在说这些，哈耶克由此被左派打上了敌手的印记，他把丘吉尔“拖下了水”，并在很大程度上导致了丘吉尔的竞选失败。

尽管本书在很大程度上致力于分析市场经济的衰落，但其大部分篇幅却是集中于一种历史的“时代精神分析”。这一分析不仅是对当时现状的总体描述，而且植根于一种主要针对19世纪面貌的较长距离的历史透视。《通往奴役之路》这一书名本身就已提示，哈耶克把这一历史发展理解为人们在走下坡路。在此，19世纪前半叶以格拉德斯通、科布登和布赖特为代表的英国自由主义的鼎盛时期并不构成下坡路所由开始的高台。即使在自由主义的“核心国”英国，反自由主义的思想现在也成了知识分子的信条，这一事实使得1899年在维也纳出生的哈耶克（1938年他作为伦敦经济学院的教授成为英国公民）感到尤其苦恼。

人们偶尔把《通往奴役之路》的意义与乔治·奥威尔《一

九八四》巨著中伟大的反极权主义空想相媲美。人们也很容易会拿它同卡尔·波普尔晚于它一年出版的著作《开放社会及其敌人》作比衬。毫无疑问，这些比较是有理由的，但是我们不能视而不见其区别之处。哈耶克不像奥威尔所做的那样仅仅专注于细致入微地描述极权主义政权。他在从精神方面剖析极权主义思想传统的过程中不像波普尔那样集中于其明显的主要代表人物（如黑格尔和马克思）。哈耶克在更大程度上把那些以较不极端的，但对于时代精神的主流来说更具代表性的方式维护他们的思想观念的思想家置于中心。哈耶克把一些在今天不知名的19世纪人物——如卡尔·洛贝尔图就归属于其中——归入那种在《通往奴役之路》一书问世之际把几乎整个欧洲拖入暴力之下的极权主义的先驱者之列。哈耶克所追求的目标很快就一目了然。对于他，这不仅仅事关反击极权主义的残暴行径，因为这种显而易见的残暴形式的极权主义向来会被多数正直者所拒绝。他在更大程度上关心的是，揭露那些来自以为有益无害的观念的、隐蔽着的危险。这些观念更“容易赢得多数”，但因此也更为危险。只要列举几位“作恶者”，也即弗里德里希·瑙曼（Friedrich Naumann）和瓦尔特·腊特瑙（Walter Rathenau），就很容易看清这一点。瑙曼虽则一时坚定地主张“自由贸易”，但赞成推行一种社会国家取向性很强的、干预主义的经济政策，他被哈耶克称为典型“德国式的、社会主义和帝国主义之结合体”的代表人物——人们从瑙曼的几个创作阶段里完全可以发现这样一些蛛丝马迹。腊特瑙到他被谋害为止一直是魏玛共和国左翼自由主义派德意志民主党的最重要的经济政策思想代表人物之一，他被列为更危险的人物。这位经济管理者的政治荣誉开始于他作为战时经济的组织者（哈耶克给了他一个富有诗意的称谓，即“原料型独裁者”），腊特瑙一方面明显表现出在经济政策方面的法团国家及计划经济思想，另一方面还表现出同样明显的对自由主义和共和政治的理解力。真正的危险由此就不言而喻了。哈耶克评价道：“他也许通过自己的作品比其他某个人更多地决定了上次战争期间及随后在德国成长起来的那一代人的经济观，而且他的几位最亲密的工作人员应当在后来成为在执行戈林的四年计划的官员当中的骨干。”在今天，显得几乎有些嘲弄意味的是，哈耶克由此就恰好被右翼极端分子谋害的腊特瑙断言，“在较为详尽的民族社会主义思想史中”，腊特瑙占有“一个突出的位置”。但是，哈耶克向他承认，腊特瑙会“不寒而栗而退避三舍，如果他清楚他的极权主义经济政策的后果”。

在对腊特瑙的批评中，可以明显看出哈耶克所指的是哪一方面。虽然各种派别在目标——如民主或独裁、自由或压迫等——的取舍方面，绝对存在着差别，但是一种要有更多计划经济成分的共识占据着统治地位。因此，哈耶克把他的书献给“所有政党中”的社会主义者，这就不足为奇了。他认为，如果基于人道考虑的社会主义者所追求的目标从根本上看与自由主义者同出一辙，那就没有多大意义了。哈耶克甚至把“多数社会主义者”列入“坚定地”信仰“自由主义的自由理想”的那一类社会主义者。分歧应当在于那些人的手段和方法——它们是集体主义的，是与个人自由不可调和的。集体主义对于哈耶克来说是占统治地位的时代精神的中心特征，在其面前，所有其他特征都黯然失色。对他来说，社会主义只是“集体主义的一个变种”。事实上，他把集体主义和社会主义如此等同，以至于一些作者（与《通往奴役之路》这一字面意义相反）表达了怀疑，认为“社会主义”概念才是本来的总括概念。也许哈耶克就要唤起这一印象。在许多后来的著作中，他首先把民族社会主义当作一种社会主义的变种来处理，而不是根据流行的解释按照左右派划分模式把它作为社会主义的对立面来处理。1979 年的一次讲座中，他谈到了一种“‘国家’这一修饰词置于前头的社会主义”。哈耶克由此创立了一个完整的国家社会主义解释学派，他的解释与一种（占据支配地位的）受马克思主义影响较大的解释形成了有意识的对照。这一解释在《通往奴役之路》出版之时甚至在民主的社会主义者——大概是哈罗德·J. 拉斯基（Harold J. Laski），他是哈耶克在伦敦经济学院的一位同事，尤其能够恰当地代表受到哈耶克主要批评的那一类型的知识分子——当中尤其得到欢迎。按照这一解释，民族社会主义是一种市民资产阶级的统治形式——就像自由主义那样。由此，民族社会主义只会成为自由主义的一种反常形式，它出现于资产阶级看到他们的统治受到了过分剧烈的社会改革的威胁，从而动用暴力确保他们的统治的时候。

这一学派的理论家们难堪地隐而不谈“民族社会主义”概念，因为它（完全在哈耶克的解释意义上）明显包含了“社会主义”属性，是独特的。人们取而代之以“法西斯主义”的概念，尽管在意大利的（更不说是奥地利的）法西斯主义以及民族社会主义之间存在着重大的区别。试图基于他们（自称）由自己所代表的占有关系而解释政治理论的法西斯主义理论家，必须容忍哈耶克所明确提出的问题：难道没有一种根据个人自由和通过正确选择经济秩序来维护个人自由这种衡量标准所进行的归类更适合那些也为左派所宣扬的“人道主义理想”？

哈耶克的假设本身多么合乎逻辑和有说服力，它们就多么能够适合于对那些误以为完全与自由主义信念一致的“所有政党中的社会主义者”提出挑衅——如果说不是甚至激怒他们的话。本书毕竟由此包含了某种把民主社会主义与斯大林主义以及国家社会主义等同的东西。民主社会主义者反对这种等同处理，这是显而易见的。早在《通往奴役之路》出版后不久，巴巴拉·伍顿以她独特的名为《计划下的自由》的著作成为第一个与哈耶克的著作唱对台戏的人。并非只是这一点表明了哈耶克以其反集体主义的时代批判触痛了时代精神。在出版《通往奴役之路》之前不久，哈耶克成为享有威望的不列颠学会的会员。后来，学会的一位朋友对他说，哈耶克永远也成不了这一机构的会员，如果这部著作早在 7 月而不是在 9 月（也就是说在选举之前）问世。

然而，哈耶克详尽地论证了他的这些论点，这些论点的最初效应如同一些令人不能置信的告密状所产生的效应。即使是一位民主社会主义者也必须在不久后诉诸原本违心的手段，如果他真的想一如既往地实现他的有关一种值得期望的经济秩序的思想。如果没有市场经济所提供的“那种经济自由”，“在过去就绝不会有个人和政治自由”。

对于尽管那种自由主义秩序明显优于那些竞争性的集体主义制度，人们为什么仍然离弃了该秩序这一问题，哈耶克的经济解释是否还有效？尽管这一问题高度重要，哈耶克的解释相当模糊并且停留于单纯的简略暗示。不过，我们不应忘记，《通往奴役之路》不是科学论文，而是作为一部通俗性著作来构思的。哈耶克的解释的出发点是，恰恰是自由主义所带来的巨大的经济成就会给自由主义带来灾难。它具有简直是“自我毁灭”的性质：“在将来很可能被看作这一成就的最有意义和最有深远影响的作用的东西，是人们对于由自己掌握自身命运的新感觉，是人们对可以无止境地改善自己的处境的信念，一种由已实现的东西所唤起的信念。”哈耶克在这里所描述的信念，在很大程度上已是他后来称之为“建构主义”的东西，也就是受到有意识的塑造能力之影响的东西。这一态势得到了强化，因为“由于这些已实现的东西……人们显然不大愿意满足于容忍尚存的、现在似乎不可忍受的和不必要的弊端”。其后果是：“所实现的被看作一种保险的和不可丧失的占有物，是一劳永逸地获得的。人们只是还对新的权利要求感兴趣，遵循旧的原则似乎妨碍了这些新的权利要求的迅速满足。”

这听起来非常摩登。即使在现在，虽然“社会”福利国家还没有突变为极权主义国家（在这里，哈耶克也许是过于悲观），但是对于公民们来说，它已成为一种束缚人的和在财政上不堪重负的负担，因此，这一对维护既得利益的思想的批评有着巨大的意义。在《通往奴役之路》最初被左派成功地唾弃以后，最终成为20世纪80年代最强有力地启发英国的政策重返市场经济原则的一部著作，就不足为奇了。即使在其他国家，如在美国，哈耶克也成为一种自由主义反思的精神领袖。他也受到了学术界的承认——他获得了1974年诺贝尔经济学奖。1989年苏联帝国社会主义暴政的终结，也许是他在人生旅途尽头最值得欣慰的事情，而且许多东欧国家的知识分子自发地成立了各种“哈耶克俱乐部”和“哈耶克协会”。他们找不到比这更好的镇山之主了。

序　言

当一位社会事务的专业研究者写了一部政治性的书时，他的首要职责就是清楚地在此加以说明。这是一部政治性的书。我不想以社会哲学论文这种更高雅虚妄的名称来称呼它，以此掩饰这一点，尽管我未尝不可以这么做。但是，无论名称如何，根本点仍是我所说的一切源自某些终极价值。我希望在这部书中还适当履行了另一个同样重要的职责：毫不含糊地阐明全部论证所依据的那些终极价值是什么。

然而，有一件事我想在此加以补充。尽管这是一部政治性的书，但我像任何人一样可以肯定，书中所申明的信念，并非取决于我的个人利益。为什么似乎如我所愿的那种社会给我带来的好处，会比给这个国家①绝大多数人民带来的好处更大，我无法找出任何理由。其实，我的那些信奉社会主义的同事常常告诉我，作为一位经济学家，在我所反对的那种社会里，我应当占据更为重要的位置——当然，前提是我得让自己接受他们的观点。我觉得同样肯定的是，我之所以反对这些观点，不是因为它们不同于伴我成长的那些观点，既然它们正是我年轻时所坚持的观点，而且正是这些观点使我将经济学研究作为职业。对那些依据流行的时尚在每一个政治主张的申明中寻找利益动机的人来说，或许可以容我附带说一声，我有各种合适的理由不必写作或出版这部

① 指英国，后文中“这个国家”均指英国——译注。

书。它必定要冒犯许多我希望与之和睦共处的人；它也迫使我将我觉得更能胜任并且从长计议我觉得更重要的工作搁置在一边；而且，尤其是，它肯定不利于接受那些更严格的学术工作的结果，而这种学术工作是我倾心向往的。

假如我不顾这些，而把这部书的写作当成我不可逃避的责任，这主要是由于现时代有关未来经济政策问题讨论中的不寻常的和严重的情况所致，这些情况几乎尚未为公众充分地意识到。实际情况是大多数经济学家多年以来已被战争机器所吸纳，并因其官职在身而缄口不言，结果，有关这些问题的公共舆论，在令人吃惊的程度上为外行或怪异者、为居心叵测者或卖狗皮膏药者所操纵。在这种情况下，一位尚有闲暇从事写作工作的人，难以将忧虑缄藏于心——当前的种种趋势必然在许多人心中引起这种忧虑，只是他们无法公开表达它们罢了。在其他情况下，我本来应当已经乐于把有关国家政策问题的讨论，留给那些对这项任务更有权威、更能胜任的人去做。

本书的中心论点最初曾在一篇名为“自由与经济制度”的文章概述过，这篇文章发表于《当代评论》1938 年第 4 期；后来，它被增订重印成为 H. D. 吉迪恩斯（H. D. Gideonse）教授为芝加哥大学出版社主编的《公共政策丛刊》（1939 年）之一。承蒙上述两种出版物的编辑和发行人的慨允，使我得以引用原文某些段落，在此我谨表谢忱。

1943 年 12 月

于剑桥伦敦经济学院

引　　言

几乎没有什么发现比那些暴露了观念根源的发现更令人恼羞成怒。

——阿克顿勋爵（Lord Acton）

当代种种事件不同于历史之处，在于我们不知道它们会产生什么后果。回溯既往，我们可以评价过去事件的意义，并追溯它们相继导致的后果。但当历史正在进行时，它对我们来说就不是历史。它带领我们进入未知的境域，而我们又难能瞥见前途是什么样子。假如我们能够运用来自先前见闻的全部知识，把同样的事件重新经历一番，情况就会不相同了。对我们来说，事情将会显得多么不一样，我们现在很少注意的变化将会显得多么重要，而且往往是多么令人后怕啊！人们从未有过这种体验，而且对历史必然遵循的法则毫无所知，这也许是一件幸事。

然而，尽管历史本身从来不会完全重演，而且正是因为事态发展并非不可避免，我们才能在某种程度上接受以往的教训，避免相同过程的重复。人们无须成为一位预言家，才能意识到迫在眉睫的危险。经验和兴趣的偶然结合，往往会向一个人揭示出事件中很少有人了解的方方面面。

以下文字是一种经验的产物，这种经验相当近似于重新经历了一个相同时期——至少也是对一种颇为相似的思想演变过程的再观察。虽然这是一种人们不可能在一个国家获得的经验，但在某种情形之下可以通过长期轮流居住在不同的国家获得。尽管在绝大多数文明国家中思潮所受的影响在很大程度上是相似的，但它们不一定在相同时间或以相同速度发生作用。因此，通过从一个国家迁居到另一个国家，人们有时可以再次观察到类似的智识发展阶段。那时他的感觉就会变得特别灵敏。当人们再次听到他在20年或25年前首次接触到的主张或方策时，它们就有了新的意义，成为一种指向明确趋势的征兆。它们意味着，事态的发展如果不是必然地，至少也可能会经历类似的过程。

现在，有必要说出这句逆耳的忠言，即我们有重蹈德国覆辙的危险。确实，这种危险并非就在眼前，而且这个国家的形势与近年来德国所出现的形势尚相距甚远，以致人们很难相信我们正朝着相同的方向前进。然而，这条道路虽然漫长，但却是一条愈往前走就越难回返的道路。如果从长远考虑，我们是自己命运的创造者，那么，从短期着眼，我们就是我们所创造的观念的俘虏。我们只有及时认识到这种危险，才能指望去避免它。

这个国家并非与希特勒德国，也就是目前这场战争①中的德国有任何相似之处。但是，研究思潮的人们很难对此视而不见，即在上一次战争②期间及战后的德国思潮与目前这个国家的思潮之间存在着并非只是表面上的相似性。现今，在这个国家中肯定存在着同样的决断，要把出于防卫目的而建立的国家体制保留下来用于创造。这里，也有着对19世纪自由主义的同样蔑视、同样的伪“现实主义”乃至犬儒主义，对“不可避免的趋势”同样的宿命论式接受。而且，在我们那些最吵吵闹闹的改革家竭力要我们接受的教训中，十有八九是德国人从上次战争中得出并且助长了纳粹体制产生的那些教训。在本书的进程中，我们将有机

---

① 指第二次世界大战，后文“这场战争”均指第二次世界大战——译者注。

② 指第一次世界大战，后文“上一次战争”均指第一次世界大战——译者注。

会表明，尚有一大批其他问题，会在 15 年至 25 年间，使我们看起来会重蹈德国的覆辙。尽管人们不喜欢回想，但那个国家的社会主义政策被进步派人士普遍奉为仿效的榜样，正如近年来瑞典已成为进步派人士众目所瞩的典范之国一样，这并没过多少年。那些追忆得更久远的人们都知道，至少对上一次战争之前的那一代人，德国思想与德国实践对这个国家的理想和政策产生了多么深刻的影响。

作者的成年生活大约有一半时间是在他的祖国奥地利度过的，与德国精神生活有着密切的接触；另一半时间则是在美国和英国度过的。在这 12 年中，这个国家现已成为他的家乡；他在此期间日益相信，在德国摧毁了自由的力量，至少有些也在这里作祟，而且这种危险的特征和根源，可能比在德国更少为人认识到。尚未为人认识的最大悲剧是，在德国，在很大程度上正是那些有着良好愿望的人，也就是在这个国家被尊奉为楷模的人，如果不是他们创造了的话，至少也准备了这条道路，准备了现在正为他们所憎恨的那些势力。而我们要避免相同命运的机会，有赖于我们能否正视危险而且准备修正哪怕最为我们所珍视的希望和抱负，一旦它们被证明是危险的根源的话。不过现在还很难看出来，我们有向自己承认可能犯了错误的精神勇气。还很少有人愿意承认，法西斯主义和纳粹主义的兴起并不是对于前一时期社会主义趋势的一种反动，而是那些趋势的必然结果。甚至当共产主义俄国和民族社会主义德国内部制度许多令人憎恶特点的相似性已广泛为人承认的时候，大多数人还不愿意看到这个真理。结果，自以为与纳粹主义的荒谬绝伦有天壤之别并真心诚意地憎恶其一切表现的人们，却同时在为一些实现起来就要直接导致可憎的暴政的理想服务。

对不同国家中各种发展的一切类比当然是不足为凭的，但我的论证主要不是以这些类比为基础的。我也并不认为这些发展是不可避免的。如果它们不可避免的话，写这本书就没有意义了。如果人们能及时认识到自己的努力会引起的后果的话，他们就能防止这些发展。不过直到最近，使他们看到这种危险的任何尝试还很少有希望获得成功。然而，对整个问题更充分地加以讨论的时机现在似乎成熟了。不仅现在问题已更广泛地为人们认识到，而且还有种种特殊的理由，使我们在此关头必须正视这些问题。

也许有人会说，还不是提出这种意见针锋相对问题的时候。但我们所谈的社会主义不是一个党派问题，我们正讨论的问题也与政党之间争论的问题没什么关系。某些集团可能比另外一些集团较少地需要社会主义，某些集团需要社会主义是出于某一集团的利益，而另外一些集团则是出于另一个集团的利益，这些对我们的问题并没有影响。重要之点在于，如果我们要挑出一些其见解能影响各种发展的人，那么在这个国家中，他们在相当程度上都是社会主义者。如果强调"我们现在都是社会主义者"已不再时髦的话，这仅仅是因为事实再明显不过了。几乎没有人怀疑我们必须要继续向社会主义前进，大多数人试图做的也不过是按照某一阶级或集团的利益改变这个运动的方向而已。

正是因为几乎每个人都这样希望，我们才沿着这个方向前进。没有什么客观事实使它不可避免。我们在后文中必须提到所谓"计划"的不可避免性，主要的问题是这个运动将把我们引向何处。如果那些现在由于他们的深信不疑而赋予这个运动以一种不可抗拒冲力的人们，开始认识到迄今只有少数人所忧虑的事情，那他们就可能会因为恐惧而退缩，放弃半个世纪以来吸引了这么多善良的人去进行的那种追求吗？我们这一代人的共同信念将把我们引向何处，并不是某一党派的问题，而是我们每一个人的问题，是一个有着最重大意义的问题。在我们竭尽全力自觉地根据一些崇高的理想缔造我们的未来时，我们却在实际上不知不觉地创造出与我们一直为之奋斗的东西截然相反的结果，人们还想象得出比这更大的悲剧吗?

还有一个更加迫切的理由，使我们在此时应当认真地努力理解那些已创造了民族社会主义的力量：这将使我们能理解我们的人和我们之间重大攸关的争论。不可否认的是，迄今对我们正为之奋斗的明确理想还很少认识。我们知道我们正在为根据自己的观念塑造我们生活的自由而奋斗。这很有分量，但还不够。敌人运用宣传作为其主要武器之一，这种宣传不仅采取了喧嚣的形式，而且更采取了阴险的形式。对这种敌人，仅仅认识这一点还不足以使我们具有抵抗他们所需的坚定信念。当我们必须在敌人所控制的国家或其他地方反对这种宣传时，仅仅认识到这一点便更不够了，在那些地方，这种宣传后果不会随着轴心国的失败而消失。如果我们要向别人表明，我们正为之奋斗的东西值得他们支持的话，仅仅认识这一点是不够的；要它引导我们建立一个能避免旧世界所曾遭到的那种危险的新世界，也是不够的。

英国在战前同独裁者打交道时，同他们的宣传努力和战争目标的讨论一样，表现出目标内在的不可靠性和不明确性，这种情况只能用他们对自己的理想和他们与敌人之间各种不同之处的性质认识上的混乱来解释。这是一个可悲的事实。我们之所以被迷惑，是因为我们拒不相信敌人在表白我们所共有的某些信念时是真诚的，也同样因为我们相信他的某些其他主张是真心实意的。左翼各政党不是和右翼各政党一样，由于相信民族社会主义党是为资本家服务并反对一切形式的社会主义而上当受骗吗？希特勒体制中有多少特点，不曾从那些最出人意料的地方推荐给我们模仿，而不了解它们是那个体制中一个不可分割的部分并且与我们希望维持的自由社会不相容呢？在战前和战争爆发以来，由于我们不了解我们所面对的敌人而酿成错误的数量是惊人的。好像我们不想去了解那些产生了极权主义发展似的，因为这样一来就会毁掉某些我们决心抱住不放的最心仪的幻想。

在没有了解现在支配德国人那些观念的特征和成长之前，我们与他们打交道是永远不会成功的。那个一再被提出的理论，即德国人本身生来就是邪恶的，是很难站得住脚的，对那些坚持这个理论的人来说也是不可信的。它污辱了为数众多的一系列英国思想家，他们在过去100年中心悦诚服地接受了德国思想中最好的，而且不只是最好的东西。它忽略了这个事实，当80年前约翰·斯图尔特·穆勒（John Stuart Mill）写作他的第一部伟大论著《论自由》时，他从两个德国人——歌德（Goethe）和威廉·冯·洪堡（Wilhelm von Humboldt）——吸取的灵感比其他任何人都多[①]；它也忘记了这个事实，民族社会主义的两个最有影响的思想先驱托马斯·卡莱尔（Thomas Carlyle）和豪斯顿·斯图尔特·张伯伦（Houston Stewart Chamberlain），一个是苏格兰人，一个是英格兰人。对那些接受了德国种族主义中最恶劣的特点借以维持自己的看法的人来说，这种观点的粗陋形式也是一种耻辱。问题不在于德国人本身何以是邪恶的，从先天方面看他们或许不比其他民族坏；问题在于确定什么环境使过去70年中某一思潮得以逐步发展并最终取得胜利，并弄清何以这种胜利最终使其中最坏的成分登峰造极。再说，仅仅仇恨德国人的一切，而不仇恨支配德国人的那些特别的观念，也是非常危险的，因为它使满足于此的人看不出真正的威胁。恐怕这种态度常常不过是一种逃避主义，其原因在于不愿意认识那些并不限于德国的倾向，也在于不愿重新审查，并在必要时放弃那些从德国接受过来的信念，即我们现在仍和德国人过去那样沉迷于其中的那些信念。仅仅由于德国人特有的邪恶才导致了纳粹体制，这个说法可

① 由于有人会认为这种说法有些夸张，因而值得引用莫利勋爵（Lord Morley）的陈述。他在《回忆录》（*Recollections*）中提到“公认之处”即《论自由》（On Liberty）一文的主要论点“并非原创的，而是源于德国”。

能会成为一种口实，把恰恰是产生那种邪恶的制度强加于我们头上，因而，它是加倍危险的。

本书将要提出的对德国和意大利发展的解释，和大多数外国观察家以及来自这些国家的大多数流亡者所作的解释，有很大不同。但是，如果本书的解释是正确的话，它也就会说明，一个像大多数流亡者和英美报纸的国外记者那样持有现时流行的社会主义观点的人，为什么几乎不可能从正确的角度来观察那些事件。[①] 将民族社会主义仅仅看作是在社会主义进展下其特权和私利受到威胁的人们所推行的一种反动，这个肤浅而又使人误解的看法，很自然地受到所有这样一些人的支持，他们虽然曾在那导致民族社会主义的思想运动中活跃一时，但在发展过程的某一阶段却中止了活动，并且因此和纳粹发生了冲突，被迫离开了本国。但是，就人数而论他们是仅有的重要的纳粹反对派这一事实，只不过说明了，在广义上看，所有德国人几乎都成为社会主义者，而旧有含义所指的自由主义已为社会主义所排斥。像我们希望加以说明的那样，德国民族社会主义中“右翼”和“左翼”现存的冲突，是敌对的社会主义派别之间常常发生的那种冲突。但是，如果这个解释没错的话，那就意味着许多仍然坚持他们信念的流亡社会主义者，现在虽然怀有最善良的愿望，却正在帮助其寄居的国家走上德国所走过的道路。

我知道，我的许多英国朋友有时会在偶然听到德国流亡者表

---

① 整个国家的各个方面，即使是最保守的方面所持有的种种看法，会受到该国新闻界中占统治地位的左翼偏见的歪曲，其彻底程度可以通过美国对大不列颠和印度之间的关系所普遍持有的看法得到充分的说明。那些希望以正确的角度观察欧洲大陆上各种事件的英国人，必定会认真地考虑他的观点以完全相同的方式并出于相同的理由受到歪曲的可能性。这绝非意味着对英美驻外记者的真诚性进行反省。但任何人如果熟悉驻外记者们愿意与之密切接触的当地的圈子的话，那么，他要了解这种偏见的来源就根本没有什么困难。

达出来的半法西斯主义观点时感到震惊，而这些流亡者真诚的社会主义信仰是不容怀疑的。但是，虽然这些英国观察家将这归咎于他们是德国人的缘故，正确的解释则是他们是社会主义者，不过他们的经验已把他们带到远远超出这个国家的社会主义者所已达到的各个阶段。当然，德国社会主义者在本国曾从普鲁士传统的某些特征中得到极大的支持；普鲁士主义与社会主义之间的渊源，在德国为双方都引以为荣，这更加支持了我们的主要观点。[①] 但是如果相信产生极权主义的是一种德国特有的因素而不是社会主义因素，那就错了。民族社会主义之所以兴起，是由于社会主义观点的流行，而不是由于德国与意大利和俄国所共有的普鲁士主义——同时，民族社会主义是从群众中兴起，而不是从深受普鲁士传统熏陶并深受其惠的各阶级中兴起的。

① 在社会主义和有意识地自上而下组织起来的，为其他国家所没有的普鲁士国家组织之间，确实存在某种渊源，这是不可否认的，法国的早期社会主义者就坦白地承认这一点。早在用管理一个单独的工厂的同样原则去治理整个国家这个理想鼓舞了 19 世纪的社会主义之前，普鲁士诗人诺瓦利斯（Novalis）就已叹息：“从来没有一个别的国家，像腓特烈·威廉（Frederick William）逝世以后的德国那样，像一个工厂一样被治理过。”引自诺瓦利斯（弗里德里希·冯·哈登堡）[Novalis（Friedrich von Hardenberg）]：《信仰与爱情》（*Glauben und Liebe*）或《国王与王后》（*Der König und die Königin*）（1789 年）。

第一章　被离弃的道路

一个纲领，其基本命题是，并非追求利润的自由企业制度已在这一代人中失败，而是尚未经受考验。

——F. D. 罗斯福（F. D. Roosevelt）

当文明的进程发生了一个出人意料的转折时——即当我们发现自己没有像我们预料的那样持续前进，而是受到我们将其与往昔野蛮时代联想在一起的种种邪恶的威胁时，我们自然要怨天尤人而不自责。我们不是都已根据自己最高明的见解而奋斗，我们当中许多最优秀的头脑不是已为建立一个更美满的世界而不停地工作吗？我们所有的努力和希望不是已经以更多的自由、公正和繁荣为目标吗？如果结果与我们的目标如此地不同，如果我们面对的不是自由和繁荣，而是奴役和苦难，那么，邪恶的势力必定已挫败我们的意图，我们成为了某种邪恶力量的牺牲品，对这些邪恶力量，在我们能继续走上通往美好事物的道路之前，我们一定要加以征服，不就是显而易见的了吗？无论我们在指出罪魁祸首时分歧多大，无论它是不义的资本家，还是某一民族的邪恶精神，是我们前人的愚蠢，还是那个我们曾与之斗争了半个世纪但仍未完全推翻的社会制度——我们大家，至少在最近以前，都肯定了这样一件事：前一代人中为大多数善良的人们所共有的、决定着我们社会生活主要变化的主导观念不会有错。我们准备接受对于我们的文明当前所面临的危机的任何解释，但除开这一点：世界的现状或许是我们自身真正错误的后果，对我们所珍爱的某些理想的追求，明显地产生了与我们的预期大相径庭的后果。

当我们将全部精力投入到争取这次战争胜利结束时，有时难以想到，即使在战前，我们现在正为之而战的价值，在这里已受到威胁，而在别处则已毁灭。虽然现时为生存而交战的敌对各国代表着不同的理想，我们却绝不能忘记这种冲突来自各种观念的斗争，而这些观念不久以前还存在于一个共同的欧洲文明之中；那种最终将创造一种极权主义体制的趋势并不局限于深陷在这种趋势之中的国家。虽然我们现在的当务之急是赢得这场战争，但赢得这场战争只不过使我们获得另一次机会去面对根本问题，并寻求一种途径以避免重蹈类似文明的覆辙。

现在，要不把德国和意大利或俄国看作不同的世界，而把它们看作我们所共享思想发展的结果，还是有些困难的；至少就我们的敌人而言，将他们看作与我们完全不同，在他们那里发生的事不会在我们这里发生，是比较心安理得了。然而，这些国家在极权主义体制兴起以前的那些年的历史所表现的特征，几乎没有我们不熟悉的。外在冲突是欧洲思想转变的后果，在这种转变过程中，别的国家进展得更快，以至于使它们与我们的理想发生了不可调和的冲突，而我们自身并未置身于这种转变之外。

观念的转变和人类意志的力量使世界形成现在的状况，虽则人们预见不到后果，而且事实中又没有任何自发变化迫使我们这样与我们的思想相适应，这一点对英国人来说特别难以理解，正是因为在这种发展中英国人落后于欧洲大多数民族，这对他们倒是件幸事。我们仍然把现在正引导人们和在过去的一代人中引导人们的各种理想看作仅能在未来实现的理想，我们也没意识到，近 25 年中它们在多大程度上不仅改变了世界，也改变了这个国家。直到最近，我们仍然相信我们为那种被含糊地称为 19 世纪的观念或自由放任的原则所支配。与其他各国相比，并从那些急于加速变革的人们的观点看，这种信念或许有些道理。但是，尽管直到1931年这个国家只是徐徐地遵循其他国家引领的道路，即使在那时，我们已进展得如此之快，以致只有那些其记忆能溯及上次战争之前那个年头的人，才能了解自由世界是什么样子。①

然而，这里的人民仍很少觉察的关键问题，不仅是发生在上一代人中变化的程度之巨大，而且是它们意味着我们的观念和社会秩序演变方向完全改变这一事实。至少在极权主义的魔影变成真正威胁之前的25年中，我们已经日益偏离了作为欧洲文明基础的基本观念。我们怀着如此崇高的希望和雄心走进的这个运动，居然使我们直接面对极权主义的威胁，这对仍然不愿将这两个事实联系在一起的当前的这一代人来说，不啻是一次深深的震动。然而，这一发展仅仅证实了我们仍然奉行的自由主义哲学之父辈的警告。我们逐渐放弃了经济事务中的自由，而离开这种自由，就绝不会存在已往的那种个人的和政治的自由。尽管我们受到德·托克维尔（de Tocqueville）和阿克顿勋爵这些伟大的19世纪思想家的警告，即社会主义意味着奴役，但我们仍沿着社会主义方向稳步前进。而现在我们已看到一种新的奴役形式在我们面前兴起，而我们却把这种警告忘得一干二净，以致我们很难想到

① 即使在那一年，《麦克米伦报告书》（*Macmillan Report*）就已经谈到"这个国家的政府近来观点发生变化，政府无论属哪一个党派，都越来越注意对人民生活的管理"，并继而谈道"议会发现自己日益致力于那种有意识地管制社会日常生活的立法工作，现在并干预那些以前被视为其范围以外的事情"。这段话在这个事实发生前已能谈到，这个事实是：在同一年后期，这个国家终于采取了不顾一切的措施，在1931—1939年这段不光彩的短短的几年中，把经济制度搞得面目全非。

这两件事情可能联系在一起。①

现代的社会主义趋向，不仅对不久的过去，而且对西方文明的整个演进过程意味着多么鲜明的决裂，如果不仅以 19 世纪为背景，而且以更长远的历史观点来看，就显然很清楚了。我们正在迅速放弃的不仅是科布登和布赖特、亚当·斯密和休谟，甚至洛克和弥尔顿的观点，而且是在基督教以及希腊人和罗马人奠定的基础上逐渐成长起来的西方文明的显著特点之一。不仅是 19 世纪和 18 世纪的自由主义，而且连我们从伊拉斯谟（Erasmus）和蒙田（Montaigne），从西塞罗（Cicero）和塔西佗（Tacitus）、伯里克利（Pericles）和修昔底德（Thucydides）那里继承来的基本的个人主义，都在逐渐被放弃。

纳粹领袖把民族社会主义革命说成是一次反文艺复兴运动，可能不由自主地说了真话。它是毁灭现代人从文艺复兴时代起建立的，尤其是个人主义文明的一个决定性步骤。个人主义在今天名声不佳，这个词和利己主义与自私自利联系在一起。但我们所说的与社会主义和一切形式的集体主义相对立的个人主义，与这些东西没有必然的联系。只有在本书的论述中，我们才能逐步搞清这两种对立原则之间的不同。由基督教与古典哲学提供基本原则的个人主义，在文艺复兴时代第一次得到充分发展，此后逐渐成长和发展为我们所了解的西方文明。这种个人主义的基本特征，就是把个人当作人来尊重；就是在他自己的范围内承认他的看法和趣味是至高无上的。纵然这个范围可能被限制得很狭隘；

① 即使近来已被证明非常正确的警告，已越来越多地几乎完全被人忘记。尚不到 30 年以前，希莱尔·贝洛克（Hilaire Belloc）先生在一本比大多数的事变后所写的著作更多地解释了德国所发生情况的书中，说明“社会主义学说对资本主义社会的影响，是产生了与二者皆不同的第三种东西——即奴隶国家”。引自《奴隶国家》（1913 年，1927 年第 2 版），第 14 页（The Servile State，1913），2nd ed.，3rd ed. 1927，p. XIV。

也就是相信人应该发展自己的天赋和爱好。“Freedom”和“liberty”[①]这两个“自由”字眼常常被滥用，以致我们在用其表明它们当时所代表的理想时，也颇为踌躇。宽容或许是唯一还能保留这个原则完整意义的字眼儿，这个原则在整个那个时期都处于上升状态，只是近来才又趋低落，且将随极权主义国家的兴起而彻底消亡。

从一个严格组织起来的等级制度逐渐转变成另一种制度，在这种制度之下，人至少能尝试去创造自己的生活，有机会了解和选择不同的生活方式，这种转变是和商业的发展密切相关的。新的人生观随着商业从意大利北部的商业城市传到西部和北部，通过法国和德国西南部传到低地国家和不列颠诸岛，坚实地扎根于没有受到专制政治势力压抑的地方。在低地国家和不列颠，它长期得到充分的发展，并且第一次有机会自由生长，成为这些国家社会政治生活的基础。而正是从那里，在 17 世纪后期和 18 世纪，它再次以充分发展了的形式开始传到西方和东方，传到新大陆，传到欧洲大陆的中部，在那里，毁灭性的战争和政治上的压迫严重地压制了类似发展较早的开端。[②]

在整个近代欧洲历史中，社会发展的总方向，是使个人从他从事日常活动时束缚他的那些习惯和成规的羁绊中解放出来。至于自觉地认识到个人的自发的和不受拘束的努力能够产生一种经济活动的复杂秩序，则只有在这种发展已有某些进展之后才能达到。随后到来的拥护经济自由的有系统的论证，乃是经济活动自由发展的结果，而这又是政治自由的一种无计划的和预见不到的

① 这两个词的意思都是“自由”。前者的“自由”含义更为泛宽，包括社会、政治、经济意义上的自由，到个人内心的无拘无束，后者则较为狭义，主要指政治与公民自由。——译者注

② 这些发展最重要的而且尚存未消亡的后果，就是 15 世纪和 16 世纪德国市民阶级被领地王侯所征服而部分地毁灭了。

副产品。

个人活力解放的最大结果，可能就是科学的惊人发展，它随着个人自由从意大利向英国和更远的地方进军。人类早期的创造能力并不很差，通过工业技术还处于停滞状态时的许多高度机巧的玩具和其他机械装置，以及那些还没受到限制性管制的工业，如矿业和钟表业的发展，就可以得到证明。但是，只要占主导地位的观点被认为对所有人有约束力，即大多数人关于是非曲直的信念能够阻碍个别发明家的道路，少数企图把机械发明更广泛地应用于工业的尝试，尽管其中有些非常先进，仍很快地被压制了，寻求知识的欲望也被窒息了。只是在产业自由打开了自由使用新知识的道路以后，只是在凡是能找到人支持和承担风险的每件事都可尝试以后，而且还必须补充说明，这种尝试也常常是来自官方指定的提倡学术的当局之外，科学才得以迈步前进，并在过去 150 年中改变了世界的面貌。

如常有的情况那样，对我们文明的性质，敌人往往比多数朋友看得更清楚：像 19 世纪的极权主义者奥古斯特·孔德（Auguste Comte）所描述的那样："西方的长年痼疾，即个体对种属的反抗"，实际上是构建我们文明的力量。19 世纪对前一世纪的个人主义的增益，仅仅是使所有阶级都意识到自由，把偶然地和拼凑地成长起来的东西加以系统和持续地发展，并将其从英国和荷兰传播到欧洲大陆大部分地区。

这种发展的结果超出所有预料。无论何处，只要除去自由运用人类天才的阻碍，人们很快就能满足不断扩大的欲望。虽然生活标准的提高不久便导致人们发现社会中最阴暗的污点，而且人们不再愿意容忍这些污点，但是或许没有一个阶级没有从普遍进步中获得显著的好处。对于这种惊人的进步，如果我们以现在的标准去衡量的话，那就不会是持平之论，这个标准本身就是这种进步的结果，而现在又使许多缺陷显现出来了。要评价这种进步对那些参与其事的人的意义所在，我们必须得用它开始时人们所抱的希望和心愿去衡量；无疑，它的成功超过了人们最狂热的梦想，到20世纪初西方的劳动者所达到的物质舒适、安定和个人独立的程度，在100年以前似乎是不太可能的。

这一成就在未来可能会出现的最有意义和最深远的影响，是一种对控制他们自己命运力量的新感觉，是那种对于改善自己命运的无限可能性的信心，这些都是已经取得的成就在人们中间创造的。随着成功也就发展出雄心——而人们是具有一切权利怀有勃勃雄心的。曾经激励人心的承诺似乎不再足够了，进步的速度太迟缓了；过去曾使这一进展成为可能的那些原则，现在则被视为阻止更快进展的障碍，迫切需要消除掉，而不把它视为保持和发展已经取得成就的条件了。

* * *

在自由主义的基本原则中没有什么东西能使它成为一个静止的教条，也不存在一成不变的一劳永逸的规则。在安排我们的事务时，应该尽可能多地运用自发的社会力量，而尽可能少地借助于强制，这个基本原则能够作千变万化的应用。深思熟虑地创造一种使竞争能尽可能有益进行的体制，和被动地接受既定的制度，二者之间的差别甚为悬殊。也许对自由主义事业危害最大的，莫过于某些自由主义者单纯从某种经验主义出发的顽固态度，而尤以**自由放任**原则为甚。然而在某种意义上这又是必要的和不可避免的。无数的利害关系都能指出某些特定的措施，它们会给某些人带来直接的和明显的利益，而所造成的损害却是十分间接的，而且很难看得到，对于这些利害关系，只有某种一成不变的规则才行之有效。况且既然有利于产业自由的有力假定已经毫无疑问地建立了起来，将其当作毫无例外之规则的诱惑力，总是强大得让人无法抗拒。

但是，由于自由主义学说的众多推广者们采取了这种态度，一旦他们的阵地在某些点被突破，就几乎不可避免地立刻全线崩溃。一个以逐渐改善自由社会制度结构为目标的政策，其不可避免的缓慢进展也进一步削弱了这个阵地。这种进展依赖于我们逐步增进对社会力量和最有利于这种力量以可欲方式起作用的条件的理解。由于我们的任务是起到帮助并在必要时补充这些力量的作用，至关重要的前提是要先了解它们。自由主义者对社会的态度，像一个照顾植物的园丁，为了创造最适宜于它成长的条件，必须尽可能了解它们的结构以及这些结构是如何起作用的。

任何有见识者都不应该对这一点表示怀疑，即表达了 19 世纪经济政策原则的那些粗陋的规则只不过是一个开端，我们尚有许多东西要了解，而且在我们已经走的道路上，仍有极大进步的可能性。但是只有我们越来越能够对我们所必须利用的力量从精神上加以掌握，这种进步才得以实现。有许多明显的任务，如我们对货币制度的管理，垄断的防止和控制，以及其他方面更大量的虽不如此显著但也同样重要的任务有待于着手，在这些方面各国政府无疑都掌握着为善为恶的巨大权力；有各种理由可以这样希望：只要我们更好地了解这些问题，我们终将能够成功地动用这些权力。

虽则导致一般称为“积极”行动的进展必然是缓慢的，而且虽则为了及时的改善，自由主义必得主要凭借于自由所带来的财富的逐渐增长，但是它仍必须经常抵抗威胁这个进展的种种建议。由于自由主义对于某一个人不可能提供多于共同进步中的一份，结果它便被看成是一种“消极”的信条。这种进步越来越被视为理所当然之事，而不再被认为是自由政策的结果。甚至可以这样说，自由主义的衰退，正是它的成功所造成的。由于已经取得成功，人们已经越来越不能容忍尚存的缺点，这些缺点现在看来是不可忍受的和不必要的了。

* * *

由于对自由主义政策的迟缓进展日益不能忍耐，由于对那些利用自由主义的用语为反社会特权辩护的人的正当愤懑，以及由于已经取得的物质进步似乎是为无限度的雄心提供了理据，结果到世纪之交时，对自由主义基本原则的信仰，越来越被人放弃。已经取得的成就，被视为永保无虞、万无一失的财产。人们的目光专注于新的需求，这些需求的迅速满足，似乎由于墨守旧的原则而受到阻碍。要继续前进，就不能期望因循那条使往昔的进步得以可能的总的框架中的老路，而只能完全改造社会，这一点已越来越广泛地为人所接受。问题不再是补充和改进现存机制，而是要完全打碎并更换它。而且由于新一代的希望完全集中到全新的东西上，对现存社会职能的关注和了解迅速下降；而对于自由体制的运转方式了解的衰落，我们对依赖于自由体制存在事物的理解也减少了。

这里不是讨论这种看法的改变如何受到以下因素促进的地方：即由于专注于技术问题所产生的思维习惯不加批判地就转变到社会问题上去，而这种思维习惯是自然科学家和工程师的思维习惯；以及这些思维习惯是如何同时企图否定与它们的偏见不合的已往的社会研究的成果，而把一些组织的理想强加给不适宜它们的领域中去。① 我们在这里所要表明的一切，不过是我们的社

① 著者曾试图追溯这一发展的开端，见发表于1941—1944年《经济学》（Economica）杂志的两篇连载的论文：《唯科学主义和社会研究》（Scientism and the Study of Society）和《科学的反革命》（The Counter - Revolution of Science）。

会态度转变得多么彻底，尽管这种转变是渐渐地而且是几乎觉察不到地一步一步地进行的。在变化过程的每个阶段，那些似乎只在程度上有所不同的东西，已经以其日积月累的影响，造成了旧的自由主义的社会态度和目前研究社会问题的方法之间根本的分歧。这种变化对我们叙述过的那种趋势，最终形成一个彻底的逆转，完全放弃了曾创造了西方文明的个人主义传统。

根据目前占统治地位的见解，问题已不再是如何才能最佳地利用自由社会中可以发现的自发力量。实际上，我们已经着手取消那些产生不可预知后果的力量，并对一切社会力量加以集体的和“有意识”的指导，借以达到刻意选择的目标，来取代那些非个人化和匿名的市场机制。说明这种分歧的最好例子莫过于一本受到广泛赞扬的著作所采取的极端立场，有关这本书中所谓“为自由而计划”的纲领，我们还要不止一次地提到。

> [卡尔·曼海姆（Karl Mannheim）博士写道] 我们从来不必建立和指导整个自然体系，就像我们今天迫不得已对社会所做的那样，……人类越来越倾向于调节全部社会生活，尽管从来不曾打算创造一个第二自然。①

* * *

这种思想倾向的转变与思想在空间传播的转向之间的一致性，是很有意义的事情。二百多年以来，英国的思想始终是向东传播的。曾在英国实现的自由法则似乎注定要传播至全世界。至1870年左右，这些思想的流行或许已扩展到其最东端。从那时

① 《重建时代的人与社会》（*Man and Society in an Age of Reconstruction*）（1940年），第175页。

起，它开始退却，一套不同的，并不是真正新的而是很旧的思想，开始从东方西进。英国丧失了它在政治和社会领域的思想领导权，而成为思想的输入国。此后 60 年中德国成为一个中心，从那里，注定要支配 20 世纪世界的那些思想向东和向西传播。无论是黑格尔（Hegel）还是马克思（Marx），李斯特（List）还是施莫勒（Schmoller），桑巴特（Werner Sombart）还是曼海姆，无论是比较激进形式的社会主义还是不那么激进的“组织”或“计划”，德国的思想到处畅通，德国的制度也到处被模仿。尽管绝大部分的新思想，尤其是社会主义，并非起源于德国，但正是在德国它们得到完善，并在 19 世纪的最后 25 年和 20 世纪的最初 25 年，得到最充分的发展。现在，人们常常忽略了：德国在这一时期社会主义的理论和实际的发展中起了多么巨大的领导作用；在社会主义成为这个国家的一个严重问题以前的那一代，德国国会中已有一个很大的社会主义政党；并且在不久以前，社会主义学说的发展，几乎完全是在德国和奥地利进行的，以致今天俄国人的讨论，在很大程度上是从德国人中止的地方进行的；绝大部分英国的社会主义者尚未意识到，他们才开始发现的大多数问题，德国社会主义者很早以前已彻底讨论过了。

德国思想家在这个时期对整个世界在思想上产生的影响，不仅得力于德国的伟大物质进步，甚至更得力于这 100 年中，德国再度成为共同的欧洲文明的主要的甚至是领导的成员时，德国思想家和科学家所赢得的非凡声誉。但是不久，它就转而支持那些从德国向外传播的与那种文明的基础对立的思想了。德国人自己——至少是他们当中传播这些思想的那些人——是充分了解这种冲突的：对他们来说，从前便是欧洲文明的共同遗产的东西，在纳粹之前便已成为“西方的”文明——这里“西方的”不再像以前那样指亚洲以西，而是指莱茵河以西。在此意义上“西方的”就是指自由主义与民主主义，资本主义与个人主义，自由贸易与任何形式的国际主义或对和平的热爱。

但是，尽管数目不断增长的德国人对于那些“浅薄的”西方理想掩饰不住轻蔑，或许正因为这一点，西方的人民仍不断输入德国思想，并被诱骗得相信他们自己以前的信念，只不过是把自私的利益合理化，自由贸易是为了促进英国的利益而创造出来的学说，而且英国人赋予世界的政治理想已陈旧不堪，成为一件可耻的东西。

第二章 伟大的乌托邦

总是使得一个国家变成人间地狱的人事，恰恰是人们试图将其变成天堂。

——F. 荷尔德林（F. Hoelderlin）

社会主义已经取代自由主义成为绝大多数进步人士所坚持的信条，这不只意味着，人们已经忘记了以往伟大的自由主义思想家们有关集体主义后果的警告。事情之所以发生，是因为他们相信与这些思想家所作的预言正好相反的东西。令人惊讶的是，同一个社会主义，不仅在早先被公认为是对自由的最严重的威胁，而且从一开始便十分公开地作为对法国大革命的自由主义的反动，却在自由的旗帜下获得普遍的认可。现在难得有人还记得，社会主义从一开始便直截了当地具有独裁主义性质。奠定现代社会主义基础的法国作家们毫不怀疑，他们的种种思想只有通过强有力的独裁政府才能付诸实行。对他们来说，社会主义意味着，它只不过是通过等级制度的路线审慎地改革社会，并强加一种强制性的“精神力量”，以此“终结革命”的一种尝试。论及自由之处，社会主义的奠基者们毫不掩饰他们的意图。自由思想，在他们看来是19世纪社会的罪恶之源，而现代计划者第一人圣西门（Saint Simon）甚至预告，对那些不服从他所拟议的计划委员会的人，要“像牲畜一样来对待”。

只是在1848年革命前强大的民主潮流的影响下，社会主义才开始与自由力量联系起来。但新的“民主社会主义”用了很长时间才改变了做法并消除了其先驱所引起的疑虑。没有人比德·托克维尔更清楚地意识到，民主在本质上是一种个人主义的制度，与社会主义有着不可调和的冲突：

> （他在1848年说）民主扩展个人自由的范围，而社会主义却对其加以限制。民主尽可能地赋予每一个人价值，而社会主义却仅仅使每一个人成为一个工具、一个数字。民主和社会主义除了“平等”一词毫无共同之处。但请注意这个区别：民主在自由之中寻求平等，而社会主义则在约束和奴役之中寻求平等。①

为了减少这些疑虑，并将一切政治动因中最强烈的动因——渴求自由为己所用，社会主义开始日益利用一种“新自由”的允诺。社会主义的来临将是从必然王国向自由王国的飞跃。它将带来“经济自由”，没有“经济自由”，就“不值得拥有”已经获得的政治自由。只有社会主义才能完成长期的为自由而进行的斗争，而在这场斗争中，政治自由的取得仅仅是第一步。

将自由一词的意义稍加改变，使这个论点听来似乎应当合情合理，这种意义上的微妙变化是重要的。对政治自由的伟大倡导者们来说，这个词意味的是免于强制的自由，是摆脱了他人专断权力的自由，是从种种束缚中的解放，这些束缚使个人除了对他

---

① 《1848年9月12日在制宪会议上关于劳动法问题的演讲》（“Discours prononcé à l'assemblée constituante le 12 septembre 1848 sur la question du droit au travail”），见《亚里克西·德·托克维尔全集》（*Deuvres complètes d'Alexis de Tocqueville*）第9卷，1866年，第546页。

们隶属的长官唯命是从之外别无选择。然而，所允诺的新自由却是摆脱了必然性的自由，是从环境的强制中的解放，这些环境不可避免地限制了我们所有人的选择余地，尽管对有些人来说选择余地比对别的人更大些。在人们能真正获得自由之前，必须打破“物质匮乏的专制”，解除“经济制度的束缚”。

当然，在这个意义上，自由不过是权力①或财富的代名词。然而，虽则这种新自由的允诺常常与社会主义社会中物质财富大大增加的不负责任的允诺相提并论，但并非出于这种对自然的吝啬的绝对征服，经济自由便指日可待。这个允诺实际上指的是，不同的人在选择余地上现存的巨大悬殊将被消除。因此，对这种新自由的要求，不过是对平均分配财富旧要求的代名词而已。但这个新名词却给了社会主义者一个与自由主义者共有的代名词，他们对其充分地加以利用。而且虽然这个词为两个集团在不同意义上加以利用，但很少有人注意到这点，更少有人自问，所允诺的这两种自由能否真正地结合在一起。

毫无疑问，对更大自由的允诺已经成为社会主义宣传最有效的武器之一，而且，对社会主义将会带来自由的信念是真心实意的。但是，倘若允诺给我们通往自由的道路一旦事实上被证明是一条通往奴役的大路的话，悲剧岂不更惨。毋庸置疑，对更多自由的允诺使越来越多的自由主义者受到引诱走上社会主义道路，使他们受到

---

① 对自由和权力的典型混淆，我们在这一讨论的整个过程中将会一再地遇到，但这一题目太大了，此处不能彻底考察。它和社会主义本身一样悠久，与之密切相关，以至约70年前，一位法国学者在讨论它在圣西门学说中的起源时，不得不说这一理论“本身彻头彻尾地是社会主义的”［P. 雅内：《圣西门和圣西门主义》（P. Janet，*Saint－Simon et le Saint－Simonisme*）（1878年），第26页，注释］。饶有意味的是，这种混淆的最明确的辩护者竟是美国左翼学说的主要哲学家约翰·杜威（John Dewey），据他说，“自由是用来做具体事项的有效权力”，因而“要求自由即要求权力”［《自由与社会控制》（Liberty and Social Control），见《社会边缘》（*The Social Frontier*），1935年11月，第41页］。

蒙蔽不能看到社会主义和自由主义基本原则之间存在着的冲突，并常常使社会主义者得以僭用旧有的自由党派的名字。社会主义被绝大多数知识分子奉为自由主义传统的当然继承者：因而，他们不能接受社会主义会导致自由的对立面的看法是不足为奇的。

*　*　*

然而，近些年来，对社会主义无法预料后果的旧有恐惧，再一次从意料不到的方方面面表露出来。一个又一个的观察家，尽管在研究他们的题目时期待迥异，但对"法西斯主义"和"共产主义"之下许多方面情况的相似性都留下了深刻的印象。当这个国家和其他地方的"进步派人士们"仍在自欺欺人，认为共产主义和法西斯主义代表着对立的两个极端，越来越多的人开始自问，这些新的暴政难道不是同一种趋势的后果。即使共产主义者们也想必多少已为诸如列宁（Lenin）的老友马克斯·伊斯门（Max Eastman）先生所作的那类宣言所震撼；他自己不得不承认，"斯大林主义与法西斯主义相比，不是更好，而是更坏，更残酷无情、野蛮、不公正、不道德、反民主、无可救药"，并且它"最好被称为超法西斯主义"；当我们发现同一作者承认"在这样一种意义上，斯大林主义**就是**社会主义，它是国有化和集体化不可预料但却是不可避免的政治附属物，而这两者都是他赖以建立一个无阶级社会计划的一部分"，① 他的结论明显地具有更广泛的意义。

伊斯门先生的例子或许是最显著的，然而他绝不是第一个或唯一一个对俄国的实验表示同情却作出类似结论的观察家。早在几年前，在俄国住了 12 年的美国记者 W. H. 张伯伦（W. H. Chamberlin）

① 马克斯·伊斯门：《斯大林的俄国与社会主义的危机》（*Stalin's Russia and the Crisis of Socialism*），1940 年，第 82 页。

先生眼见他的全部理想破灭，便将他在那里和德国、意大利所做的研究总结成这种说法："社会主义者肯定会证实，至少在其开始时，不是通往自由的道路，而是通往独裁和反独裁、通往最惨烈的内战的道路。以民主手段实现并维持的社会主义，看来确实属于乌托邦世界。"[1] 同样，一位英国作者 F. A. 沃伊特（F. A. Voigt）先生，以对外记者的身份对欧洲的发展进行了多年详密的观察，得出结论："马克思主义已经导致了法西斯主义和民族社会主义，因为就其全部本质而言，它就是法西斯主义和民族社会主义。"[2] 而沃尔特·李普曼（Walter Lippmann）博士也已获得这种信念：

> 我们所属的这一代人现在正从经验中懂得，当人们放弃自由，转而强制性地将其事务加以组织的时候，情况会怎么样。尽管他们期望一种更富裕的生活，但他们在实践中肯定放弃了这种期望；随着有组织管理的增加，目标的多样化必定会让位于一体化。这是对有计划的社会和人类事务中独裁主义原则的报应。[3]

人们从近年来的出版物中，可以挑选出许多有能力做出判断的人所作出的其他类似叙述，特别是由那种人所作的叙述，他们作为现在的极权主义国家的公民，亲历了这种转变，他们的经验迫使其对许多珍爱的信念加以修正。我们将再引用一位德国作者的话作为例子，他所发表的相同结论比我们已经引用的那些更加公正：

---

① W. H. 张伯伦：《伪乌托邦》（*A False Utopia*），1937 年，第 202—203 页。

② F. A. 沃伊特：《归于恺撒》（*Unto Caesar*），1939 年，第 95 页。

③ 《大西洋月刊》（*Atlantic Monthly*），1936 年 11 月，第 552 页。

> [彼得·德鲁克(Peter Drucker)先生写道]通过马克思主义可以达到自由与平等的信念的完全崩溃,已经迫使俄国走上德国一直在遵循的相同道路,即通往极权主义的、纯粹消极的、非经济的、不自由不平等的社会。这等于说共产主义和法西斯主义本质上是相同的。法西斯主义是在共产主义已被证实为一种幻想之后所达到的一个阶段,而在斯大林主义的俄国和希特勒之前的德国,共产主义已经同样被证实是一种幻想。①

同样重要的是许多纳粹领袖和法西斯领袖的精神史。每一位注意到这些运动在意大利②或德国发展的人,都曾对许多领袖人物留下深刻印象,他们从墨索里尼向下数起(并不排除赖伐尔和吉斯林),开始时都是社会主义者,但最终都成为法西斯主义者或纳粹分子。这个运动的领袖们是这样,下层的徒众们就更是如此了。在德国,一个年轻的共产主义者能比较容易地转变为纳粹分子,或者情形正相反,这是尽人皆知的,两党的宣传家们尤其了解这一点。20世纪30年代,这个国家的许多大学教师看到从欧洲大陆回来的英国和美国的学生,无法确定他们是共产主义者还是纳粹分子,只能确定他们都仇视西方的自由主义文明。

当然,在1933年以前的德国和1922年以前的意大利,共产主义者与纳粹分子或法西斯主义者之间的冲突的确比他们和其他党派之间的冲突更为频繁。他们竞相寻求同一类型思想的支持,

---

① 《经济人的末日》(*The End of Economic Man*),1939年11月,第230页。

② 对众多法西斯领袖精神历史的富于启发性的说明,参见R. 米歇尔斯(R. Michels,他本人是曾为马克思主义者的法西斯主义者)的《社会主义和法西斯主义》(*Sozialismus und Faszism*)第2卷,慕尼黑,1925年,第264—266、311—312页。

而彼此保持对异端的仇视。但他们的实践表明他们的关联是多么密切。对这两方面而言，真正的敌人是旧式的自由主义者，他们与这些人毫无共同之处，也不能指望使他们信服。共产主义者之于纳粹分子，纳粹分子之于共产主义者，社会主义之于这二者，都是潜在的招募对象，他们都由合适的材料构成；虽则他们听信了虚伪的预言家，但他们双方都知道，他们和那些真正确信个人自由的人之间毫无妥协可言。

为了使这一点不致遭到受来自任何一方官方宣传误导的人的怀疑，让我再来引用一位不应受到怀疑的权威人士的叙述。在一篇冠以“自由主义的再发现”这一有意义的标题的文章中，德国宗教社会主义的领袖之一爱德华·海曼写道：

> 希特勒主义者称自己既是真正的民主主义，又是真正的社会主义，而可怕的真相是，在诸如此类的声称中有一些微不足道的真实——当然，这是小得不能再小了，但无论如何足以构成这种荒谬歪曲的基础。希特勒主义甚至还声称扮演了基督教保护者的角色，而可怕的真相是，即使这种严重的歪曲也能给人留下一些印象。但有一个事实却十分清晰地从弥天大雾中凸显出来：希特勒从来不曾声称代表真正的自由主义。可见，自由主义具有成为最为希特勒所痛恨的学说的特点。①

① 《社会研究》(*Social Research*)（纽约）1941 年 11 月，第 8 卷第 4 期。在这方面值得回想的是，无论出于什么理由，希特勒在迟至 1941 年 2 月的一次公开演说中，还认为这种说法是策略性的：“民族社会主义和马克思主义根本来说是相同的东西。”［参见皇家国际事务研究所（Royal Institute of International Affairs）出版的《国际新闻公报》(*Bulletin of International News*)，第 18 卷第 5 期，第 269 页。］

应该指出的是，这种仇恨之所以几乎没有机会在实践中表现出来，仅仅是因为希特勒上台之时，自由主义在德国实际上已无声无息。而消灭它的正是社会主义。

*　*　*

对许多就近观察过从社会主义向法西斯主义转变的人来说，这两种制度之间的联系变得日益明显了，而在这个国家中，大多数人仍然相信社会主义和自由可以结合。毫无疑问，这里的大多数社会主义者对自由主义的自由理想深信不疑，如果他们认识到他们纲领的实现将意味着自由毁灭的话，他们是会回头的。这个问题仍然几乎未被看出，最不可调和的各种理想仍然相安无事，以至我们仍然能听到诸如“个人主义的社会主义”这类词语矛盾的说法还在一本正经地讨论着。如果这是使我们趋向一个新世界的精神状况的话，那么当务之急莫过于我们应当认真地考察一下其他地方所发生的这种演变的真实意义。尽管我们的结论只不过证实了别人已经表达过的恐惧，但如果我们不对这种社会生活转变的主要方面加以相当充分的考察的话，就不会看出不能将这种发展视为偶然的原因了。民主社会主义，最近几代人的伟大乌托邦，不仅不能实现，而且为之奋斗还会产生某种完全不同的东西，以至现在对之抱有希望的那些人中几乎没有人会准备接受这种结果。除非这种关联全方位地展开分析，否则是没有人会相信它的。

第三章　个人主义与集体主义

社会主义者信仰两种截然不同甚至也许是相互矛盾的东西：自由和组织。

——埃利·阿列维（Elie Halévy）

在继续我们的问题之前，还有一个障碍尚须克服。必须澄清一种混乱，正是这种混乱使我们不知不觉地陷入谁都不愿遭遇的光景。

这种混乱指的正是社会主义概念本身。它可能意味着，而且常常被用来说明的，仅仅是社会正义、更大程度上的平等和保障等理想，这些理想是社会主义的终极目标。但是它也意味着大多数社会主义者希望达到这些目标的特别的方法，以及许多有能力的人视为为了充分而迅速地实现那些目标的唯一方法。在这个意义上，社会主义意味着废除私有企业，废除生产资料私有制，创造一种“计划经济”体制，在这种体制中，中央的计划机构取代了为利润而工作的企业家。

有许多人自称为社会主义者，虽然他们关心的只是第一种意义，热烈地信仰社会主义的终极目标，但他们既不关心也不理解这些目标何以才能实现，他们确信的仅仅是这些目标一定会实现，无论其代价如何。但对几乎所有那些把社会主义不仅当做一个希望也当做实际政治中的一个目标的人来说，现代社会主义特有的方法与目标本身同样重要。另一方面，许多和社会主义者一样重视社会主义的终极目标的人们，由于看到社会主义者所倡导的方法对其他价值的危害，而拒绝支持社会主义。因此，有关社会主义的争论在很大程度上正成为有关手段而不是有关目标的争论——尽管社会主义的不同目标能否同时实现这个问题也被提到。

这已足够造成混乱了。而这种混乱，又由于通常的习惯否定那些反对其手段的人会重视其目标而进一步增大。但这还不是全部。使这种情况更加复杂的是这个事实，即作为社会主义改造首要工具的同一种手段“经济计划”，也可以用于许多其他目的。我们如果想使收入的分配符合流行的社会正义观念，就必须对经济活动进行集中管理。因而，所有要求以“为使用而生产”代替为利润而生产的那些人，都需要“计划”。但是，如果收入的分配以一种在我们看来违背正义的方式进行调节的话，这样的计划就同样是不可或缺的了。世界上的好东西大部分应归于某个高贵的种族，如北欧日耳曼人，还是应归于某一党派的成员或一个贵族阶级，对此我们必须采取的方法，是和那些能确保一种平均分配的方法相同的。

用社会主义一词说明其方法而不是其目标，把一个对许多人来说代表一个终极理想的名词用于一种特定的方法，或许是不公平的。也许更好的是，把那些能应用于多种多样的目标的方法称为集体主义，并把社会主义视为这个类属中的一个种类。尽管对大多数社会主义者来说，只有一种集体主义能代表社会主义，然而，必须时常牢记的是，社会主义是集体主义的一种，因而符合集体主义本身的一切东西也必定适用于社会主义。社会主义者和自由主义之间争论的各点，几乎涉及一切形式的集体主义所共有的方法，而没涉及社会主义者运用这些方法想要达到的特定目标；我们在本书中将要提到的一切后果，都源于集体主义的方法，而与这些方法所运用于的目标没有关系。同样绝不可忘记的是，社会主义不仅是集体主义或“计划”中最最重要的一种，而且正是社会主义劝说具有自由主义思想的人们再一次屈从对经济生活的军队化（regimantation），而这种军队化他们曾推翻过，因为照亚当·斯密的说法，这使政府处于“为了维持自身，他们有责任实行压迫和专制”① 的地位。

*　*　*

即使我们同意用集体主义一词总括所有类型的“计划经济”，而不管计划的目标是什么，那么由共同政治术语的模糊性所引起的困难，仍然没有解决。如果我们澄清我们指的是实现任何既定的分配理想必不可少的那种计划的话，这个词的意义就会稍加明确些。但是，集中的计划之所以能打动人心在很大程度上应归因于这个词含义的模糊性，因此，在我们讨论它的后果之前，应该必须就其精确意义达成一致。

“计划”受欢迎的原因很大程度应归于这个事实，即每个人当然都希望我们应当尽可能合理地处理问题，同时应尽量运用我们所能获得的预见。在此意义上，每一个人只要不是彻底的宿命论者，就是一个计划者，每一个政治行为都是（或应当是）有计划的行为，而只有好的和坏的、聪明而有远见和愚蠢而短视的计划之分。一个以研究人们实际怎样做和人们如何计划他们的事务为全部己任的经济学家，是最不可能反对这种一般意义上的计划的人。但是，我们当中热衷于一个有计划社会的人们，现在不是，并且也不仅仅在以下意义使用“计划”这个词——即如果我们想要收入或财富的分配合乎某种特定的标准的话，我们就必

① 杜格尔德·斯图尔德（Dugald Stewart）在《亚当·斯密回忆录》（*Memoir of Adam Smith*）中援引亚当·斯密在1755年所写的备忘录。

须得计划这个意义上。在现代计划者看来，出于他们的动机，仅仅设计一个永久的合理框架，在其中个人根据他们各自的个人计划指导他们的各种活动，是不够的。在他们看来，这种自由主义计划就是毫无计划——而且实际上它也不是一个为满足关于谁应该有什么个别观点而设计的计划。我们的计划者所要求的是根据一个单一的计划对一切经济活动加以集中管理，规定社会资源应该“有意识地加以管理”，以便按照一种明确的方式为个别的目标服务。

因此，现代的计划者和他们的反对者之间的争论，不是关于我们是否应当在各种可能的社会组织之间明智地选择的争论，也不是关于我们是否应当运用预见和系统思考来计划我们共同事务的争论。它是有关这么做的最好方法是什么的争论。问题在于，出于这个目的，强制力量的控制者是否应该将自己限制于笼统地创造条件，以便最充分地发挥每个人的知识和创造力，使他们能成功地做出计划，或者为了合理地利用资源，我们是否必须根据某些有意识构造的“蓝图”对我们的一切活动加以集中的管理和组织。各派社会主义者都把计划一词用于后一种类型的计划，而现在这个词通常也正是在这个意义上被人接受。虽然这意味着它是处理我们的事务的唯一合理方法，但却未证实这一点。这仍然是计划者和自由主义者的分歧所在。

*　*　*

重要的是不要把对这种计划的反对意见与教条的自由放任态度混淆起来。自由主义的论点，是赞成尽可能地运用竞争力量作为协调人类各种努力的工具，而不是主张让事态放任自流。它是以这种信念为基础的：只要能创造出有效的竞争，就是再好不过的指导个人努力的方法。它并不否认，甚至还强调，为了竞争能有益地运行，需要一种精心设想的法律框架，而现存的和以往的法律无不具有严重的缺陷。它也不否认，在不可能创造出使竞争有效的必要条件的地方，我们就必须采用其他指导经济活动的方法。然而，经济自由主义反对以协调个人努力的低级方法去代替竞争。它将竞争视作优越的，这不仅因其在大多数情况下都是人们所知的最有效的办法，而更因为它是使我们的活动在没有当局的强制和武断的干预时能相互协调的唯一方法。确实，赞成竞争的主要论点之一，就是它免除了对“有意识的社会控制”的需要，而且，它给予每个人一个机会，去决定某种职业是否足以补偿与其相关的不利和风险。

成功地将竞争用作社会组织的原则，就排除了对经济生活的某种形式的强制性干预，但它承认有时会有助于其运作的其他形式的强制性干预，甚至还必需某种形式的政府行为。但是，为什么特别强调这些消极的要求，强调强制不能行使的地方，还是有充分理由的。首先，市场上各方必须应该自由地按照他们能找到交易伙伴的价格进行买卖，任何人必须应该自由地生产、出售和买进任何有可能生产和出售的东西。进入各种贸易的通道也必须在平等的条件下向所有人开放，法律不能容忍任何个人或集团通过公开或隐秘的力量限制这些通道。任何控制某些商品的价格或数量的企图，都会使竞争失去它有效地协调个人努力的力量，因为这时价格的变化不再显示客观条件的全部相关变化，也不再对个人的行动提供一个可靠的指南。

但是，对于那些仅仅限制已获允许的生产方法的措施，只要这些限制对所有潜在的生产者同样产生影响，而且不被用作一种间接地控制价格和数量的方法，这个原则就不一定适用了。尽管所有这些对方法或产品的控制都造成极大的代价，即使生产一定的产品需要更多的资源，但这么做还是很值得的。禁止使用有毒的物质或对其使用加以预防，限制工作时间或规定某种卫生设施，这些与维持竞争完全相容。这里唯一的问题就是，在某种情况下，所得利益是否大于所造成的代价。维持竞争也并非与广泛的社会服务制度不相容——只要这种服务的组织所采取的方法不至于在太大范围内使竞争失效。

遗憾的是，尽管不难解释，过去对于使竞争制度成功运行的积极条件，较之那些消极条件受到的注意少得多。要使竞争发挥作用，不仅需要适当地组织某些编制，如货币、市场和信息渠道——它们之中有些是私人企业从来不能充分提供的——而且它尤其依赖于一种适当的法律制度的存在，这种法律制度的目标在于既维护竞争，又使竞争尽可能有利地发挥作用。法律仅仅承认私有财产和契约自由是根本不够的，它更有赖于对适用于不同事物的财产权的明确限定。对使竞争制度有效运行的种种形态的法律制度的系统研究，已经令人痛心地遭到忽视；人们可以提出强有力的论点，说明这方面的严重缺陷，尤其是在公司法和专利法方面，不仅使竞争远较可能运行的要糟糕，而且甚至已经到了在许多领域摧毁竞争的地步。

最后，无疑在有些领域中，没有什么法律措施足以创造行使竞争和私有财产的制度所依赖的主要条件：即所有者从其财产所提供的一切有益的服务得到好处，而负担使用其财产对他人造成的一切损害。例如，在不可能依靠偿付代价的情况下享用某些服务的地方，竞争就不可能产生这些服务；而当使用财产对别人造成的损害，不能有效地使财产所有人担负责任时，价格制度也同样变得没有效用了。在所有这些情况中，个人考虑的项目和影响社会福利的项目之间，都存在一种分歧；当这种分歧重要起来时，就必须在竞争之外寻求某种方法来提供这种服务。因此，有关在道路上设路标的费用以及在大多数情况下有关道路本身的费用，都不可能由每一个单独的使用者来支付。砍伐森林、某种耕作方法或工厂的烟尘和噪音等某些有害的后果，也不能仅限于财产所有者，或者仅限于因取得议定的补偿而甘受损害的那些人。在这种情况下，我们必须寻求不用价格机制来进行调节的办法。但是，在不可能创造有利竞争适当运行的条件的地方，我们不能不采用当局直接管理的办法取而代之，这一事实并不能证明在可以使竞争发挥作用的地方，我们应压制竞争。

创造条件使竞争尽可能有效，在竞争不能行之有效的地方为其提供补充，提供那些用亚当·斯密的话来说“虽则能够在最高的程度上有利于一个伟大的社会，但却具有这一性质，即对任何个人或少数人来说，利润不足以补偿耗费”的服务，这些任务实际上都为国家提供了广阔的和无可置疑的活动领域。在没有那种能被合理地加以维护的制度时，国家绝不会袖手旁观。一个有效的竞争制度和其他制度一样，需要一种明智规划的并不断加以调节的法律框架。甚至提供它适当发挥作用所必需的最根本的前提，即防止欺诈和诡骗（包括利用无知），都给立法活动提供了一个伟大的但远未充分实现的目标。

* * *

然而当创造一个合适的框架使竞争以有利方式运行的任务尚未完成得很彻底时，各国政府却已放弃了这个任务而改用另一种不可调和的原则来代替竞争。问题不再是使竞争得以运行和加以补充，而是完全取而代之。重要的是弄清这一点：现代的计划运动是一种反对竞争本身的运动，是一面将竞争的一切宿敌都集结其下的新旗帜。虽然各种利害关系现在都试图在这面旗帜之下重建自由主义时代扫除的种种特权，但正是社会主义的计划宣传，才在拥有自由主义思想的人们当中重振反对竞争的声势，才能有效地平息了任何消灭竞争的企图过去时常会引起的健康的怀疑。[①] 实际上使左、右翼社会主义联合起来的东西，就是对竞争的共同敌视，以及用一种指导性经济来代替它的共同希望。虽然一般仍用“资本主义”、“社会主义”这两个名词来说明过去和将来的社会形态，但这些名词隐蔽了而不是阐明了我们正经历着的过渡的性质。

不过，虽然我们正在观察的所有这些变化，趋向于对经济活动进行广泛的集中管理，但普遍的反对竞争的斗争，势必将首先产生某种从各方面看来甚至是更坏的东西，一种既不能满足计划者也不能满足自由主义者的状况：即一种工团主义的或“法团的”产业组织，其中竞争多少被抑制了，但计划的工作则委之于各个产业中的独立垄断者手中。这是一种局面——人们因憎恨竞争而联合起来，但对别的东西并没有什么一致的意见——的不可避免的首先出现的结果。在一个接一个的产业中破坏了竞争，这种政策使消费者只能听任那些组织得很好的产业中的资本家和工人联合垄断行动的摆布。不过，虽则这种情况早已在广阔的领域中存在了一个时期，且许多胡乱的（以及大多数有利害关系的）宣扬计划的人也希望达到这种情况，但它毕竟不是一种易

① 的确，近来学术界某些社会主义者，在批评的驱使下，并为集中计划的社会中自由将被消灭这种恐惧所慑动，想出一种新的“竞争性社会主义”，他们希望借此可以避免由集中计划所引起的困难和危险，并把废除私有财产和充分保留个人自由两者结合起来。虽然在某些学术杂志上对这种新的社会主义进行过某些讨论，但它似乎不会得到职业政治家的重视。如果真的得到重视，则不难证明（如著者在别处所尝试的那样——见《经济学》杂志，1940 年）这些计划是建立在一种幻想上，并有着内在的矛盾。控制所有生产资源而不同时决定这些资源将为谁和由谁来使用，是不可想象的。虽然在这种所谓“竞争性社会主义”下，中央当局的计划将采取某种较为迂回的形式，但其结果不会有何根本的不同，而竞争的因素只不过是一种欺骗而已。

于持久和能够在理性上认为正当的情况。事实上，产业垄断组织的这种独立计划，将会产生与提倡计划的人所要达到的相反的结果。一旦到了这种阶段，除了回复到竞争以外，唯一的途径是由国家控制垄断——这种控制，如果要使它见效，必须变得越来越完整、详细。我们正在迅速接近的正是这样一个阶段。在战争爆发前不久，有一家周刊曾经指出："有许多迹象说明至少英国的领袖们是越来越习惯于用受控制的垄断组织去进行全国发展的想法"，① 这也许是对当时存在的形势的正确估计。从那时起，这个过程因战争而大大加速了，并且随着时间的推移，它的严重缺陷和危险会越来越趋于明显。

经济活动的完全集中管理这一观念，仍然使大多数人感到胆寒，这不仅是由于这项任务存在着极大的困难，而更多地是由于每一件事都要由一个独一无二的中心来加以指导的观念所引起的恐惧。但是，如果我们是在迅速地向这种状况前进，那主要是由于大多数人仍然相信：一定有可能在"完全的"竞争和集中管理之间找到某种中间道路。诚然，乍看起来，似乎没有比这种观念——即认为我们的目标，必须既不是像自由竞争那样极端分散，也不是完全集中于一个唯一的计划，而是这两种方法的适当结合——更使人觉得似乎有理或更加容易打动明理的人们了。但是，在这方面仅凭常识来指导是要坏事的。虽然竞争制度可以容许掺入一定程度上的管理，但是它不能和计划结合到任何我们喜欢的程度而仍能不失其作为生产的可靠指南的作用。"计划"也不是这样一种药剂，只要少量添加即可产生其在彻底应用时可望产生的那些结果。竞争和集中管理二者如果是不完全的，都将成为拙劣的、无效率的工具，它们是用来解决同一问题的只能任择其一的原则，把两者混合起来就意味着哪个也不能真正地起作

---

① 《观察家》（The Spectator）杂志，1939年3月2日，第337页。

用，其结果反而比始终只取其一的情况还要糟些。或者换句话说：计划与竞争只有在为竞争而计划而不是运用计划反对竞争的时候，才能够结合起来。

对于本书的论证来说，最重要的是，读者要牢记：我们一切批评所针对的“计划”只是指那种反对竞争的计划——用以代替竞争的计划。这一点之所以更加重要，是因为在本书范围内，不能讨论那种用来使竞争尽可能有效和有益的非常必要的计划。但是，由于在流行的用法上，“计划”几乎变成前一种计划的同义词，因此为了简便的缘故，有时不可避免地在提到它时，便简单地叫做“计划”——纵使这样做意味着留给反对我们的人一个非常好的字眼儿，听任它获得更好的命运。

第四章　计划的“不可避免性”

> 是我们首先主张，文明的形态越复杂，个人自由也必定变得越受限制。
>
> ——B. 墨索里尼（B. Mussolini）

很少有计划者甘愿说集中计划是他们心甘情愿的，这是一个富于启发性的事实。他们中的多数人肯定地说，我们不再选择，而是为控制不了的环境所迫以计划代替竞争。人们精心培育了这样的神话：我们正在从事的新事业，并非出于自愿，而是由于竞争因为技术变化自发地消除了，这种技术变化，我们既不能使其逆转，也不应希望加以阻止。这种论点几乎还未详加发挥——它是一种从一个作者传到另一个作者的主张，仅仅由于多次重述，它才成为公认的事实为人接受。然而，这个论点缺乏根据。倾向垄断和计划的趋势，并不是我们不能控制的“客观事实”的结果，而是种种看法的产物，这些看法已酝酿和传播达半个世纪之久，最后它们达到了支配我们一切政策的因素。

用来说明计划的不可避免性的各种论证中，最常听到的是，技术的改变已经在数量逐渐增多的领域中使竞争没有可能，而留给我们的唯一选择是由私人垄断组织控制生产还是由政府管理生产。这个信念主要来自马克思主义有关“产业集中化”的学说，尽管像许多马克思主义的观念一样，这个学说在各界人士中经过三四道手才得以接受，而其出处也不知晓。

过去50年中垄断组织不断发展，竞争法则的领域越来越受到限制，这个历史事实当然是无可争辩的——虽然这种现象的程度常常被大大地夸张了。[①] 重要的问题是，这一发展是技术进步的必然后果，还是大多数国家所遵循的政策的后果。我们不久就会看到，这种发展的实际历史强有力地使人想到后者。但我们必须首先考虑一下，现代技术的这种发展在多大程度上使广泛领域中垄断的发展不可避免。

人们所说的垄断发展的技术原因，是指大企业对小企业的优越性在于现代大规模生产方式的效率更高。人们认为，现代的方式在大多数产业中创造了一些条件，使大企业的生产能以递减的单位成本而增加，其结果，大企业到处以低价位挤垮和排斥小企业；这个过程必定持续进行，直到每一个产业中只留下一个或至多不过几个巨型企业为止。这个说法只是孤立地看待有时随技术进步而产生的一种影响，而无视相反方向起作用的其他影响；它也很难从对事实的认真研究中得到支持。我们不能在这里详细调查这个问题，而只能满足接受所能获得的最好的证据。近年来对这些事实进行的最全面的研究，是美国“全国经济临时委员会”对“**经济力量集中化**”中的研究。这个委员会的最后报告书（它肯定不能被指责为具有过分的自由主义偏向）得出的结论是，这种认为大规模生产具有更高效率的观点是使竞争消失的原因，“从现有的任何证据中很难得到支持”[②]。为该委员会准备的有关这个问题的详细专题论文，可用这段话来概括：

---

① 对这些问题的更充分的讨论，参见L.罗宾斯教授（L. Robbins）的论文《垄断的不可避免性》（*The Inevitability of Monopoly*），载《经济冲突的经济基础》（*The Economic Basis of Class Struggle*），1939年，第45—80页。

② 《全国经济临时委员会的最后报告和建议》（Final Report and Recommendations of the Temporary National Economic Committee）［第77届国会第一次会议，参议院文件第35号（1941年）］，第89页。

> 大企业的高效率并未得到证明。被认为是破坏竞争的那种有利条件，在许多领域内并未显示出来，规模经济在其存在的地方也并不一定产生垄断……对效率来说最合适的一种或几种规模，可能在大部分供给量受到这种控制的支配前很久就达到了。大规模生产的有利条件必定不可避免地导致竞争的消灭这个结论是不能接受的。并且，应当注意，垄断的形成常常是规模大成本低以外种种因素的结果。它通过互相串通的协定而形成并为公开的政策所促进。当这些协定失效和当这些政策扭转过来时，竞争的条件是能够恢复的。①

对这个国家的情况进行一次调查将会得出非常近似的结果。任何一个曾经注意过垄断者如何热心地经常寻求并常常获得国家权力的援助使他们的控制生效的人，绝不会怀疑这种发展是没有什么不可避免的。

*　*　*

竞争的没落和垄断的兴起在各国出现的历史顺序，有力地证明了这个结论。如果这些现象是技术发展的结果或“资本主义”演化的必然产物的话，我们理应希望它们会在那些具有最先进的经济制度的国家里首先出现。事实上，在19世纪的最后三分之一的年代里，它们却首先出现在当时还比较年轻的工业国家——美国和德国。特别是在被视为代表资本主义必经的演进过程的典

① C. 威尔科克斯（C. Wilcox）：《美国工业中的竞争与垄断》（*Competiton and Monopoly in American Industry*），《全国经济临时委员会专题论文》，第21号（1940年），第314页。

型国家德国，自 1878 年以来，卡特尔和辛迪加的发展，受到周密的政策的有系统的扶植。政府不仅使用了保护手段，而且用直接诱导并最后使用强制的方法，推动管制价格和销售的垄断组织的产生。在这里，在政府的帮助下，对“科学的计划”、“工业的自觉的组织”首次伟大的实验，导致了巨型垄断组织的产生。这些发展在英国出现同样情况时的 50 年以前，已被认为是不可避免的。主要是由于德国概括该国经验的社会主义理论家，特别是桑巴特的影响，竞争制度不可避免地会发展为“垄断资本主义”的理论才广泛地为人们所接受。在美国，一种高度保护性的政策才使某种类似的发展成为可能，这似乎证实了这一概括的结论。但是德国的发展比美国的发展更多地被视为一种普遍趋势的代表；引用一篇近来广泛地为人们阅读的政论文章中的一句话说：“在德国，现代文明中一切社会的和政治的力量，已经达到了它们最先进的形态”①，这一说法已成为司空见惯之事了。

所有这一切的不可避免性何其之少，而为深思熟虑的政策的结果又何其之多，当我们考虑这个国家在 1931 年以前的情势以及从这一年起英国也实行了普遍保护政策以后的发展情况时，就会明白。除了少数已在较早时期获得保护的工业以外，这只不过是十多年以来的事，那时英国工业就整体而言，也许和历史上任何时期一样是竞争性的。虽然在 20 世纪 20 年代由于在工资和货币方面所采取的不相容的政策，英国工业受到了严重的损害，但是至少 1929 年以前各个年头，从就业和一般经济活动方面来看，还是比 20 世纪 30 年代的情况好。只是在过渡到保护政策并随之使英国经济政策普遍改变之后，垄断组织的增长才以惊人的速度发展，并使英国工业变化到一种大家还几乎不了解的程度。说这

---

① R. 尼布尔（R. Niebuhr）：《道德的人和不道德的社会》（*Moral Man and Immoral Society*），1932 年。

种发展和这一时期中的技术发展有任何关联，说在19世纪80年代和90年代曾在德国起过作用的技术上的必然性现在又在20世纪30年代的英国出现，这种说法的荒谬程度，并不逊色于墨索里尼的话（本章开头所引）中所包含的主张，即意大利必须先于其他欧洲民族废除个人自由，因为意大利的文明比其他民族先进得多！

就英国而论，认为看法和政策的改变仅仅是实际情况的无情改变的结果，看来是有一定道理的，因为这个国家总是远远地跟随着其他国家的思想的发展。因此，可以这样认为，尽管公众舆论仍然拥护竞争，但是外部事件使他们的希望落空，因而工业的垄断组织仍不断成长。但是，当我们考察这种发展典型即德国的情况时，理论和实际的真正关系就变得更清楚了。在那里，遏制竞争是一项深谋远虑的方针大计，它是为了实现我们现在叫做计划的那种理想而采取的，这是没有疑问的。在继续走向完全有计划的社会的进程中，德国人及一切模仿他们的人们，只不过是遵循19世纪思想家们，特别是德国思想家，为他们设计出来的方针而已。其实，过去60年或80年的思想发展史就是说明这个真理最好的例证：在社会演化中，没有什么东西是不可避免的，使其成为不可避免的是思想。

* * *

认为现代技术进展使计划成为不可避免的这一主张，也能用另一种不同的方法来加以解释。它可能是指我们现代工业文明的复杂性产生了一些新的问题，除了集中的计划以外，我们不能希望有效地加以处理。在一定意义上这是对的——但是在他们所主张的那种广泛的意义上则不然。例如，大家知道，现代都市所产生的许多问题，像由于地域密切相连而产生的许多问题一样，并没有通过竞争而得到适当的解决。但是在现代文明的复杂性作为要求采取集中计划理由的那些人的心目中，最重要的并不是像“公用事业”这类问题。他们通常提出的论点是，由于对整个经济过程获得条理分明的了解越来越困难，如果要不使社会生活因混乱而解体的话，就有必要用某种中央机构来进行协调。

这种论点完全是因一种对竞争作用的误解而产生的。使竞争成为适当的实现这种协调的唯一方法的，正是在现代条件下劳动分工的这种复杂性，而绝不是竞争只适用于比较简单的条件。如果条件是如此简单，以至只要一个人或一个机关就足以有效地观察到所有有关事实的话，那么要实行有效的控制或计划就根本不会有什么困难。只有在必须考虑的因素如此复杂，以至不可能对此得到一个概括的印象的时候，才使分散的权力成为不可避免。但是，一旦分权成为必要，协调的问题就发生了——这种协调就是让各个企业单位调节它们自己的活动去适应只有他们才知道的事实，进而促成他们各自计划的相互调整，由于没有一个人能够有意识地权衡所有必须顾及的因素，它们关系到如此众多的个人的决定，因而使分权成为必要，很显然，要完成这种协调，不是通过“有意识的控制”，而只有通过具体安排，向每个企业单位传播它必须获悉的消息，以便使它能够有效地调整自己的决定以适应其他人的决定。并且因为常常影响着各种商品供求条件的变化的细节，绝不可能由任何一个中心对它加以充分的了解，或很快地把它收集起来或传播出去，这时候需要的是某种记录工具，自动地记录所有的个人活动的有关结果，于是这些记录信息便同时既是一切个人决定的结果，又是一切个人决定的指南。

在竞争之下价格体系所提供的正是这种记录，而且这种任务没有任何其他东西可望完成。价格体系使企业家只要像工程师注视少数仪表的指针那样，注视较少数的价格变动，就可调整他们的活动以适应他们同行的行动。此处的重要之点在于：只有竞争普遍发生时，也就是说只有在个别生产者必得调整自己的活动以适应价格的变化但不能控制价格的变化时，价格体系才能完成这种职能。整体越复杂，我们就越得凭借在个人之间的分散的知识，这些个人的个别行动，是由我们叫做价格体系的那种用以传播有关消息的非人为的机制来加以协调的。

可以毫不夸张地说，如果我们曾经必须凭借有意识的集中计划发展我们的工业体系的话，我们就绝不会达到它现在所达到的这样高度的多样性、复杂性和灵活性。和分权加上协调这种解决经济问题的方法相比，集中管理这种方法便更显得是令人难以置信的笨拙、原始和范围狭小的方法。分工之所以能达到使现代文明成为可能的程度，是由于这样一个事实，就是它并不是被有意识地创造出来的，而是人们无意间摸索到的一种方法，它使分工能够远远超过计划所能达到的限度。因之，它的复杂性的任何进一步的增长，并没有使集中管理成为更加必要，而是使我们应当使用一种并不依靠有意识控制的技术这一点比以往更显得重要。

* * *

还有另一个把垄断组织的发展和技术进步联系起来的理论，它所使用的论据几乎正和我们适才讨论过的相反。虽则这种理论不常被清楚地说明，但它也具有相当的影响。它认为并不是现代技术破坏了竞争，而是正相反，除非给予保护使它免受竞争的影响，就是说除非给予垄断权，否则便不可能利用许多新的技术的潜力。这样的论证不一定像有些有鉴别力的读者可能猜疑的那样是欺骗人的论证，因为明显的答辩——即如果一项用以满足我们需要的新技术确是比较好的话，它就应该能够经得起一切竞争——并不能抹煞这个论证所涉及的一切事例。无疑在许多情况下，这种论证仅仅被有关方面用作一种辩护的形式。甚至更为常见的是，它也许是基于一种混淆——即从狭隘的工程观点看的技术上的优越性和从整个社会观点看的可欲性这两者之间的混淆。

但是，在不少情况下，这种论证还是有说服力的。例如，至少我们可以想象，如果我们能够使每一个在英国的人使用同一种汽车的话，英国的汽车工业或许就能供应一种比美国常见的更便宜和更好的汽车；或者如果能够使每一个人都只用电而不用煤和煤气的话，就能使使用各种用途的电比使用煤或煤气便宜。在诸如此类的事例中，至少有可能这样：如果我们有这种选择的话，我们大家都有可能更富裕些，并宁愿选择这种新的处境——但是从来没有人有过这种选择，因为可替代的选择途径是，或者我们都使用同一种便宜的汽车（或者所有的人都只用电），或者我们必得在价格都很高的许多东西中进行选择。我不知道这在上述两种事例中是否真确，但我们必须承认：通过强制的标准化或禁止超出某种程度的多样性，在某些领域中富裕的程度可能会增加到足以补偿对消费者的选择的限制而有余。甚至可以想象到，将来总有一天会有一项新的发明出现，如果采用它的话，毫无疑问是有利的，但只有在使许多人或所有的人都同时利用它的情况下才能够采用。

不管这些例子是否具有任何重大的或长远的重要性，但肯定地说它们并不足以成为可以合理地声言技术进步使集中管理成为不可避免的例证。这些事例仅仅说明，有必要在下列两者之间有所选择，通过强制获得某种利益，或者是无法获得某种利益——或者，在大多数情况下，是迟一点得到，即等到技术的进一步发展克服了特殊的困难时。诚然在这种情况下，我们也许不得不牺牲可能的眼前利益作为我们自由的代价，但在另一方面，我们避免了使将来的发展必得依靠某些人现在具有的知识这种必要性。牺牲这种可能的现时利益，我们保存了推动进一步发展的重要刺激力。虽然在短时期内我们为多样化和选择的自由所必须付出的代价有时可能很高，但在长期内即使是物质福利的增进也将有赖于这种多样性，因为我们不能预见从那些可以提供商品或劳务的许多形态中，究竟哪一种可能发展出更好的东西来。自然，不能推定，为了保存自由而牺牲眼前的物质福利上的某些增益，在所有情况下，都会如此得到补偿。但是为自由而辩护的理由，正是我们应该替难以预见的自由发展保留余地。因此，根据我们现在的了解，当强制似乎只会带来利益，并且即使在某一特定情况下它实际上可能只是并无害处时，这种论证也同样适用。

目前许多关于技术进步影响的讨论，把这种进步当成好像是某种我们身外的、能够迫使我们非按一种特殊的方法使用这种新知识不可的东西。发明给了我们巨大的力量，这诚然是对的，但如认为我们必须使用这种力量来破坏我们最宝贵的遗产——即自由，那就是荒谬的了。不过，它的确意味着，如果我们希望保全自由，我们就必须比任何时候都更为珍惜地保卫它，并且我们必须为它做出牺牲。虽然在现代技术发展中并没有什么东西迫使我们趋向综合的经济计划，但其中确有很多因素，使计划当局拥有的权力具有无穷的更大的危险性。

* * *

毫无疑问，趋向计划的运动是一种深思熟虑的行动结果，并且没有什么外在的必然性迫使我们非走向计划不可。但是值得研究一下的是，为什么这么多的技术专家竟会居于计划者的前列。这个现象的阐释，是和计划者的批评家们应当牢记于心的一个重要事实有密切关联的。这个重要的事实就是，如果我们使那些专家的技术理想成为人类的唯一目标，则几乎每一个理想都能够在比较短的时间内实现——这几乎是没有问题的。我们都同意，既有可能又非常适意的好事是多得无比的，但是在我们的一生中只能希望实现其中很少一部分，或者我们只能希望很不充分地去实现它们。正是由于这些专家在自己的领域之内的雄心受到阻碍，才使得他们反抗现存的秩序。眼看着那些人人都会认为是既有需要又有可能的事情无法完成，我们大家都觉得无法忍受。至于这些事并不能同时都做，和要完成这一件事情就得牺牲其它的事情，这些情况只有在考虑到属于任何专门业务范围之外的因素时才能看到。这一点只有通过一番艰苦的智识上的思辨努力才能体会到——这番努力之所以格外艰苦，是因为我们必须面对着更广阔的背景去了解我们大部分劳动所指向的目标，并且必须把它们和在我们眼前利益范围之外因而我们便很少加以注意的那些目标相权衡。

孤立地看，许多事情中的每一件，都可能在一个有计划的社会中完成，这个事实使许多人热衷于计划，他们相信能够把他们对某一特定目标的价值的感观灌输到这个社会的指挥者心里去；而他们当中某些人的希望无疑是能够得到满足的，因为一个有计划的社会肯定会比现在的情形更能促成某些目标。我们所了解的有计划的或半计划的社会确实提供了恰好的例证，说明这些国家的人民所享有的那些好事完全是由计划产生出来的。否认这种情况是不明智的。德国和意大利的那些壮观的公路是常常被引用的例子——虽然它们并不能代表一种在自由主义社会里不是同样可能的计划。但是引用这种某一方面技术上高超的事例来证实计划的普遍优越性也同样是不明智的。这样说也许更正确：这种和一般条件不相适应的非凡技术的卓越成就，是资源被误用的证明。任何曾在有名的德国公路上驱车而过，发现路上的运输量比英国次等公路还要少的人，他们几乎不会怀疑，就和平的目的而论，建造这些德国公路是没有什么根据的。至于这是属于计划者决定以“大炮”代替“牛油”这样一种情况，则是另一问题了。[①] 不过，以我们的标准来衡量，实在是没有什么热衷于此的理由。

专家们幻想在一个有计划的社会中，他最关心的目标将会受到更多的注意；有这种幻想的人并不限于专家们。在我们所偏爱和关心的事情中，某种程度上我们都是专家。我们认为我们个人排列各种价值的顺序不仅是个人的排列顺序，而且是在有理性的人们的自由讨论中，我们会使别人相信我们的顺序是正确的。喜欢乡村田舍的人，他最希望的就是应当保存它的传统风貌，工业在它的美丽面貌上已经造成的污点则应予以清除；正如热心于卫生的人，希望所有风景如画的但不卫生的古老茅屋都要去除一样；或者驱车游览的人之希望全国都有纵横交错的公路，迷信效率的人之希望最大可能的专业化和机械化，不亚于理想家为了发展个性而希望尽可能保存独立的手艺人。所有的人都知道他们的目标只有通过计划才能充分实现——并且他们都是为了那个理由而希望制订计划。不过，采用他们所叫嚣强求的社会计划，当然只能把他们的目标之间潜伏的冲突暴露出来。

倡导计划的运动现在之所以强大有力，主要是由于这一事实：虽则现在计划主要还是一种雄心，但它却结合了几乎所有钻牛角尖的理想家和献身于一种单一任务的男女。可是，他们寄托于计划的希望并不是对社会全面观察的结果，而是一种非常有局限性的观察的结果，并且常常是大大夸张了他们所最重视的目标的结果。这倒并不是低估像我们这样的自由社会里这种类型的人的重大的实际价值。相反，这种价值使他们成为正当尊崇的主体。但是这些最渴望对社会进行计划的人们，如果允许他们这样做的话，将使他们成为最危险的人——和最不能容忍别人的计划的人。从纯粹的并且真心真意的理想家到狂热者往往不过一步之

① 但当我修订本书时，传来消息说，德国公路的养护工作已经停止了。

遥。虽然失望的专家的激愤强有力地推动了对计划的要求，但如果让世界上每一方面最著名的专家毫无阻碍地去实现他们的理想的话，那将再没有比这个更难忍受和更不合理的世界了。“协调”工作也不能像某些计划者所想象的那样成为一项新的专门业务。经济学家最不会自命为拥有协调者所必需知识的人。他要求的是一种既能实现这种协调而又不需要一个无所不知的独裁者的方法。但这就意味着要把某些加在个人行动上的、但为一切专家所愤恨的非人为的而且往往不可理解的限制保留下来。

第五章　民主与计划

> 试图指导私人以何种方式运用其资本的政治家，不仅其本人是在枉费心机，而且也是在僭取一种无论如何也不能安心授权给枢密院和参议院的权力；由一个愚蠢和专断到幻想自己是适于行使这种权力的人掌握它，是再危险不过的了。
>
> ——亚当·斯密（Adam Smith）

所有集体主义制度的共同特征，可以借用一个各个流派的社会主义者都曾乐此不疲的词句描述为为了一个明确的社会目标而对社会劳动者的精心组织。当今社会的社会主义批评家们的主要指责之一就是，我们当今的社会缺乏这种对一个单一目标的“有意识”的指导，其活动受着不负责的人们的奇思异想的左右。

这在许多方面使得基本争论非常清楚，而且立刻把我们引向个人自由和集体主义之间发生的冲突的要点。形形色色的集体主义，如共产主义、法西斯主义等，它们之间的不同在于它们想要引导社会努力所要达到目标的性质的不同。但他们与自由主义和个人主义的不同，则在于他们都想组织整个社会及其资源达到这个单一目标，而拒绝承认个人目的至高无上的自主领域。简言之，他们是极权主义者这个新词真正意义上的极权主义者——我们采用这个新词是为了说明在理论上我们称之为集体主义的不期而然却又密不可分的种种表现。

社会为之组织起来的“社会目标”或“共同目的”，通常被含糊其辞地表达成“公共利益”、“普遍福利”或“普遍利益”。无须多少思考便可看出，这些词语没有充分明确的意义以决定具体的行动方针。千百万人的福利和幸福不能单凭一个多寡的尺度来衡量。一个民族的福利，如同一个人的幸福，依赖于许许多多的事物，这些事物被以无数种组合形式提供出来。它不能充分地表达为一个单一目标，而只能表达为一个种种目标的等级、一个每个人的每种需要都在其中占据一席之地的全面的价值尺度。根据一个单一的计划指导我们的一切活动，就预设了我们的每一种需要都在一个价值序列中占有一个排位，这个价值序列必须十分完整，足以使计划者在必须加以选择的各种不同的方针中有可能做出决定。简而言之，它预设存在一个完整的伦理准则，按此人类的各种不同的价值都适得其位。

一个完整的伦理准则的概念是生疏的，它需要尽力想象才能搞清它的含意。我们不习惯把道德准则想象为一个或多或少的完整的东西。我们总是在不同的价值之间选来选去而没有一个规定我们应该如何选择的社会准则，这个事实并不令我们吃惊，对我们也并不意味着我们的道德准则是不完整的。在我们的社会中，人们没有必要也没有理由在这种情形下对应该干些什么形成共同的观点。但是，在人们使用的所有手段都是社会财产，并且是根据一个单一计划以社会名义加以使用的地方，一个关于人们应该干什么的“社会的”观点必定要指导一切决定。在这样一个世界中，我们随即就会发现，我们的道德准则充满缺陷。

这里，我们并不涉及是否值得有这么一种完整的伦理准则。这里只能指出，迄今为止，随着文明的发展，个人行动受成规束缚的范围在不断地缩减。构成我们共同道德准则的条规，为数越来越少而性质上却越来越具一般性。原始人几乎在日常生活中的每件事上都受一种复杂仪式的束缚，受无可胜数的禁忌的限制，几乎想象不出可以按照一种与众不同的方式行事。从原始人起，道德已越来越倾向于成为只是对个人可以随心所欲的范围的限制。采纳一种全面到足以决定一个单一的经济计划的共同伦理准则，将意味着与这种趋势背道而驰。

对我们而言，根本点在于根本就不存在这种完整的伦理准则。根据一个单一计划指导各种经济活动，这种企图将会引起无数问题，这些问题的答案只能由一个道德条规提供，而现存的道德根本回答不了这些问题，况且对人们应该做些什么也根本不存在一致的看法。人们对这些问题，要么不会有明确的看法，要么就是相互矛盾的看法，因为在我们生存的自由社会里，根本没有必要考虑这些问题，更没必要对此形成共同的意见。

* * *

我们不仅没有这样包罗万象的价值尺度，而且对任何有才智者而言，去理解竞取可用资源的不同个体的无穷无尽的不同需要，并一一定出轻重缓急，将是不可能的。对我们的问题来说，任何人所关注的目标是否仅仅包括他自己的个人需要，还是包括他所亲近甚至疏远的伙伴的需要——就是说，就这些字眼的通常意义而言，他是一个利己主义者，还是一个利他主义者——是无足轻重的。十分重要的东西是这个基本事实，即任何人都只能考察有限的领域，认识有限需要的迫切性。无论他的兴趣以他本人的物质需要为中心，还是热衷于他所认识的每个人的福利，他所能关心的种种目标对于所有人的需要而言，仅仅是九牛一毛而已。

这就是整个个人主义哲学所根据的基本事实。它并不像通常人们所断言的那样，假定人是或应该是利己的或自私的。它仅仅从这个毫无争议的事实出发，即我们想象力的局限，使我们只能在我们的价值尺度中包含全社会需要的一部分，而且严格地说，由于价值尺度仅能存在于个人头脑中，除了种种局部的价值尺度，没有任何别的可以存在，而这些价值尺度不可避免地有所不同并常常相互矛盾。由此，个人主义者得出结论说，在限定的范围内，应该允许个人遵循自己的而不是别人的价值和偏好，而且，在这些领域内，个人的目标体系应该至高无上而不屈从于他人的指令。就是这种对个人作为其目标的最终决断者的承认，对个人应尽可能以自己的意图支配自己的行动的信念，构成了个人主义立场的实质。

当然，这种观点并不排除对社会目标的认可，或者更确切地说，对个人目标的一致性的认可，这种一致性使人们为了其追求的目标联合起来成为可取之事。但是，它把这种共同行动局限于那些个人观点一致的事例上；就此而言，所谓“社会目标”不过是许多个人的相同目标——或者说，是个人为了回报他们在满足自身欲望所接受的帮助而愿意有所贡献的那种目标。因而，共同行动局限于人们对共同目标一致同意的那些领域。习以为常的是，这些共同目标不会是个人的终极目标，而是意味着不同的人可以将其用于不同的意图。实际上，在共同目标对人们并非一种终极目标而是一种能够用于多种多样意图的手段的地方，人们才最可能对共同行动达成共识。

当人们联合起来共同致力于实现他们共有的目标时，他们为此意图形成的组织，如国家，才被赋予他们自己的目标体系和手段。但是，这样形成的任何组织仍然是其他组织中的“一分子”；诚然，如果它是国家的话，就比其他组织更强有力，但它仍然有其分立的和有限的领域，仅在此领域中，它的目标才是至高无上的。这个领域的界限取决于个人对特定目标达成一致的程度；而他们对特定的行动方针达成一致的可能性，随着这种行动范围的扩大而减少。有些国家职能在行使时，公民中间会达成实际上的一致；另有一些职能会得到大多数人的同意，以此类推，我们就会达到这种境地，即尽管每个人可能都希望国家以某种方式采取行动，但在政府应该干些什么的问题上，几乎是有多少不同的人，就有多少种看法。

国家行为只是在限定于存在一致意见的范围时，我们才能依赖自愿的同意对其进行指导。但并非只是在没有这种一致意见之处国家行使直接控制时，个人自由才一定受到压制。不幸的是，我们不能无限地扩大公共行动领域而仍让个人在其自己的领域中自由自在。一旦国家控制所有手段的公共部分超过了整体的一定比例，国家行为的影响才会支配整个体系。尽管国家直接控制的只是对一大部分可支配资源的使用，但它的决策对经济体系其余部分所产生的影响是如此重大，以致它几乎间接地控制了一切。例如，像德国早在 1928 年的情形那样，中央和地方当局直接控制了对一大半国民收入（根据当时德国官方的估算，是 53%）的使用时，它们几乎间接控制了国家的整个经济生活。于是，几乎没有一个个人目标不依赖国家行动才能实现，而指导国家行为的“社会价值尺度”（social scale of value）实际上必定包括所有个人目标。

*　*　*

当民主政体着手一项计划方针，而其执行需要比实际存在更大的一致时，不难看出其必然后果如何。人民或许已经同意采纳一种指导性的经济制度，因为他们相信它会形成巨大的繁荣。在导致对此作出决定的讨论中，计划的目标将会被冠以“共同福利”之类的称呼，这类称呼不过是对计划目标缺乏真正一致的掩饰。事实上，只是在要使用的手段上存在一致的意见。但是，这是一种只能为共同目标而使用的手段。当行政权力必须得将对一个单一计划的要求转换为对一个具体计划的要求时，就产生了一切活动所应面向的精确目标的问题。于是乎就将看到，对需要计划这一点上的一致看法，并未受到就计划所服务目标达成一致看法的支持。人们一致同意一定要有一个中心计划而在目标上却没有一致意见，其后果十分类似于一群人决定一起旅行，而在想去的地点上都没达成一致，结果他们全体可能不得不进行一次他们大多数人根本不想做的旅行。计划创造这样一种情景，使我们必须同意其数量大大超过我们已习惯的论题，而且在一种计划制度里，我们不能把集体行动都限定在我们能够同意的任务上，而为了任何行动都能完全实行，我们却迫不得已要在一切事情上都达成共识。这是最有助于决定计划体制性质的特点之一。

人们或许会一致表示这种愿望，即议会应该拟定一个无所不包的经济计划，然而无论是人民，还是他们的代表，并不因此必然能在任何具体计划上都达成一致。民主的议会在贯彻似乎是人民的明确授权方面的无能为力，将不可避免地导致对民主制度的不满。议会渐渐被视为“清谈馆”，不能或无力贯彻他们被选出担负的任务。人们越来越相信，倘若有效的计划要落实的话，管理必须要“与政治分家”，并交由专家——常设的官员或独立自主的机构——掌握。

社会主义者非常了解这种困境。自韦伯夫妇（S. and B. Webb）开始抱怨“下院日益无力应付其工作”[①] 时起，已将近半个世纪之久。更晚近一些，拉斯基教授详尽阐述了这种观点：

> 现行国会的机构非常不适于迅速通过大批复杂的法则，

---

① S. 和 B. 韦伯夫妇：《工业民主》（*Industrial Democracy*），1897 年，第 800 页，脚注。

这已是老生常谈。甚至联合政府在实施经济和关税措施时，就不通过下院的详细争论，而是通过一整套授权立法的制度，这实质上已经承认了这一点。在我看来，工党政府会将此先例推而广之。它将把下院限定在其所能胜任的两项职能上：发泄不满和讨论政府措施的一般原则。它的法案将采取授予有关部门广泛权力的通则的形式；这些权力将通过枢密院的敕令来行使，但这种敕令在下院愿意时可用投不信任的否决票的方式受到弹劾。最近，多诺莫尔委员会（Donoughmore Committee）又着重重申了授权立法的必要性和价值；而且，如果社会化的进程不为现行议会程序认可的阻碍议事的正当方式所破坏的话，授权立法的扩充就在所难免。

为了把社会主义政府必定不让自身过分地受制于民主程序这一点说清，拉斯基教授还在同一篇文章的末尾提出“在向社会主义过渡的时期，工党政府能否冒其措施由于下一次普选被推翻的风险”这个问题——而且意味深长地未置可否。①

---

① H. J. 拉斯基：《劳工与宪法》（*Labour and the Constitution*），见《新政治家和国家》（*The New State Man and Nation*），1932 年 9 月 10 日，第 81 期（新辑），第 277 页。拉斯基教授后来在一本书［《危机中的民主》（*Democracy in Crisis*），1933 年，特别在第 87 页］中详尽阐述了这些观念，他更加直率地表达了他的断言，即一定不要让议会民主成为实现社会主义的障碍：不仅社会主义政府将“取得广泛的权力，而且在这些权力下通过政令和法规立法”并“将一般反对（normal opposition）的传统定则暂时废止”，而且“议会制政府的持续也将有赖于它（即工党）拥有来自保守党的保证，即如果它在选举中失败的话，它的改革工作并不会因法令的废止而遭到破坏！”

当拉斯基教授援引多诺莫尔委员会报告书为根据时，或许值得记住的是，拉斯基教授就是该委员会的成员，而且可能还是该委员会报告书的起草人之一。

*　*　*

当论及一国经济事务的详尽管理时，弄清这种公认的议会低效率的原因是重要的。毛病既不在于个别议员，也不在于议会机构本身，而在于议会所承担的任务中的内在矛盾。他们并未被要求做他们所能一致同意的事，而是被要求对每件事情——即对国家资源的全盘定向指派——都取得一致意见。但是，对于这样一个任务，多数决定的制度是不合适的。在有限的备选方案中作出选择，多数还是会找得出的；但相信事事都必定有一个多数看法，那就是迷信了。如果积极行动的各种可能途径为数众多时，就没有理由会有一个赞成其中之一种途径的多数了。立法会议的每个成员，或许都觉得某种特定的经济活动管理计划相对于毫无计划而言聊胜于无，然而，似乎没有一个计划会使多数人觉得宁愿选择它而不愿完全没有计划。

一个连贯的计划也不能通过将其分成几部分并就特定问题投票表决而得以实现。一个民主的议会，像商议普通议案那样对一个全面的经济计划逐款进行表决和修改，是毫无意义的。一个名副其实的经济计划，必定有一个单一的观念。即使议会能按部就班地就某个方案达成一致，它最终也必然不能令任何人满意。一个各部分必须极其精心地相互适应的复杂整体，不能通过各种冲突看法的妥协而达成。以这种方式制订一个经济计划，甚至比诸如成功地通过民主程序筹划一次军事战役之类的实例可能性更小。如同军事战略一样，这个任务不可避免地要授给专家。

然而，不同的是，负责一场战役的将军受托的是一个单一目标，在战争持续期间，由他控制的所有手段必须全部专用于这个目标；而授给经济计划者的却不可能有这样的单一目标，对施予他的手段也没有类似的限制。将军无须权衡各种互相对立的独立目标；对他来说只有一个至高的目标。但是，一个经济计划或它的任何部分的各种目标，脱离了特定的计划就不能确定。制订一个经济计划，必然要在种种相互冲突和相互竞争的目标——不同人们的不同需要——之间进行选择，这正是经济问题的实质。然而，哪些目标这样冲突，哪些目标在我们想要实现其他目标时必须牺牲，简言之，哪些是我们必须从中作出选择的备选方案，只有那些了解各种实际情况的人才会知道这些；而且对于各种目标中哪一个应给予优先选择，也只有他们这些专家才处于能做决定的地位。不可避免地，他们将自身的优先选择尺度加诸于他们为之计划的共同体。

这一点并非总能被人清楚地认识到，而授权通常只是由于任务的技术特征才有道理。但这并不意味着所授权的只是技术细节，也并不意味着议会没有理解技术细节的能力是困难的根源所在。[①] 民

① 就此点而言，简要地提一下近年来讨论这些问题的政府文件是有益的。13 年前，也就是这个国家最终放弃经济自由主义以前，委托立法权的进程已进行到这样一种地步，人们觉得有必要任命一个委员会来调查“对维护法律的至高无上来说，什么是可行的和必要的保障”。“多诺莫尔委员会”在其报告书［《（大法官）委员会关于各部权力的报告书》（Roport of the（Lord Chancellor's）Committee on Ministers' Powers），敕令文书第 4060 号，1932 年］中表明，即使在那个时候，议会已经采用了“成批的不加辨别的授权惯例”，但认为（但这是在我们真正洞察了极权主义深渊之前!）这是不可避免的和相对无害的发展。授权本身并不一定是对自由的威胁，这可能也是正确的。令人感兴趣之处是授权何以在如此程度上必然如此。报告书中所列举的各种原因的第一个是这样一个事实，即“议会现在每年都通过如此之多的法律”而“许多细节过分技术化，以致不宜在议会讨论”。但如果这就是全部事实的话，就没有理由不应当在议会通过法律之前而不是之后解决这些细节。“如果议会不愿授予立法权，议会就不能通过舆论所要求的这些种类与数量的立法”，这在很多情形下可能是最最重要的理由，它在报告书中由短短一句话道出：“许多法律对人民生活的影响是如此密切，因而弹性是必不可少的!”这句话如果不是指授予一种专断的权力，一种不受任何固定原则限制的权力，而且根据议会的意见也不能用明确的、毫不含糊的条文加以限制的权力，那又是指什么呢?

法结构的更改，相对于弄清这些更改的全部内涵，其技术性并不更差，其难度也不更大；然而并未有人认真地建议过，应该把立法权授予一个专家机构。实际上在这些领域里，立法并未超出可以对此达成真正多数同意的一般规则之外；而在经济活动方面，需要调停的利害关系，其分歧是如此之大，以致在一个民主议会中要达成这种真正的一致是不可能的。

然而，应当承认，并非立法权的授予本身如此值得反对。反对授权本身就是反对症状而不是反对相应的病因，而且在其可能是其他病因的必然后果时，它是在试图借以减轻病情。只要所授予的权力只是制定一般规则的权力，那就可以有非常充分的理由说，这种规则应该由地方当局而不应由中央当局制定。值得反对的现象是，之所以诉诸授权，是因为有待处理的事情不能由一般规则来规定，而只能就特定情况相机酌定。在这些情形下，授权意味着赋予某些当局权力，使其能运用法律力量作出实质上是专断的决定（通常被说成“酌情裁决”）。

把特别的技术性任务授予各个机构，虽是正常现象，但只是开始走上计划道路的民主政体逐渐放弃其权力过程的第一步。授权这种权宜之计并不能真正消除使全面计划的倡导者对民主政体无能如此难以忍受的原因。把特定的权力授予各个机构，对于实现一个单一的协调的计划来说，创造了一个新的障碍。即使通过这种权宜之计，一个民主政体在计划经济生活的各个部分时取得成功，它仍然必须面临将这些分立的计划综合成一个单一整体的问题。许多分立的计划没有形成一个有计划的整体——实际上，计划者应该首先承认——它们或许比没有计划还要糟糕。但民主的立法机构在放弃对真正重大的问题做决定时会长期犹豫不决，而且，只要这样做的话，就会使别的任何人都不能去制订全面的计划。不过，对计划必要性的一致看法以及民主议会在产生一个计划方面的无能，将唤起一种越来越强烈的要求，希望赋予政府或某些个人权力，使他们能尽其责。如果要有所作为的话，负责的当局必须得摆脱民主程序的羁绊，这种信念变得越来越流行。

为一个经济独裁者而呼吁是转向计划运动的一个特有的阶段，并不为这个国家所熟悉。几年前，外国最敏锐的英国研究者之一，已故的埃利·阿列维提出："如果你为尤斯塔斯·珀西勋爵、奥斯瓦德·莫斯利爵士和斯塔福德·克里普斯爵士（Sir Stafford Cripps）照一张合影，我想你会发现这么一个共同特征——你将发现他们会异口同声地说：'我们正生活在经济混乱中，只有在某种独裁领导下，我们才能摆脱这种混乱。'"① 有影响的知名人士的数目，自那时起已有显著的增加，但即使把他们包括进去，也不会使这张"合影"的特征发生多大改变。

在德国，即使在希特勒上台以前，这种运动已经进展得很远了。在 1933 年以前的一些时间里，德国已经达到一个实质上不得不实行独裁统治的阶段。记住这一点是重要的。那时没有人会怀疑，当时的民主已经破产，像布吕宁这样的真诚的民主主义者，也不再比施莱歇尔（Schleicher）或冯·巴本（von Pappen）更能进行民主统治。希特勒无须摧毁民主；他只是利用民主的衰败，在紧要关头获得许多人的支持，对这些人来说，他们虽然憎恨希特勒，但他仍然是唯一一个足够坚强的能有所作为的人。

* * *

计划者通常试图使我们与这种发展保持一致的论点是，只要民主政体仍然保持最终的控制，民主的本质就不会受到影响。卡尔·曼海姆这样写道：

---

① 《社会主义和民主议会制问题》（Socialism and the Problems of Democratic Parliamentarism），见《国际事务》（*International Affairs*），第 13 卷，第 501 页。

> 一个有计划的社会与19世纪社会的唯一（原文如此）不同之处，在于越来越多的社会生活领域，而且最终这些领域的每一方面和所有方面，都屈从于国家的控制。但是，如果议会的最高权力能对一些控制加以防范的话，那也就在许多方面都能做到这一点……在一个民主国家里，国家的最高权力能通过议会全权（plenary power）无限地加强而无须正式放弃民主的控制。①

这种信念忽略了一个致命的差别。在议会首先能就目标达成一致而且仅仅授予用以解决细节的权力之处，议会当然能在其能给予明确指导的地方控制任务的执行。当授权的理由是由于对目标没有达成一致的时候，当负责计划的机构不得不在议会意识不到其冲突的种种目标之间进行选择的时候，而且当充其量能做的是提供给它一个只能全盘接受或全盘拒绝的计划的时候，情形就完全不同了。批评可以，也可能会有的；但由于对一项可供选择的计划不能达成多数的同意，而且遭到反对的部分又几乎能被说成是整体中必不可少的部分，批评仍然会完全无效。议会的讨论可以保留下来作为一个有用的安全阀，甚至还可以作为传播官方对各种指责的答复的便利媒介。它甚至可以防止臭名昭著的弊端并有效地坚决要求纠正某些缺点。但它不能进行指导，充其量它只能选出实际上拥有绝对权力的那些人。整个制度将趋向于那种平民主义的独裁制，在这种制度下，政府首脑一次又一次地通过人民投票巩固他的地位，而且他掌握所有权力，使其能确保投票将按他想往的方向进行。

有意识控制的可能性只限于存在真正一致的领域中，而在一

① 卡尔·曼海姆：《重建时代的人与社会》，1940年，第340页。

些领域中必须听凭运气，这就是民主的代价。但在一个依赖中央计划行使其职能的社会中，就不可能让这种控制依赖于能达成多数一致；将一个微弱少数的意志强加给人民，这往往是必要的，因为这个少数将是人民中间对有争议的问题能达成一致的最大的集体。只要政府的职能根据一种广为接受的信念，能限定在多数人中通过自由讨论能达成一致的领域时，民主政府便能有效地运行；自由主义信条的最大优点，就是把那些有必要达成一致的议题的范围，减少到一个自由人社会中很可能存在一致的议题的范围。现在人们常常说，民主不会容忍"资本主义"。倘若此处"资本主义"意味着以自由处置私有财产为基础的一个竞争体制的话，那么，认识到只有在这种制度下民主才有可能，是极其重要的。当这个制度由一个集体主义信条支配时，民主不可避免地将自行毁灭。

* * *

然而，我们并不打算将民主供为神灵。的确，我们这代人可能对民主谈得和想得过多，而对民主所服务的价值谈得和想得太少。民主不能像阿克顿勋爵正确地论述自由时所说的那样，"是更高的政治目标的手段。它本身就是最高的政治目标。它并非是为了一个良好的公共管理才被需要，而是为了保障对市民社会和私人生活的最高目标的追求"。民主本质上是一种手段，一种保障国内安定和个人自由的实用装置。它本身绝不是一贯正确和可靠无疑的。我们绝不能忘记，在一个专制统治下往往比在某些民主制度下有更多的文化和精神的自由——至少可能想见，在一个非常整齐划一和教条主义地推行多数民主的政府统治下，民主制度也许和最坏的独裁制度同样暴虐。但是，我们的要点与其是说独裁必然不可避免地消灭了自由，毋宁是说计划导致独裁，因为独裁是强制推行各种理想的最有效工具，而且，集中计划要在很大程度成为可能的话，独裁本身是必不可少的。计划与民主之间的冲突只不过起因于这样一个事实，即对指导经济活动所需的对自由的压制来说，后者是个障碍。但是，只要民主不再是个人自由的保障的话，它也可能以某种形式依然存在于极权主义政体之中。一个真正的“无产阶级专政”，即使形式上是民主的，如果它集中指导经济体系的话，可能会和任何专制政体所曾做的一样，完全破坏了个人自由。

把民主看成受到威胁的主流价值，而专心于此的流行做法，并非不存在危险。它在很大程度上要对一种错误的和无稽的信念负责，这种信念就是，只要权力的最终来源是多数人的意志，这种权力就不会是专横的。许多人以这种信念来获得的这种虚假的保证，是对我们面临的危险普遍缺少认识的重要原因。没有理由相信，只要相信权力是通过民主程序授予的，它就不可能是专横的；与此形成对照的说法也是不正确的，即防止权力专断的不是着眼于它的来源，而是对它的限制。民主的控制**可能会**防止权力变得专断，但并非仅仅存在民主的控制就能做到这一点。如果民主制度决定了一项任务，而这项任务又必定要运用不能根据定则加以指导的权力时，它必定会变成专断的权力。

第六章 计划与法治

> 近年来关于法律社会学的研究再一次证实：成文法的基本原则只有在资本主义自由竞争的阶段才能得到适用。根据这种原则，每一个案件的审理，都必须依据具有一般性的理性规则，这种理性规则把例外的情形减少到最低限度，并以某些逻辑前提为基础。
>
> ——卡尔·曼海姆

最能清楚地将一个自由国家的状态和一个在专制政府统治下的国家的状况区分开的，莫过于前者遵循着被称为法治的这一伟大原则。撇开所有技术细节不论，法治的意思就是指政府在一切行动中都受到事前规定并宣布的规则的约束——这种规则使得一个人有可能十分肯定地预见到当局在某一情况中会怎样使用它的强制权力——和根据对此的了解计划它自己的个人事务。① 虽然

---

① 根据 A. V. 戴西（A. V. Dicey）在《宪法学》（*The Law of the Constitution*）第 8 版第 198 页的经典解释，法治"首先是指和专断权力的影响相反的常规法律的绝对至高无上的或超越一切的权力，它防止政府方面的专断权、特权甚至广泛的自由裁量权"。但主要由于戴西的这一著作，这个名词在英国取得了一种较狭窄的技术性的意义，这与我们当前的问题无关。法治这一概念的更为宽泛、更为古老的意义，在英国已经成为一种既定的传统，通常被视为理所当然而很少加以讨论，但在德国 19 世纪之初关于 Rechtsstaat（法治国家）的性质的讨论中，却受到了最充分的探究，因为这一概念所引起的问题在那里还是新鲜的问题。

因为立法者以及那些受委托执行法律的人都是不可能不犯错误的凡夫俗子，从而这个理想也永远不可能达到尽善尽美的地步，但是法治的基本点是很清楚的：即留给执掌强制权力的执行机构的行动自由，应当减少到最低限度。虽则每一条法律，通过变动人们可能用以追求其目的的手段而在一定程度上限制了个人自由，但是在法治之下，却防止了政府采取特别的行动来破坏个人的努力。在已知的博弈规则之内，个人可以自由地追求他私人的目的和愿望，肯定不会有人有意识地利用政府的权力来阻挠他的行动。

这样，我们已经将创立一种个人在其中自由决定生产活动的永久性法律体制与由中央当局指导经济活动作了区分，这种区别实际上是法治和专制政府之间更具普遍性的区别的一种具体表现。在第一种情况下，政府的行动只限于确定那些决定现有资源得以使用的条件的规则，至于使用这些资源于何种目的，则听由个人去决定。在第二种情况下，政府指导生产资料要用于一定的目的。第一种类型的规则可以预先制定，具有形式规则的特点，不针对特定的人的愿望和需要。它们仅被用来充当人们追求各种个人目标的工具。它们是（或应当是）针对很长的时段确立的，这时段要足够长，以至人们不可能知道它们对于某些人是否比对于其他的人更有帮助。几乎可以把它们说成是一种生产的工具，用来帮助人们预测他们必须与之协作的另一些人的行为，而不是致力于满足特定的需要。

集体主义类型的经济计划必定要与法治背道而驰。计划当局不能约束自己只限于给事先未知的人们提供机会，使他们能够随心所欲地利用这些机会。它不能事先用一般性的形式规则约束自己以防专断。当人民的实际需要出现时，计划当局必须预为准备，然后必须在这些需要之间进行有意识的选择。计划当局必须经常地对那些仅仅根据形式原则无法得到答案的问题做出选择，并在做出这些选择时，必须将人们的不同的需要区分出尊卑轻重。当政府要决定饲养多少头猪，运营多少公共汽车，经营哪些煤矿或按什么价格出售鞋子时，这些决定不可能从形式原则中推论出来，或者事先做出长期的规定。它们不得不取决于当时的环境，并且在做出这些决定时，常常必须对各种人和各个集团的利害逐个地予以比较权衡。最终必得由某个人的观点来决定哪些人的利益比较重要；这些观点也就必定成为那个国家法律的一部分，由此政府的强制工具强加于人民一种新的等级差别。

* * *

我们刚才谈到的在成文法或形式上的法律或司法和实体性质的规则之间的区别是很重要的，而同时在实践上也最难精确地加以划分。但是这里所涉及的一般原理是很简单的。这两类规则的区别是和制定一个道路使用规则（像“高速公路规程”）与命令人民向何处去之间的区别一样，或者更明白一些说，和设置路标与命令人民走哪一条路之间的区别一样。形式规则事先告诉人们在某种情况下，政府将采取何种行动，这种规则用一般性的措词加以限定，而不考虑时间、地点和特定的人。它们所针对的是一种任何人都可能遇到的典型情况，在那种情况下，这种规则的存在将会对各式各样的个人目的都有用处。在那种情况下，政府将按照确定的方式采取行动，或要求人民按确定的方式行事。提供关于这方面的知识，目的在于使个人可用以制订自己的计划。人们期望，形式规则对于那些尚不知其为谁的人们，为了他们决定用其来达到的目的，在他们不能预见其详情的环境中，预计是有用的。在这一意义上讲，形式规则只是工具性的。我们并不知道这些规则的具体效果，并不知道这些规则将会有助于哪一种目的或会帮助哪一种特定的人，它们只不过是被赋予了一种大体上最有可能使一切受其影响的人们都能得到好处的形式，事实上，所有这一切是我们这里所说的形式规则的最重要的标准。正因为我们事前无法知道谁会使用并在什么情况下使用这些规则，所以它们并不涉及在某些特定目的和某些特定的人们之间进行选择的问题。

在我们这个时代，人们热衷于对每件事都加以有意识的控制，如果说在某一个制度之下，我们对于政府所采取的措施的具体效果要比在大多数其他制度下了解得少是个优点，并且认为，某一社会控制方法是较好的方法，因为我们不知道它的具体效果，这似乎是很荒谬的。但是这种考虑实际上是法治这一伟大的自由主义原则的理论基础。在我们进一步加以论证以后，这种外表上的自相矛盾就会立即消失。

*　　*　　*

这个论证分两方面：第一方面是经济方面，在此只能简短地说明一下。政府应当只限于订立适用于一般类型的情况的规则，听任个人在那些以时间、地点等情况为转移的每一件事情上自由行动，因为只有与每一种情况有关的个人，才能最充分地了解这种情况，并采取相应的行动。如果要使个人在制订计划时能够有效地运用他们的知识，他们就必须能够预见可能影响到这些计划的政府的行动。但是如果要使政府的行动能为人所预见，它就必须决定于不以既不能预见得到，也无法事先加以考虑的具体环境为转移的、固定的规则，在这种情形下，政府行为的特殊影响也就无法预见。另一方面，如果政府必须指导个人行动以便达到某种特定目的，它的行动就必得根据当时的全部环境来决定，因此，也就无法预见。因此，一件人所共知的事实是，政府“计划”得越多，个人计划就变得越困难。

第二个方面，即道德的或政治方面的论证，与我们现在所要讨论的问题有更直接的关系。如果政府要精确地预见到其行动的影响，那就意味着它可以不让受影响的人有任何选择的余地。每凡政府能够精确地预见其各种可能的行动对某种人的影响时，也恰恰是政府在对各种目标进行选择。如果我们要创造新的对一切人都开放的机会，要给人们提供他们能够随意加以利用的机会的话，那么其精确的结果就是难以预见的。因此，一般性的规则，作为有别于具体命令的真正的法律，必须意在适用于不能预见其详情的情况，因而它对某一特定目标和某一特定个人的影响事先是无法知道的。只是在这种意义上，立法者才可能说得上是不偏不倚的。所谓不偏不倚的意思，就是指对一定的问题没有答案——如果我们一定要解决这类问题的话，就只能靠抛掷硬币来决定。在一个每一件事都能精确预见到的社会中，政府很难做一件事而仍然保持不偏不倚。只要政府政策对某种人的精确的影响是已知的，只要政府的直接目的是要达到那些特定影响，它就不能不了解这些影响，因而也就不能做到不偏不倚。它必定有所偏袒，把它的评价强加于人民，并且，不是帮助他们实现自己的目标，而是为他们选择目标。只要当制定法律的时候就已预见到这些特定影响，那么，法律就不再仅仅是一个供人民使用的工具，反而成为立法者为了他的目的而影响人民的工具。政府不再是一个旨在帮助个人充分发展其个性的实用的机构，而成为一个“道德的”机构——这里的“道德的”一词不是作为“不道德的”反义词来使用的，而是指这样一种机构，它把它对一切道德问题的观点都强加于其成员，而不管这种观点是道德的或非常不道德的。在这种意义上，纳粹或其他任何集体主义的国家都是“道德的”，而自由主义国家则不是。

也许有人会说，所有这一切并不会引起什么严重的问题，因为在经济计划者所必须决定的这类问题中，他不需要也不应当受他个人的偏见的引导，而能够凭借关于公平及合理的一般信念。这种论点常常得到一些人的支持，这些人具有在某一行业进行计划的经验，他们发现要达到一个使一切有直接利害关系的人视为公平而予以接受的决定，并没有不可克服的困难。这种经验之所以不能说明什么问题，当然是因为当计划只限于一个特定行业时，对有关的“利益”进行了选择。在某一特定问题上最直接有利害关系的人，并不一定是全社会利益的最好判断者。只举一个最突出的例子：当某一产业的劳资双方订立“协议”推行某项限制生产的政策来剥削消费者时，通常在按照双方以前收入的比例，或根据其他类似的原则分配既得利益的问题上是没有什么困难的。至于千百万人所分担的损失，则常常被简单地抛之脑后，或被考虑得不很充分。如果我们要检验在解决经济计划工作中产生的那类问题时公平原则是否有用，我们必须把该原则应用到所得和所失同样看得清楚的某种问题中去才行。在这种情况下，很容易认识到：并没有什么如“公平”之类的一般性原则可以给我们提供答案。当我们必得在下列一些事情之间进行选择——例如给护士或医师以高工资还是为病人提供更广泛的服务，使儿童得到更多的牛奶还是使农业工人获得较高的工资，或使失业者就业还是使那些在职者得到较高的工资——的时候，为了得到答案，就需要有一个完整的评价体系，在这个体系中，每个人或每个集团的每种需要都占有确定的位置。

实际上，由于计划工作的范围越来越广泛，就经常需要越来越多地参照什么是“公平的”或“合理的”来限定法律条款。这就意味着，有必要越来越把有关具体事件的决定委诸有关裁决人或当局去裁夺。人们可以根据这些模糊的定则被逐渐引入立法和司法的情况，根据法律和司法中越来越增加的专断和不确定性以及由此而引起的对它的不尊重（在这种情况下，法律和司法不能不成为政策的工具），写一部法治衰落史或法治国家消失史。很有必要在这里再次指出：在德国，法治衰落的这种过程，已在希特勒上台之前发展了一段时间，一种高度的趋向于极权主义计划的政策已为在希特勒手中完成的“工程”进行了大量的铺垫。

无疑，计划必然要涉及对于不同的人的具体需要予以有意识的差别对待，并允许这个人做一定要禁止另一个人做的事情。它必须通过法律规则来规定，某一种人处境应如何富裕，和允许各种人应当有什么和做什么。这就意味着实际上回到身份统治的局面，是“进步社会运动”的逆转，用亨利·梅恩爵士的名言来说，这种运动“到现在为止是一种从身份、地位转变到契约的运动”。其实，也许法治比凭契约更应当被看成是人治的真正对立物。正是在形式法律这一意义上的法治，也就是不存在当局指定的某些特定人物的法律上的特权，才能保障在法律面前的平等，而这是专制政府的对立物。

* * *

由此而来的必然而且仅在表面上看来有点荒谬的结果是，在法律面前的形式上的平等，是和政府有意识地致力于使各种人在物质上或实质上达到平等的活动相冲突并在事实上是不相容的，而且任何旨在实现公平分配的重大理想的政策，必定会导致法治的破坏。要为不同的人产生同样的结果，必须给予他们不同的待遇。给予不同的人以同样客观的机会并不等于给予他们以同样主观的机会。不能否认：法治产生经济上的不平等——关于这一点唯一可以宣称的就是这种不平等并不是为了要用特定的方法影响特定的人们而设计出来的。很重要而又很具典型性的是，社会主义者（和纳粹党人）常常反对“纯粹的”

形式上的公平，他们常常攻击那种对于某些人应当多么富裕不表示态度的法律，[①] 他们总是要求“法律的社会化”，攻击司法的独立，同时支持所有像“自由权利学派”（Freirechtsschule）那样，破坏法治的运动。

甚至可以这样说，要使法治生效，应当有一个常常毫无例外的适用的规则，这一点比这个规则的内容更为重要。只要同样的规则能够普遍实施，至于这个规则的内容如何倒还是次要的。回到以前提到过的一个例子：究竟我们大家沿着马路的左边还是右边开车是无所谓的，只要我们大家都做同样的事就行。重要的是，规则使我们能够正确地预测别人的行动，而这就需要它应当适用于一切情况——即使在某种特殊情况下，我们觉得它是没有道理时。

一方面是在法律面前形式上的公平和形式上的平等，另一方面是试图实现实质上的公平和平等的各种理想，这两者之间的冲突，也可以说明为什么关于“特权”的概念被普遍地混淆以及因此而引起滥用。这里只提及这种滥用的一个最重要的例子，即把“特权”一词用于财产本身。从前有过的这种情形，地产只能由贵族阶级的成员占有，这当然是一种特权。又如在我们这个时代里，如果把某些商品的生产和出售的权利，由当局指定给某些人，这也是一种特权。但是私有财产是任何人根据同样的规则都能够获得的，因为只有某些人在取得私有财产方面成功了，就把私有财产本身称做一种特权，那就使“特权”这个字失去它的意义了。

---

① 因此，当国家社会主义的法律理论家施密特（Carl Schmitt）把“公平的国家”的国家社会主义理想和自由的法治国家（即“法治”）相对立时，并不是完全错误的——只是和形式上的公平相对立的那种公平，才必然意味着在人与人之间实行差别待遇。

特定影响之不能预见，是一个自由主义制度的形式法律最显著的特点，因为它能够帮助我们澄清另一个关于自由主义制度本质的糊涂观念，因而也是很重要的。这种观念认为自由主义的典型态度是政府的无为。政府究竟应当或者不应当“采取行动”或“干预”这个问题，带出了一个完全错误的备选方案，而“自由放任”一词是对于自由主义政策所依据原则的非常模糊不清的和容易引起误解的描述。每一个政府当然必须有所行动，而政府的每一行动都要干涉到这样或那样的事情。但这并非是问题的关键。重要的问题是个人能否预见到政府的行动，并在制订自己的计划时，以这种了解为依据；其结果是政府不能控制公众对于政府机构的利用，而个人精确地了解他将被保护到什么程度以免于来自他人的干涉，或者政府是否能够阻碍个人的努力。政府管制度量衡（或用任何其它方法防止舞弊和欺诈）肯定是在有所为，而政府容许罢工纠察员使用暴力则是无所为。但是在第一种情况下政府才是在遵守自由主义原则，而在第二种情况下则没有。同样地，关于政府在生产方面所制订的大多数一般性的和永久性的规则——例如建筑管理条例或工厂法规，在特定情况下，它们也许是明智的或不明智的，但只要它们的目的在于使其成为永久性的规则，并且并不是用来偏袒或损害某些个人的时候，它们并不和自由主义原则发生矛盾。撇开不能预见的长期影响不谈，在这些情况下，也确实会出现能被人了解到的对于某些个人的短期影响。不过，对这种类型的法律来说，短期影响一般并不是（或至少不应当是）有决定作用的考虑。当这些当前的可以预见的影响与长期影响相比变得更为重要时，我们便接近了那种区别的界线——那种区别尽管在理论上是一清二楚的，但在实践上却显得模糊不清。

*　*　*

只有在自由主义时代，法治才被有意识地加以发展，并且那是自由主义时代最伟大的成就之一，它不仅是自由的保障，而且也是自由在法律上的体现。正像康德所说的那样（并且在他以前，伏尔泰也用非常相似的措词说到过），“如果一个人不需要服从任何人，只服从法律，那么他就是自由的”。但作为一个朦胧的理想，它至少从罗马时代以来就已经存在了，并且，它在过去几个世纪中，从没有像今天这样受到严重的威胁。立法者的权力无限制这一观念，部分地是人民主权和民主政治的结果。它又由于下面的一种信念而得到加强，这种信念是：只要政府的一切行动都经过立法机关正式授权，法治就会被保持下去。然而，这是对于法治意义完全的误解。法治和政府的一切行动是否在司法的意义上合法这一问题没有什么关系——它们可能很合法，但仍可能不符合法治。某些人在法律规定上有权按他的方式去行动，但这并没说明法律是否给他权力采取专断行为，或法律是否明白地规定他必须如何行动。很可能，希特勒是以严格的合乎宪法的方式获得无限权力的，因而在法律的意义上说，他的所作所为都是合法的。但是，谁会因为这种理由而说，在德国仍然盛行着法治呢？

因此，如果说，在一个有计划的社会，法治不能保持，这并不是说，政府的行为将不是合法的，或者说，这样一种社会就一定是没有法律的。它只是说，政府强制权力的使用不再受事先规定的规则的限制和决定。法律能够（并且为了集中指导经济活动也必须）使那种实质上是专断的行为合法化。如果法律规定某一部门或当局可以为所欲为，那么，那个部门和当局所做的任何事情都是合法的——但它的行动肯定不是在受法治原则的支配。通过赋予政府以无限制的权力，可以把最专断的统治合法化；并且一个民主制度就可以以这样一种方式建立起一种可以想象得到的最完全的专制政治来。①

但是，如果法律是要使当局能够指导经济生活，它就必须给当局以权力，使他们在不能预见的情况下和按不能用一般的形式而加以规定的原则作出决定并予以实施。结果，当计划扩大时，把立法权授予若干个部门和当局的事变得越来越普通了。关于上次大战以前的一件案子（已故的霍华德勋爵最近引起大家对这件案子的注意），法官达林先生说道："国会只是去年才规定，从事自己工作的农业局和国会本身一样不应受到弹劾"，这种情况在那时还是罕见的。此后它几乎成了家常便饭。经常把广泛的权力赋予新的权力机构，它们不受固定规则的约束，并在管制人们的这种或那种活动方面，几乎具有无限的自行处置权。

因此，法治就含有限制立法范围的意思，它把这个范围限于公认为形式法律的那种一般规则，而排除那种直接针对特定的人或者使任何人为了取得这种差别待遇的目的而使用政府的强制权力的立法。它的意思不是指每件事都要由法律规定，而是指政府的强制权力只能够在事先由法律限定的那些情况下，并按照可以预知的方式被行使。因此，特定的立法能够破坏法治。那些要否认这一点的人，恐怕就得力陈这种观点：法治在今天的德国、意

---

① 因此，并不是像19世纪讨论中所常常被误解的那样，这种矛盾并不是自由和法律之间的冲突。正如洛克已经阐明的那样，不可能没有法律的自由。这种冲突存在于各种不同的法律之间，法律是如此多种多样，以致不应当用同一名字称呼它们：一种是法治的法律，即事前确立的一般原则，也就是"游戏规则"——它使个人能够预见政府将如何使用强制工具，或预见他和他的国人在某一环境下将被允许做什么或不得不做什么。另一种法律实际上是给予当局以权力，使它能做它所认为合适的事。因此，在一个希望不根据事前确立的规则而根据自己的是非标准去决定每一件事的利害冲突的民主制度中，很显然，法治是不能维持的。

大利或俄国是否占据主导地位，决定于独裁者们是否通过宪法的手段取得了他们的绝对权力。①

*　*　*

法治的主要应用是否像在某些国家一样，由权利法案或宪法条文加以规定，或者其原则是否仅仅是一种牢固确立的传统，这都关系不大。但是，有一点很容易理解：不管采取什么形式，任何对这种立法权力的公认限制，都意味着承认个人的不可让渡的权利，承认不可侵犯的人权。

像威尔斯这样一位最广泛的集中计划的主要鼓吹者居然也同时写出热忱地为人权辩护的著作，这是令人悲哀的事，但却说明我们的许多知识分子被他们所信奉的一些自相矛盾的理想引入迷途的情况。威尔斯所希望保留的个人权利，不可避免地会阻碍他所希望实行的计划。在某种程度上他似乎理解两难抉择的局面，

① 另一个立法侵犯法治的例子，就是英国历史上大家都熟悉的有关剥夺公民权利法案的案件。法治在刑法方面的表现形式，常常体现在“法无明文不为罪”（Nulla poena sine lege）这一拉丁文惯用语上。这条规定的实质，就是法律在它所适用的特定情况发生以前，必须已作为一个一般性的规则而存在。在亨利八世时代一个著名的案件中，国会关于罗彻斯特主教的厨师一案议决说，“理查德·罗斯（Richard Rose）应予烹死，不得因他的牧师的缘故而免刑”。没有人会认为这个案件是根据法治原则作出的。然而，虽然在所有自由主义国家，法治已成为刑事诉讼中之紧要部分，但它在极权主义制度下却是不能保持的，对于这一点艾希顿（E. B. Ashton）说得好，自由主义的准则已为下述原则所代替：不管法律是否有所规定，没有什么“罪”应不受罚（nullum crimen sine poena）。“政府的权利尚不止于处罚破坏法律的人，社会有权作出任何看来为维护其利益所必需的规定——遵守法律只不过是其中比较基本的要求之一。”见艾希顿《法西斯主义者——其国家与精神》（*The Faczist, His State and Mind*），1937 年，第 119 页。至于什么叫做侵犯“社会的利益”，自然由当局决定。

因而我们发现，他所建议的“人权宣言”的条文附加着许多保留和限制，结果使它失去了一切重要性。例如，一方面他的宣言宣称，“每个人将有权买卖任何可以合法进行买卖之物，而不受制于任何歧视性的限制”，这是极好的，可是他马上又加上一个限制说，这只适用于买卖“这么多的数量，并附带这样的保留，即要与公共福利兼容”，因而使整个规定失效。但是，既然过去强加于任何物品的买卖的一切限制，当然都被认为是为实现“公共福利”所必需，这个条文也就实际上不能有效地防止什么限制，也不能保障什么个人权利。另举一个基本的条文来看，宣言说，“每一个人可以从事任何合法的职业”，并且，“他有权从事有报酬的职业，并当有许多对他开放的就业机会时，他有权自由选择”。但宣言没有说，究竟由谁来决定某一职业对某一个人是否“开放”，而附加的条文规定“他可以为自己提出就业的建议，并且要求他的请求得到公开的考虑，被接受或被拒绝”，这证明，威尔斯所想要的是一个权威，想由它来决定一个人是否“有权”从事某一职业——这肯定是与自由选择职业背道而驰的。在一个有计划的社会中，当不仅通讯手段和货币受到管制而且工业也被有计划的加以配置时，怎样才能确保“旅行与迁居自由”呢？再者，如果纸张的供应以及所有发行渠道都被计划当局所控制，那么，又怎样才能确保新闻自由呢？对于这些问题，威尔斯先生同其他所有当时搞计划的人一样，未提供什么答案。

在这方面，人数更为众多的改革者们自从社会主义运动诞生以来就一直攻击关于个人权利的“先验的”观念，并坚持认为在一个受理性支配的社会中不存在个人权利而只有个人义务。他们表现出更多的一致性。这确实已成为我们那些所谓的进步分子的更为普遍的态度。如果一个人基于一项措施侵犯了个人的权利而反对这项措施，几乎没有其他事像这件事那样必定会使一个人作为反动分子而遭到非难了。甚至连像《经济学人》这种自由派的报纸几年以前也向我们展示了法国人以及所有那些汲取了下述教训的人的例子：

> 民主政体同独裁政体一样，必须总是（原文如此）尽可能地拥有绝对的权力，而并不牺牲其民主性和代表性。在个人权利方面，没有任何限制性领域是政府进行管理时在任何情况下都不能触及的。对于由人民自由选择的政府所能够并且应该行使的统治权力，对于可以由反对党公开地充分地予以批评的统治权力，是不该有任何限制的。

当战时甚至连自由和公开的批评都必定要加以限制时，这很可能是不可避免的。但上面引语中的“总是”说明，《经济学人》并不把这看作是值得遗憾的战时必要措施。然而，作为永久性的制度，这种观点当然是同维护法治相违背的，它会直接导致极权主义国家的建立。而这种观点正是所有那些希望政府控制经济生活的人所必定持有的观点。

在一个经济生活受到彻底管制的国家中，甚至形式上承认个人权利或少数人的平等权利都会失去任何意义，对于这一点中欧各个国家的经验给予了充分的说明。那里的经验还表明，完全可能通过运用公认的经济政策方面的工具来推行一种无情地歧视少数民族的政策，同时又对保护少数民族权利的法规中的文字没有任何侵犯。这种以经济政策为手段的压迫由于以下事实而得到极大的促进，这个事实是：某些产业或活动基本上是少数民族所从事的，因此，许多表面上针对一个产业或一个职业阶层的措施实际上是指向一个少数民族的。这一切极其充分地向所有那些希望了解计划怎样在实际中造成政治后果的人证实了，像“由政府控制产业发展”这种表面上无关痛痒的原则，会为那种歧视和压迫政策提供几乎无限的可能性。

第七章　经济控制与极权主义

对财富生产的控制，就是对人类生活本身的控制。

——希莱尔·贝洛克

大多数曾经认真地考虑过其任务实践方面的计划者并不怀疑：一个受指导的经济必须或多或少地遵循独裁性的路线。如果要对那种互有关联的活动的复杂体系加以有意识的指导的话，就必须由一批专家来进行，而最后的责任和权力则必须置于一个总指挥之手，他的行动必须不受民主程序的束缚，这是秉承中央计划的基本观念的很明显的结果，不会不博得十分普遍的同意。我们的计划者给我们的抚慰是，这种独裁主义的指导“仅仅”适用于经济事务。例如美国最著名的经济计划者之一蔡斯（Chase）向我们保证说，在一个有计划的社会里，“政治民主是能够保持的，如果它把自己几乎仅限于经济事务的话”。这种保证往往伴随着这种暗示：只要放弃我们生活中属于（或应当是）比较不重要的方面的自由，我们就会在追求更高的价值方面获得更多的自由。因此，那些憎恶政治独裁这一观念的人往往叫嚷着要求有一个经济方面的独裁者。

这些论证常常能够打动我们最好的本能，并往往能够吸引那些最有才智的人士。如果计划真正能够使我们摆脱那些不太重要的忧虑，因而使我们的生活成为不求奢华而思想境界超脱（high thinking）的那种生活，那么，谁还会愿意贬低这样一种理想呢？

如果我们的经济活动真的仅仅涉及生活中次要的或者甚至是比较低级的方面的话，我们当然就应当竭尽心力去找出一个途径，使我们不必过分关心物质的目标，而是让某种功利的机构去考虑这些物质的目标，使我们的心灵得以自由地追求生活中更高尚的事物。

不幸的是，人们从这样一种信念所得到的保证是完全不可靠的。这种信念认为，施加于经济生活的权力，只是一种施加于次要问题的权力，它会使人忽视我们从事经济活动的自由所面临的威胁；这主要是一种错误的观念所造成，按照这种观念，认为有一些纯粹的经济目的，与生活的其他目的是毫无关系的。然而，除开守财奴的病态案例以外，就不存在纯粹的经济目的。有理性的人都不会以经济目的作为他们的活动的最终目标。严格说来，并没有什么“经济动机”，而只有作为我们追求其他目标的条件的经济因素。在日常用语中被误导性称为“经济动机”的东西，只不过意味着人们对一般性机会的希求，就是其希冀取得可以达到不能一一列举的各种目的的能力。[①] 如果我们力求获得金钱，那是因为金钱能提供给我们最广泛的选择机会去享受我们努力的成果。因为在现代社会里，我们是通过货币收入的限制，才感到那种由于相对的贫困而仍然强加在我们身上的束缚，许多人因此憎恨作为这种束缚象征的货币。但这是错把人们感到一种力量存在的媒介当作原因了。更正确地说，钱是人们所发明的最伟大的实践自由的工具之一。在当今社会中，只有钱才向穷人开放了一个惊人的选择范围——这个范围比没有多少代人之前向富人开放的范围还要大。许多社会主义者都主张，大量运用“非经济激励”以代替“金钱动机”。这是他们的一个共同特点。如果我们考虑一下这种建议实际上意味着什么，我们就能够对货币所起的

---

① 参阅罗宾斯《战争的经济原因》(*The Economic Cause of War*)，1939 年，附录。

作用的重要性有比较深刻的了解。如果所有报酬，不是采取提供货币的形式，而是采取提供公开表彰或特权、凌驾别人之上的权力地位、较好的住宅或较好的食物、旅行或受教育机会等形式，这只不过是意味着，接受报酬者不再可以自行选择，而任何决定报酬的那个人，不仅决定报酬的大小而且也决定了享用报酬的特定形式。

* * *

一旦我们了解到并没有孤立的经济动机，了解到一种经济上的得和失只不过是这样一种性质的得失，它还允许我们有权决定让我们的哪些需要或欲望受其影响，这也就使我们更容易理解经济问题只影响生活中比较次要的目的这样一种普遍信念的实质，并且还使我们更容易了解人们对于那种“单纯的”经济考虑所常持的蔑视。在一定的意义上，这在市场经济的条件下倒是十分有根据的——但也仅仅在这样一种自由经济中才是如此。只要我们能够自由地处置我们的收入和我们所有的财产，经济上的损失永远只能使我们失去我们所能满足的那些欲望中我们认为最不重要的欲望。因此，一个“单纯的”经济损失就是一种我们仍能使其仅仅触及我们比较次要的需要的损失，而当我们说，我们所损失的某一事物的价值远远超过它的经济价值，或者说，它甚至不能在经济意义上加以估量的时候，其意指为，如果发生这种损失的话，我们必须承受它。对于经济上的所得，也是如此。换言之，经济变化往往只能影响我们的需要的边缘或“边际”。有许多事情远比经济上的得失可能影响到的事情来得重要，对于我们来说，它们的重要性远远超过受经济波动影响的生活上的舒适品，甚至超过许多生活必需品。和它们相比，“肮脏的金钱”，也就是我们在经济上是否拮据一些或是否宽裕一些的问题，似乎没有多大的重要性。这就使许多人相信，像经济计划这类只影响我们经济利益的任何东西，并不能严重地干涉到更为基本的生命价值。

但是，这是一个错误的结论。经济价值对于我们之所以没有许多东西那么重要，正是由于在经济事务上，我们能够自由决定什么对我们比较重要，什么对我们比较次要的缘故。或者我们也许可以这样说，是由于在现在的社会中，必须去解决我们生活中的经济问题的，乃是我们自己。在我们的经济追求中受控制意味着，除非我们宣布我们具体的目的，否则我们将总是受控制。但是，如果当我们宣布我们具体的目的时，也必须使它获得批准，我们实际上将在每一件事上都受到控制。

因此，经济计划所引起的问题，并不仅仅是我们是否会按照我们所喜欢的方法满足我们认为是重要或不太重要的需要的问题，而是是否会由我们自己来决定什么对我们是重要的和什么是次要的、或是否这必须由计划者来加以决定的问题。当我们轻蔑地谈论纯粹的经济需要时，经济计划所影响到的，将不仅是我们心目中的那种边际的需要。它实际上意味着，我们作为个人将不再被允许去决定什么是我们所认为的边际需要。

指导一切经济活动的当局将不仅控制我们生活中只牵扯到次要事情的那一部分生活，它将控制用于我们所有的目标的有限手段的配置。而任何控制一切经济活动的人也就控制了用于我们所有的目标的手段，因而也就必定决定哪一种需要予以满足和哪一种需要不予满足。这实际上是问题的关键。经济控制不仅只是对人类生活中可以和其余部分分割开来的那一部分生活的控制，它也是对实现我们所有目标的手段的控制。任何对手段具有唯一控制权的人，也就必定决定把它用于哪些目标，哪些价值应得到较高的估价，哪些应得到较低的估价——总之，就是决定人们应当相信和应当争取的是什么。集中计划意味着经济问题由社会解决而不由个人解决，而这就必然也要由社会，或者更确切地说，由社会的代表们，来决定各种不同需要的相对重要性。

计划者们允诺给我们的所谓经济自由恰恰是指免除我们解决我们自己的经济问题的麻烦，也是指这种事情常常包含的选择可以由别人为我们代劳。由于在现代条件下，我们的每一件事几乎都要依赖他人来提供手段，经济计划几乎将涉及我们全部生活的各个方面。从我们的原始的需要到我们和家庭、朋友的关系，从我们工作的性质到我们闲暇的利用，很少有生活的哪一个方面，计划者不对之施加“有意识的控制”。①

*　*　*

即使计划者不拟用权力来直接控制我们的消费，他们控制我们私人生活的权力也同样是完整无缺的。虽然一个有计划的社会将可能在某种程度上使用定量分配以及类似的措施，但计划者控制我们私人生活的权力并不依存于这一点，并且即使消费者名义上能自由地随意花费其收入，这也并不减少这种权力的效力。在一个有计划的社会中，当局所掌握的对所有消费的控制权的根源，就是它对于生产的控制。

---

① 经济控制所造成的对全部生活的控制的程度，表现得最突出的莫过于外汇兑换方面。初看起来，国家管制外汇买卖对于私人生活的影响是再小不过的了，因此多数人对于这种管制都会采取漠不关心的态度。但是，多数大陆国家的经验教育富于思考的人们，要把这一步骤看作是向极权主义道路前进的决定性的一步和对个人自由的压制。实际上，这是使个人完全屈服于国家的专制之下、把一切后路都断绝的杀手——不只是对富人，而是对每一个人。一旦个人不再能自由旅行，不再能订购外国书报杂志，一旦一切对外联系的工具只限于那些为官方意见所认可的人，或者官方认为必要的人，则它对舆论的有效控制，将远远超过 17 和 18 世纪任何专制主义政府所曾经施行过的控制的程度。

在一个竞争性的社会中，我们的选择自由是基于这一事实：如果某一个人拒绝满足我们的愿望，我们可以转向另一个人。但如果我们面对一个垄断者时，我们将唯他之命是从。而指挥整个经济体系的当局将是一个多么强大的垄断者，是可以想象得到的。虽然也许我们用不着害怕这样一个当局会跟一个私人垄断者一样使用它的权力，因为我们假定：它的目的大概不会是攫取最大的收入，但它会有完全的权力来决定给我们什么和按照什么条件给我们。它将不仅决定可供支配的商品和劳务是什么以及数量多少，而且，也将能够决定这些商品和劳务在各个地区和集团之间的分配，并且，只要它愿意，它也能在人们之间实行它所喜欢的任何程度的差别待遇。如果我们还记得何以计划被最大多数人所倡导的话，那么我们还会怀疑这种权力将会被用于当局认可的目的，并防止追求其不能同意的目的吗？

由于控制生产和价格而授予的权力几乎是无限的。在一个竞争性的社会里，我们对一个物品需付的价格，和物与物的交换比率，决定于我们取得一物而使社会其他成员失去的另外一些物品的数量多少。这个代价并不决定于任何人的自觉的意志。如果达到我们目的的某种方法证明对我们来说耗费过大的话，我们可以自由地去试用另一种。我们道路上的障碍并不是由于某人不赞同我们的目的，而是由于其他地方也需要这种手段。在一个受指导的经济中，当局监视着人们所追求的各种目的，它肯定会运用它的权力协助某些目的的实现，和阻止其他目的的实现。决定我们应该取得什么的，并不是我们自己对何者应喜爱何者不应喜爱的看法，而是他人对这一问题的看法。并且由于当局会有权力阻挠逃避其指导的任何努力，它会像直接告诉我们应当如何花费我们的收入那样有效地控制我们的消费。

* * *

当局的意志，并不是仅仅在我们作为消费者这方面，而且甚至主要不是在这方面来计划和“指导”我们的日常生活。它甚至更多地是在我们作为生产者这方面来进行这种计划和“指导”的。我们生活中的这两个方面不能截然分开；而且由于对我们当中的大多数人来说，花在工作上的时间占据我们整个生命的大部分，由于我们的职业通常也决定了我们生活的地点和将与哪些人在一起生活，某种选择职业的自由，对我们的幸福来说，甚至也许比在闲暇时花用我们收入的自由更为重要一些。

诚然，甚至在最好的社会里，这种自由也是很有限的。很少有人拥有许多可供选择的职业机会。但重要的是：我们确有某种选择；我们并不是绝对地被束缚在为我们过去选择好了的或可能会选择的某一工作上；如果某一位置变得令人十分难以容忍，或者如果我们钟情于另一工作时，能干的人几乎总有路子可走，也就是说以某种牺牲为代价，他就可以达到目的。没有比知道我们怎么努力也不能使情况改变这件事更使一个人的处境变得令其难以忍受的了；即使我们从来没有勇气下定决心去做出必要的牺牲，但知道只要我们努力奋斗就能够摆脱这种处境，单单这一点就会使许多令人难以忍受的处境成为可以容忍的了。

这并不是说，在这方面，我们现在的社会一切都已尽善尽美，或者，在过去的最自由的时代里曾经达到这种地步；也不是说，在改善向人们开放的可供选择的机会方面，没有多少事情可做了。和别处一样，政府在这里可以做很多的事，帮助传播知识、信息和促进人员流动。但问题在于：这种真正会增进机会的政府行为，却几乎正好是和目前被广泛倡导及实行的

“计划”相反的东西。诚然，大多数计划者都承诺说，在新的有计划的社会中，选择职业的自由将会谨慎地予以保留，甚至还会增进。但是，在这方面，他们所承诺的东西中许多无法履行。如果他们要进行计划，他们就必须控制对各行各业的进入，或控制报酬条件，或者两者都控制。几乎在所有已知的计划工作例子中，建立这种控制或限制常常是所采取措施中首要的措施。如果这种控制普遍实行，并且由一个单一的计划当局来推行的话，我们用不着多少想象力就可以知道他们所承诺的这种“选择的自由”将变成什么。在这种情况下，所谓“选择的自由”将会纯属虚幻，仅仅是一个不实行差别待遇的诺言。而根据情况的性质，差别待遇是必须实行的，这样，我们所能期望的只是当局将会根据它所承认的客观标准进行选择。

如果计划当局把它的行动限于规定就业条件，并通过调整这些条件来规定就业人数的话，情况也没有什么不同。通过规定报酬，当局会同明确排除许多人参加一样有效地阻止他们进入许多行业。一个相貌不漂亮的、十分希望成为一个售货员的女郎，一个体弱的、十分向往那种他的孱弱身体不利于他担任的工作的男孩，以及一般地说那些很明显的比较不胜任或不适合的人，在一个竞争性的社会中，未必一定被拒之于门外；如果他们对这个位置估价很高，他们常常能够用一种经济上的牺牲来得到一个从头做起的机会，并在将来通过自己在起初并不那样明显的长处来得到补偿。但当当局规定了整个部门的报酬，并用一种客观的考试在志愿参加者中进行挑选时，他们有着参加这种工作的愿望这一长处本身在挑选过程中就微不足道了。其条件并不是属于标准类型的人，其天资气质不属于通常类型的人，将不再能够和一个其行为倾向会适合他的特殊需要的雇主达成特殊的协议；一些人喜欢不规定时间的工作，甚至喜欢随遇而安，宁愿为此得到较少的、也许是不确定的收入而不愿做例行公事式的固定工作，他们将不再有选择的机会。情况将会跟在一个大型组织中在某种程度上必然会出现的情况一样，没有例外，或者还要更坏，因为在那种情况之下将没有任何脱身的可能。我们将不再能够只是在我们认为是值得的时候和场合，根据自己的意志合理地或有效率地进行工作；计划当局为了简化它的工作一定会定出一套标准，我们大家必须都要遵行。为了使这项莫大的工作可管理，就必须把多样性的人类能力和倾向简约为几种很容易相互交换的单位，而且有意识地忽视次要的个人差别。虽则公开宣布的计划的目标是，人应当不再仅仅是一个工具，而事实上——由于在计划中不可能考虑到个人的好恶——个人之仅仅作为工具将比以往有过之而无不及，这是一种由当局用来为所谓“社会福利”、“共同体的善”（good of the community）之类的抽象观念服务的工具。

* * *

在一个竞争性的社会里，大多数事物都能以某种代价得到，虽然我们要付出的往往是非常高的代价，这一事实的重要性是怎样估计也不会过高的。但是，除此之外，就不会有完全的选择自由，而只有必须遵从的命令与禁令，最后，还有权势人物的恩赐。

关于这些问题，现在流行着的混乱观念中的突出的一点，就是居然把在竞争性的社会中任何事物都可以花一定的代价取得这种现象作为非难它的一个理由。如果人们反对使生活中较高尚的价值和“现金交易关系”相结合，指的是我们不应当被容许为了保存较高尚的价值而牺牲比较次要的需要，并且应当由别人为我们做选择的话，那么，这种要求必定会被认为是颇为奇特的，而且很难证明是对个人尊严的高度尊重。生命与健康，美与善，荣誉与心灵的安宁，往往只能以相当的物质牺牲为代价才能得以保存，并且还必须有人作出选择，这一点是不能否认的，正如我们每一个人有时并不愿意不惜忍受物质上的牺牲以保全这些高尚的价值，使之不受伤害。只举一个例子：如果我们愿意承受由于废除汽车而造成的损失（假如没有其它办法）的话，我们当然能够把汽车意外事件所引起的伤亡减少到零。这同样也适合于其它千万个例子，即我们经常使我们自己和我们的同类冒牺牲生命、健康和美妙的精神价值的危险，去促进我们同时轻蔑地称之为物质上的舒适。它也不能不是这样，因为我们的目的都为着这同样的物质手段而竞争，并且，如果这些绝对价值无论如何不能遭受危险的话，我们也只能为了这些绝对价值而不是其他事物而奋斗。

冷酷的事实常常迫使人们进行痛苦的选择，人们希望解除这种痛苦，这不足为奇。但是几乎没有人愿意通过由别人替他们进行选择来解除它。人们所希望的是根本不需要进行这种选择而他们又过于轻信这种选择并不是真正必须的，过于轻信这仅仅是我们生活于其中的这样一种经济制度所强加在他们身上的。他们所愤慨的事实上是还存在着经济问题。

人们认为确实不应再有经济问题这种一厢情愿的想法，还由于一些不负责任的关于“潜在的丰裕”的谈论而得到加强，因为所谓“潜在的丰裕”，如果竟是事实，自然将意味着没有什么经济问题使选择成为不可避免的事。虽然这个圈套自从社会主义出现以来一直在各种名义下为社会主义宣传所利用，但它仍然是和一百多年以前首次使用它时一样明显不真实。在这样长的时间内，那些使用它的许多人中，没有一个曾经拿出一个可行的计划，说明应如何增加生产以便哪怕是在西欧消除我们所认为的贫困现象——且不说在全世界。读者可能认为：任何谈论所谓“潜在的丰裕”的人或者是不诚实，或者是不知道他所谈论的是什么[①]。但是这个虚幻的希望驱使我们走上计划的道路，在这方面它不亚于任何别的事物。

虽然当下的民众运动仍然由于这个虚幻的信念而得益，但认为计划经济会比竞争性制度生产出明显多得多的产品的论调，已逐渐为研究这个问题的多数学者所放弃了。纵然是那些具有社会主义观点并认真地研究过集中计划问题的许多经济学家，现在也满足于希望一个有计划的社会能和竞争性制度在效率方面旗鼓相当。他们之所以倡导计划，不再是由于它的生产率高，而是由于它能使我们得到一个比较公正和平等的财富分配。这确实是能够认真地坚持要求计划的唯一理由。如果我们希望获得符合于某种预定标准的财富分配，如果我们想有意识地决定谁将会有什么，那么，我们就必须计划整个经济制度，这是无可置疑的。然而，问题仍然是，为了实现某些人的公平理想，我们必须付出的代价，较之受到众多攻击的经济力量的自由竞争所引起的后果，是否一定不会造成更多的不满和压制呢？

---

① 为了证明这些耸人听闻的话，可以引用克拉克（Colin Clark）的话。他是最著名的青年经济统计学者之一，一个无疑地具有进步观点和严格的科学眼光的人。他在其《经济进步的条件》（*Conditions of Economic Progress*）一书中得出下述结论："关于丰裕中的贫困，以及关于只要我们懂得分配问题，生产问题即早已获得解决这类常常被重复的说法，被证明是当下所有的陈词滥调中最失真的说法……生产能力未被充分利用只是在美国才成为一个相当重要的问题，虽则在某些年头它在英、德、法等国也曾经有某种重要性，但是对世界上绝大多数国家来说，它是完全从属于一个重要的事实：即使生产资源得到充分利用，能够生产出来的数量也是如此之少。丰裕的时代仍然是遥远的将来的事情……如果经济周期中可以防止的失业能够被消除，这就意味着美国人民的生活标准可以显著改善，但是从整个世界的角度来看，对于把大部分世界人口的实际收入提高到一种文明的标准这个远为重要的问题来说，它将只能有很少的贡献。"

*　*　*

如果我们为这些疑虑寻找安慰自己的理由，认为采用集中计划只意味着自由经济在释放出一个短暂的魔力之后，又回归到多少世纪以来曾经如此的对经济活动的束缚和管制而已，并因此认为对于个人自由的侵犯并不一定会超过自由放任时代以前的程度，我们就大错特错了。这是一种危险的幻想。即使在欧洲历史上对经济生活的组织达到最高峰的时候，也只不过是建立一种一般性的和半永久性的规则构架，在其中，个人保留有宽广的自由领域。当时所用的控制机器也还不足以把超过一般性的政府指导以上的约束强加于人。即使在控制最完备的地方，它也不过是扩展到一个人借以参加社会分工的那些活动而已。在远为广阔的领域内，个人仍依赖自己的产品为生，并可以按照自己选择的方式自由地行事。

而现在，情况完全不同。在自由主义时代，分工的进展造成了一种局势，使我们几乎每一个活动都是社会过程的一部分。这种发展是我们不能够加以扭转的，因为正是由于这种发展，我们才能够按现在的那种标准供养大量增加了的人口。但是以集中计划代替竞争因而将要求对我们的生活实行比以往人们所企图的程度更为高得多的集中管理。它不能停留在我们看作是经济活动的范围内，因为现在几乎我们生活中的每一部分都依存于他人的经济活动。[①] 对“集体地满足我们的需要”的热衷，要求我们在指

---

① 在极权主义国家中，无论是俄国、德国，还是意大利，如何组织人民的闲暇时间成为一个计划的问题，这并不是偶然的。德国人甚至为这个问题发明了一个可怕的和自相矛盾的字眼：“业余活动安排”（Freizeitgestaltung）（字面意思是，安排使用人民的自由时间），好像必得按当局规定的方法去花费掉的时间仍然是“自由时间”似的。

定的时间，按规定的形式，从事娱乐和满足必需，我们的社会主义者曾以此而为极权主义很好地开辟了道路，这当然也部分地有意利用它作为一种政治教育的工具。但它也是推行计划所迫切要求的结果，其基本内容在于剥夺我们的选择权，以便于在由计划决定的时间，给我们以最适合于计划的任何东西。

人们往往说，没有经济自由的政治自由是没有意义的。这当然很对，但在某种意义上，它是和我们的计划者使用这句话的意思几乎相反。作为任何其他自由前提的经济自由，不能是那种社会主义者允诺给我们的、免于经济劳心的自由，也不可能是只能通过同时解决个人的必需问题和免除个人的选择权才能获得的自由；经济自由必须是我们经济活动的自由，这种自由，因其具有选择的权利，不可避免地也带来与那种权利相联系的风险和责任。

第八章　谁跟谁？

对平等的热衷，使自由的希望落了空，曾经赋予这个世界的大好机会因而被抛弃。

——阿克顿勋爵

很明显，对竞争所持的最普通的异议中，有一种异议认为，竞争是“盲目的”。值得重新提醒人们的是对于古代人来说，盲目性体现其正义之神性。虽然竞争与正义很少有共同之处，但同样值得称道的是，二者对所有人都一视同仁。我们不能预测，谁将是幸运的或者谁将受到灾难的打击；赏罚并不是根据某人对不同的人的功过的看法来加以均摊的，而是要取决于他们的才干和运气，这和我们在制定法律规则时不能预测执行这些法律规则将对哪一个人有利和对哪一个人不利同样重要。并且，这也是同样正确，因为在竞争中，在决定不同的人的命运方面，机会与幸运常常是和技能与先见同样重要的。

存在着两种制度：其一是每个人都按照绝对和普遍的权利标准来得到他所应得份额；其二是他所应得份额部分地应由偶然事件或幸与不幸来决定。可供我们选择的，不是这两种制度，而是下面两种制度：谁应得到什么是由几个人意愿来决定的那种制度，以及谁应得到什么至少部分地是靠他们的才能和进取心，部分地是靠难以预测的情况来决定的那种制度。这一点并不由于在一个自由企业的制度下机会不是均等的而减少其恰当性。因为这种制度必须以私人财产和遗产（虽然这或许不是同样的必要）以及由两者所造成的机会差别为基础的。其实，很有理由要把这种机会的不平等尽量地减少到先天差别所许可的限度，并且以能够这样做而不破坏这个过程的非个人化的性质为界限，借助这种过程，每个人必须利用他的机会，并不让关于何者是对的以及何者是合适的个人意见来支配他人的意见。

在竞争的社会里，穷人的机会比富人所受到的限制要多得多，这一事实丝毫也不影响另一事实的存在，那就是在这种社会里的穷人比在另一不同类型的社会里拥有很大的物质享受的人要自由得多。虽然在竞争制度下，穷人致富的可能性比拥有遗产的人致富的可能性要小得多，但前者不但是可能致富，而且他只有在竞争制度之下，才能够单靠自由而不靠权势者的恩惠获得成功，只有在竞争制度下，才没有任何人能够阻挠他谋求致富的努力。只是因为我们忘记了不自由意味着什么，所以我们常常会忽略了这样一个明显的事实，即在这个国家里，一个待遇很差的非技术工人，比德国的许多小厂主，或俄国待遇很高的工程师或经理享有更多自由去计划自己的生活。无论是改变工作或住处的问题，公开发表见解的问题，或者以特定的方法消磨闲暇的问题，尽管为了遵从自己的意愿，他所必须付出的代价有时是很高的，并且对很多人来说，似乎是过高的，但都没有绝对的阻力，不存在对人身安全与自由的危险，不会粗暴地把一个人限制于上级为他指定的工作和环境里。

大多数社会主义者的公平理想只满足于取消私人财产权而得到收入，而对于不同的人所得的收入差别则听其自然。

这是事实[①]。这些人忘记了，在把一切生产资料的所有权移交给国家时，就是把国家置于实际上其行动必须决定其他一切收入的地位。赋予国家以这种权力和要求国家应当用这种权力来作出“计划”只意味着：国家应当在充分地了解所有这些影响的条件下，来使用这种权力。

相信授予国家这种权力，只不过是将这种权力从其他人手中转移给国家而已，这是错误的想法。这是一个新创造出来的权力。是在竞争的社会里任何人都不会拥有的权力。只要财产分散在许多所有者当中，他们之中的任何独立行动的人，都没有特权来决定某某人的收入和地位——没有人会依赖于一个所有者，除非他能够给前者以更优厚的条件。

我们这一代已经忘记的是：私有制是自由的最重要的保障，这不单是对有产者，而且对无产者也是一样。只是由于生产资料掌握在许多个独立行动的人的手里，才没有人有控制我们的全权，我们才能够以个人的身份来决定我们要做的事情。如果所有的生产资料都落到一个人手里，不管它在名义上是属于整个“社会”的，还是属于独裁者的，谁行使这个管理权，谁就有全权控制我们。例如，在一个少数人的、种族或宗教的

① 或许我们习惯于对主要是由财产中取得的收益所造成的收入不平等的程度估计过高，因而，认为取消来自财产方面的收益，就可以随之而消除收入中主要的不平等的程度。根据我们掌握的关于苏联的收入分配的一点点材料来看，那里存在的不平等，实质上并不亚于存在于资本主义社会的不平等。伊斯门的《俄国社会主义的末路》（*The End of Socialism in Russia*）（1937 年，第 30—34 页）提供的来自俄国官方的材料说明：在俄国所支付的最高薪与最低薪之间的差度，是同美国的差度一样的大（约 50：1）。根据伯恩汉姆（James Burnham）所引用的一篇文章《管理的革命》（*The Managerial Revolution*）（1941 年，第 43 页），托洛茨基估计，到 1939 年，“苏联人民中 11%—12% 的上层当时的收入大约占国民收入的 50%”，这个差度比美国的还要大些，因为在美国，10% 的上层人的收入约占国民收入的 35%。

社团里有一个成员，他是一个无产者，但这个社团的其他成员是有产者，因而他们能够雇用他；但在私有制取消之后，他在名义上成了一部分公有财产的主人。对于他在受雇于人的期间要比他在名义上当了主人翁的时候要更自由这一点，试问谁会真正地怀疑呢？又例如，有个亿万富翁是我的邻居和我的雇主，而同时有一个行使国家强制权力的最小的公务员，这个富翁能够控制我的势力，远不如小公务员能够控制我的势力那样大，我们是否可能以及怎样生活和工作到底取决于谁的斟处权？对此又有谁会认真地怀疑呢？一个富人得势的世界仍比一个只有得势的人才能致富的世界要好些，试问谁会否认这一点呢？

一件令人悲哀、同时也令人鼓舞的事是：看到像伊斯门这样有名的老牌共产党人重新发现了这个真理：

> 虽然，我必须承认，我缓慢地得出了下面这个结论，但它现在对我来说是很明显的（他最近在一篇文章中写道）：私有财产制度是给人以有限的自由与平等的主要因素之一，而马克思则希望通过消除这个制度而给人以无限的自由与平等。奇怪得很，马克思是第一个看到这一点的。是他告诉我们：回顾以往，私人资本主义连同其自由市场的发展成了我们一切民主自由的发展的先决条件。他从未想到，向前瞻望，如果是他所说的那样，那些其他的自由，恐怕就会随着自由市场的取消而消逝。①

---

① 马克斯·伊斯门，见《读者文摘》（*The Reader's Digest*），1941年7月，第39页。

* * *

在回答这些忧虑的时候，有时人们说，个人的收入并不是非要计划者来确定不可。在决定不同的人在国民收入中每人应得份额时所要遭遇社会和政治上的困难是那样的明显，以致甚至最顽固不化的计划者，在委派任何机构承办这项任务之前可能也会踌躇不前。每一个了解它所带来困难的人或许都宁愿把计划局限于生产，只用计划来保证“工业的合理组织”，而收入分配工作尽可能地留待非人为的力量来解决。虽然不可能在管理工业时对分配不产生影响，虽然没有计划者会愿意把全部收入分配工作留待市场的力量来解决，但他们也许都宁愿只担任使分配适合于某些平等和公平的一般原则，避免极端的不平均，使主要阶级报酬之间的关系保持公允这些工作，而对他们阶级内部个别人的地位，或者在较小集团和个人之间的等级厘定或区分，则不去负责。

我们已经见到了，各种经济现象之间密切的相互依存使我们不容易使计划恰好停止在我们所希望的限度内，并且市场的自由运作所受的阻碍一旦超过了一定的程度，计划者就被迫将管制范围加以扩展，直到它变得无所不包为止。这些经济上的考虑说明了何以不可能使有意识的控制恰好停止在我们想要它停止的地方，并且，某些社会的和政治的倾向又特别加强了这些考虑，而这些倾向的力量随计划范围的扩展而会越来越趋于明显。

个人地位不是由非人为的力量来决定的，也不是许多人竞争性活动的结果，而是当局有意识地作出的决定所造成的，当这种情况变得日益真实，并获得普遍承认的时候，人们对于他们在社会组织里地位的态度就必然发生变化。不平等随时都存在，而这在那些受到不平等之害的人看来，是不公平的；失望总是有的，而这在那些感到失望的人看来，是不当的；不幸的打击总是有的，而这在那些遭遇这些打击的人看来，是不应有的。但当这些事情发生在一个有意识的指导之下的社会里时，人民的反应方式与当这些事并不是出于任何人有意识的选择时，是大不相同的。非人为的力量所造成的不平等比有计划地造成的不平等无疑地更容易忍受些，其对个人尊严的影响也小得多。在竞争的社会里，任何一个企业对某个人说，它不需要他的服务，或者说，它不能给他提供一个更好的工作，这不算是小看他，也不算是有伤他的尊严。在持久的大规模失业的时期，许多人所受的影响也确实很相似。但要预防那种灾祸，除了集中管理之外，还有其他的并且更好的方法。不论在什么社会里，随时都会有一部分人受到失业或收入减少的影响，但如果它是某种不幸的结果，而不是当权者存心强加的，其使人掉价的程度肯定要少些。不管这种经验如何痛苦，如果是在有计划的社会里的话，其痛苦必定会严重得多。在那里，个人必须作出决定，不是某一个工作是否需要他，而是他是否对任何事有用，以及有用到什么程度。他在生活中的地位必须由他人来指定。

虽然人们将会忍受任何人都有可能遭到的痛苦，然而当这种痛苦是由当局作出决定的结果时，人们就不会那样容易忍受。如果我们只是一部无人性的机器中的一个齿轮，这也许是不好的，但如果我们再也不能脱离它，如果我们被束缚在我们的地位上，被束缚在为我们选定的那些上级的身边，那么情况就不知道要糟糕多少倍。当每个人意识到他的命运是某些人有意地作出的决定的结果时，他对其命运的不满，就会同他的这种意识一齐增长。

政府一旦为了公平的缘故而走上计划的道路，他就要对每个人的命运或地位负责。在一个有计划的社会里，我们都将要知道：我们日子之所以比他人过得好些或坏些，并不是因为那些没有人加以控制和不可能肯定地加以预测的情况所造成的，而是因为某些当权者希望有这种结果。并且，我们对于改进我们的地位所做的一切努力的目标，将不在于预测我们无法控制的那些情况，和对那些情况尽量地作出准备，而在于设法使握有全权者作出有利于我们的决定。19 世纪的英国政治思想家们的梦魇，即“除了通过政府之外，走向富裕的道路是不存在的”[①] 那种局面，将会实现到他们所想象不到的天衣无缝的程度——虽然这种局面在某些业已变向极权主义的国家中已是极为司空见惯了。

* * *

政府一旦负起筹划整个经济生活的任务，不同的个人和集团都要得到应有地位这一问题，事实上就一定不可避免成为政治的中心问题。由于只有国家的强制权力可以决定“谁应得到什么”，唯一值得掌握的权力，就是参与行使这种管理权。一切的经济或社会问题都将变成政治问题，因为这些问题的解决，只取决于谁行使强制权力，谁的意见在一切场合里都占优势。

我相信，在俄国引用“谁跟谁”这个有名短语的人就是列宁自己——这是在苏维埃政权的初期，人民用来概括社会主义社会普遍问题的口头语[②]。谁计划谁，谁指导并且支配谁，谁指定他人在生活中的地位，以及谁应得到由他分配给他的那一份？这一切都必然地成为应由最高权力当局独自解决的中心问题。

一位美国政治的研究者，新近详尽探讨了列宁的这一用语，并断言道，一切政府的问题就是“谁得到什么，何时得到，如

---

① 这实际上是迪斯累里（Disraeli）年轻时说的话。

② 参看 M. 马格里奇（M. Muggeridge）：《莫斯科的冬天》（*Winter in Moscow*），1934 年；A. 费勒（A. Feiler）：《布尔什维克主义的实验》（*The Experiment of Bolshevism*），1930 年。

何得到”的问题。在某种意义上这倒并不错。一切政府都要影响不同人们的相对地位，并且在任何制度之下，很少有我们生活的某一方面不受到政府行动的影响，这些都是事实。政府无论有什么动作，总是会影响到“谁得到什么，何时得到，如何得到”的。

然而，这里有两个基本的区别要搞清楚。第一，可能采取特殊措施，而不知道这些措施对特殊个人影响如何，因而也就不以这种特定的影响为目的。这一点我们已经讨论过了。第二，正是政府行为的范围决定着，一个人在任何时候所得到的每一件东西是否都要有赖于政府，并决定着政府的影响只以使有些人将按某种方法在某个时候得到某些东西为限，自由制度与极权主义制度之间的整个区别就在于此。

纳粹主义和社会主义者对“经济与政治的人为的分离”的共同责难，以及他们对政治支配经济的共同要求，突出地说明了自由制度和全面计划制度的对立。这些词语大概不仅意味着经济力量现在可以用来达到不属于政府政策的目的，而且意味着经济力量能够脱离政府的管理，被用来达到政府不见得许可的目的。不过，另一种制度，不单是只应有一种权力，并且，这种唯一的权力，即统治集团的权力，还应当控制人类一切的目的，特别是应当有控制社会中每个人地位的全权。

* * *

一个负责指导经济活动的政府，将必定用它的权力来实现某种公平分配的理想，这是确定无疑的。但它将怎样能够和将怎样运用这种权力呢？或者，将要或应当按照什么原则来指导这种权力呢？对于即将出现和必须慎重地加以解决的很多具有相对价值的问题，有没有一个确切的答复呢？有没有一个为理智的人们可望同意的价值尺度来证明社会的一种新的等级体系是正当的，并有可能满足对公平的要求呢？

对于这些问题，能够在实际上提供一个确切答案的，只有一个一般性原则，一条简单的规则：平等，即在所有人力可以控制的地方、全体人完全的和绝对的平等。如果这被普遍地认为可取的话（姑且不论它是不是能行得通，也就是它是否能提供足够的激励作用），那么，它就会赋予公平分配这一模糊观念以一个清晰的意义，并使计划者得到具体的引导。但是，相信人们一般会认为这种机械式的平等能够受到的普遍的赞许，是极其荒谬的。从来没一个旨在完全平等的社会主义运动曾经得到过有力的支持。社会主义所允诺的不是绝对的平等，而是一种更加公平、更加平等的分配。人们认真想要达到的唯一目标，并不是绝对意义的平等，而只是“较大的平等”而已。

虽然这两种理想听起来很相似，但就我们的问题而言，它们却是极端不相同的。如果说绝对的平等可以清晰地确定计划者的任务，那么要求较大的平等却只是消极的，不过是对现状不满的一种表示而已；只要我们不准备承认，走向实现完全平等的每一步骤都是可取的，那么它对计划者必须解决的任何问题几乎没有提供什么答案。

这不是字面上的一种诡辩。在这里，我们面临着一个重大的争论之点，它容易被人们所用的类似词句所掩盖。对于完全平等的同意，可以解答计划者必须解答的一切优效（merit）问题，而达到较大平等的公式实际上却不能答复任何问题。它的内容不比“共同善”，或者“社会福利”这些用语有更明确的意义。它并未使我们能够不必在每一特定的场合里，在特定个人或者集团的优效度之间作出抉择，并且，它无助于我们作出这种决定。它告诉我们的一切，实际上就是要尽量向富有的人们索取一切。但一到分配这种掠夺品的时候，问题依然如故，就好像“较大的平等”这个准则从未被人想起过似的。

* * *

大多数人感到难以承认的是，我们不拥有能使我们解决这些问题的道德标准——如果不是完美无缺的，它至少也要比竞争制度提供的解决方式更能令人满意。对于“公道的价格”，或者“公平的工资”是什么，我们不是都有一些概念吗？我们不能依靠人民强烈的公平感吗？即使我们此刻对某一种特定的情况下什么是公道，或什么是公平的看法未必完全一致，但如果人民能够得到机会实现他们理想的话，大众的意见不会很快就集中起来，成为更加明确的标准吗？

不幸的是，这种希望没有多少根据。我们所有的标准是从我们所了解的竞争制度中得来的，并且在竞争消失之后，这些标准也必然迅速消失。我们所指的公道的价格或公平的工资，就是依照惯例的价格和工资，就是已往的经验使人们期望得到的报酬，或者，就是在没有垄断剥削的条件下将会存在的价格和工资。在这方面，唯一重要的例外，就是工人们习惯于要求取得“他们劳动的全部生产物”，这是社会主义学说最乐于追究的一点。但今天却很少有社会主义者还相信，在一个社会主义社会里，每项产业的产品都让由该项产业的工人来全部分享；因为这就意味着运用大量资本的产业中的工人比运用少量资本的产业中的工人所得到的收入要多得多，大多数社会主义者将认为这是很不公平的。现在比较一致的意见都认为这种要求是因为对事实作了错误的解释而产生的。然而，一旦个别工人对“他的”全部产品的要求遭到拒绝，并且从资本得来的全部利润必须分给全体工人时，怎样分配它的问题就会引起同样根本的问题。

究竟何为某种商品的“公道”价格和某种服务的“公平”

报酬，如果需要的数量真的可以孤立地确定的话，那么可以想象它们可能用客观的标准来加以确定。如果真的可以不必顾及成本而确定它们，计划者倒是可以设法弄清为了产生这么多的供给量所必需的价格或工资是多少。但计划者还必须决定每种货物应生产多少，并且在做出这种决定的同时，也把什么价格是公道的，或什么是应支付的公平工资确定下来。如果计划者决定需要为数较少的建筑师或表匠，而这种需要又可由那些所得报酬虽然较低，但仍愿意留在这个行业里的人们来满足的话，那么，所谓“公平的”工资就比较低些。在决定各种不同目标相对重要性的同时，计划者也就决定了不同集团或个人的相对重要性。由于他不应该把人民作为一种工具来看待，因此他必须考虑到这些影响，并且有意识地让不同目标的重要性同其决定的种种影响保持平衡。但这就意味着他必须对各种人们的情况加以直接控制。

这种解释适用于各种行业的相对地位，也同样适用于个人的相对地位。一般说来，我们很容易把某一种行业或职业内部的收入想象为多少是一致的。然而，在最有成就的和最无成就的医生或建筑师，作家或电影演员，拳术家或赛马骑手之间的收入差别，以及在较大成功或较少成功的钳工或蔬菜种植者，杂货商人或成衣匠之间的收入差别，是同有产阶级和无产阶级之间的收入差别一样大的。虽然无疑有人企图用分门别类的方法把收入加以标准化，但差别对待不同个人之必要性仍然存在，无论这是用规定他们个人的收入，还是把他们编列在某一类别内的办法来实施的。

关于自由社会里的人们服从这种控制的可能——或者关于如果他们服从了的话，他们是否仍能保持自由——我们已经用不着多说。就这整个问题而论，穆勒在将近一百年前所写的一段文字，在今天看来，也同样适用。他写道：

> 可以默认一种像平等规则那样的固定规则，并且，也可以默认机遇或外在需要；但由屈指可数的几个人来对每一个人加以平衡，给予这个人的多些，那个人的少些，都全凭他们自己的爱憎与判断，这种事是不能容忍的，除非他们被人信以为是超人一等，并以超自然的恐怖为后盾①。

* * *

只要社会主义仅仅是一个人数有限的志同道合的团体的一种抱负，这些困难就不一定会引起公开的冲突。只有在社会主义政策得到组成人民多数的许多不同集团的支持，并被试图实际推行的时候，这些困难才会表面化。那时候，在各种成套的理想中，究竟应将哪套强加给所有人，以便把国家的全部资源都用来为它服务，就马上成为一个迫切的问题。由于成功的计划要求对基本价值产生共同的看法，因而对我们物质上的自由的限制就直接地影响到我们精神上的自由。

社会主义者是其所产生的野蛮子孙的文明祖先，他们一贯希望通过教育来解决这个问题。但在这方面教育意味着什么呢？我们确实已了解到：知识不能够创造新的伦理价值标准，无论多大的学问，也不会使人们对有意识地调整一切社会关系所引起的道德问题持相同意见。证明某种计划是正当的这一工作所需要的不是合理的说服，而是接受信条。其实，各地的社会主义者都最先承认：他们所承担的任务要求普遍承认一个共同的世界观，一套明确的价值标准。社会主义者正是在发动一个受到这样一个单一世界观支持的群众运动的努力中，首先创造出了这些灌输工具中

① J. S. 穆勒：《政治经济学原理》（*Principles of Political Economy*）第 1 卷，第 2 章第 4 段。

的最大部分——这些灌输工具也是纳粹和法西斯主义者有效地加以利用过的。

实际上，在德国和意大利，纳粹和法西斯主义者无须首创好多东西。渗透于生活各个方面新政治运动的各种做法，已由社会主义者采用过了。将个人从摇篮到坟墓的一切活动囊括在内的一个政党，要求指导个人对每一事物的意见，并且喜欢把一切问题都变成党的世界观问题，这样一个政党的观念都首先由社会主义者付诸实践了。一位奥地利社会主义作家，在谈到他本国的社会主义运动时，自豪地报告说："它的鲜明特点是为工人和雇员每一方面的活动都建立了专门的组织。"①

虽然奥地利的社会主义者在这方面比其他的社会主义者更前进了一些，但其他地方的情况并没有很大的差别。那些最早把儿童纳入政治组织中去，以保证他们长大成为优秀的无产者的，不是法西斯主义者，而是社会主义者。那些首先想到在党的俱乐部里把运动和竞技、足球和徒步旅行组织起来，以使其成员不受其他观点传染的，不是法西斯主义者，而是社会主义者。那些首先主张应以敬礼的方法和称呼的形式来使党员区别于其他人的，不是法西斯主义者，而是社会主义者。那些通过组织社会"细胞"和设置装置来经常地监督私人生活，创造了极权主义政党原型的，也就是他们。意大利"法西斯少年组织"（Bolilla）、德国"希特勒青年团"、"意大利职工业余活动组织"（Dopolavoro）和德国纳粹群众业余活动组织、"由欢乐获取力量"（Kraft durch Freude）的政治制服和党的军事化编制，都不过是对社会主义者原已有过的制度和模仿而已②。

---

① G. 维塞尔（G. Wieser）：《一个国家的衰亡：奥地利（1934—1938）》（*Ein Staat Stirbt*, *Österreich*, 1934—1938），巴黎，1938年，第41页。

② 在这个国家，那些具有政治性的"读书俱乐部"也类似，不无重要。

* * *

只要社会主义运动在一个国家里同一个特定的集团——通常是技术较高的工人——的利益密切地结合起来的，对社会各阶层人民的应有地位形成一种共同观点的问题，就比较简单。这种运动直接关涉到某个特定集团的地位，并且，它的目的就是要提高那个集团与其他集团之间的相对地位。但在向社会主义继续前进的过程中，这个问题的性质就会发生变化，每个人越来越明显地看到，他的收入和一般地位要由国家的强制性机器来决定，为了保持或改善其地位，唯有成为一个有组织集团的成员，那个集团能够根据其利益影响或者支配国家机器。在这个阶段发生的各个压力集团之间的拉锯战中，并不一定是最穷苦的和为数众多的集团利益就占优势。对那些宣称代表一个特定集团利益的老牌的社会主义政党来说，他们首先出现在这个领域之内，并且规划了他们吸引工业中从事体力劳动的工人的整套意识形态，这也并不一定是一种有利条件。他们的成功和他们对接受全部信条的坚持，一定会引起一种强有力的反制运动——这种反制运动不是来自资本家，而是来自为数众多的、同时也一样无财产的阶级，因为他们看到他们的相对地位由于工业工人中的精英的进步而受到威胁。

社会主义理论和社会主义策略，即使在其并不曾受到马克思主义教条支配的地方，也已普遍地以这样一种思想为基础：即把社会划分成两个阶级，它们有共同的利益，但这些利益又是互相冲突的，那就是资本家和产业工人。社会主义预期老的中产阶级要迅速消灭，但完全忽视了一个新的中产阶级的产生，其中包括无数的职员和打字员，行政工作者和学校教师，小本经营者和小公务员，以及各种专门行业的低级人员。有一个时期，这些阶级中时常出现劳工运动的领导人物。但是，越来越清楚的是，这些阶级的地位相对于产业工人的地位来说变得日益恶化，因此指引着产业工人的那些理想，大大地失掉了对其他人的感召力。他们憎恨资本主义制度，并且要按照他们的公正观来有意识地均分财富，在这一意义上讲，他们都是社会主义者，但这些观念显示出与旧有的社会主义政党在实践中所体现的观念是有很大出入的。

旧有的社会主义政党成功地用来获得一个职业团体支持的那种手段——即相对地提高他们的经济地位——现在无法用来获取所有人的支持。一定会出现一些同他们竞争的社会主义运动，这些运动唤起了那些地位相对恶化了的人们的支持。时常有人说，法西斯主义与国家社会主义是一种中产阶级的社会主义，这个常听到的说法中包含着许多真理——只不过在意大利和德国，这些新运动的支持者在经济上已不再属于中产阶级了。在很大程度上，这是一种新的无特权阶级对产业工人运动所形成的工人贵族的反抗。毫无疑问，最有力地助长这些运动的经济因素是失意的自由职业者，即受过大学教育的工程师或律师，以及一般“白领无产者”对收入比他们高几倍的属于最强大工会的火车司机，或排字工人及其他成员的嫉妒。就货币收入而言，一个纳粹运动的普通成员，在运动开始的初期，比普通的工会会员或原有的社会主义政党的党员更穷苦些，这也几乎是毫无疑问的。由于前者曾经有过更好的日子，并且仍然生活在作为他们过去的生活条件的结果的环境里，因此，这种情况变得更加不堪忍受。当法西斯主义兴起时，在意大利流行的“阶级斗争逆转”这一措词确实指出了这个运动极其重要的一个方面。存在于法西斯主义者或民族社会主义者与原有的社会主义政党之间的矛盾，实际上主要地应当被看作是在相互竞争的社会主义派系间一定要发生的一种矛盾。每个人在社会中应有的地位应由国家的意志来指定这一问题，在他们当中是没有异议的。但什么是各个不同阶级和集团应有的地位，对此他们从前有，将来也永远会有最深刻的分歧。

* * *

从前一向把自己的党看作是未来走向社会主义普遍运动天然先锋的那些老的社会主义领袖们，现在感到难以理解的是，随着社会主义方法运用范围的日益扩展，广大贫苦阶级的怨恨竟会转而对准他们。但当原有的社会主义政党，或者说，某些产业中有组织的劳工，通常并不感到同该产业的各雇主们达成共同行动的协议特别困难时，大多数阶级却被丢在一边，不曾受到他们的关怀。在这些阶级看来，劳工运动中的比较得势的那些部分，与其说是属于被剥削的阶级，毋宁说是属于剥削阶级，这也是不无理由的[①]。

这个中产阶级的下层，也就是法西斯主义和民族社会主义从中获得很大一部分支持者的那个阶层，给其不满火上浇油的是下面这一事实：他们所受的教育和训练，在很多场合下使他们对领导地位怀有渴望，他们认为自己有资格成为领导阶级的成员。虽然年轻的一代，由于社会主义教育培养了他们对牟利伎俩感到轻蔑的缘故，摒弃了带有风险性的独立地位，越来越多地蜂拥到稳定的薪金岗位上去，但他们所要求的是既有收入又有权力的一种地位。这在他们看来，是他们所受的训练使他们有资格享受的。虽然他们信仰一种有组织的社会，但他们希望在那个社会里得到的地位，是与一个由劳工统治的社会可能提供的那种地位很不相

① 12年前，作为欧洲主要社会主义知识分子之一的、从那时以后又继续发展并与纳粹言归于好的亨德里克·德·曼（Hendrik de Man）曾经说过：“自从社会主义兴起以来，对资本主义的愤恨转变为对社会主义运动的愤恨，这还是第一次。”［《社会主义与民族法西斯主义》（*Sozialismus und National-Faszismus*），波茨坦，1931年，第6页。］

同的。他们很愿意接受老牌社会主义的那些方法，但他们的意图是想把它们用来为另外一个不同的阶层服务。这个运动能够吸引所有那些承认国家控制一切经济活动的合理性，但不承认产业工人贵族用其政治力量所要达到的目标的人。

新的社会主义运动开始时在策略上具有若干优势。在此之前，劳工社会主义已在一个民主的和自由的世界里成长起来，它使它的策略适应这个世界，并且接受许多自由主义的理想。它的支持者仍然相信，建立社会主义本身即可解决一切问题。而法西斯主义和民族社会主义却是从这样一种越来越受到控制的社会的经验中产生出来的，这个社会已警觉到民主的和国际的社会主义目标是一些互不相容的理想这个事实。它们的策略，是在一个已经被社会主义政策和它所引起问题所支配的世界中发展起来的。它们并不幻想有可能用民主的方法来解决那些需要人们有相当一致的意见才能解决的问题，而这种一致意见的取得是没有根据的。它们不幻想理性的能力能够解决一切不同人们和集团的需要之间哪个比哪个更为重要的问题，而这些问题是“计划”所不可避免地要引起的，它们也不幻想用平等准则来提供答案。它们知道，一个最强大的集团，集合了足够的支持者拥护一种新的社会等级秩序，同时又对它所号召的那些阶层公开地许以特权，它是易于获得所有感觉失望者的支持的，因为这些人起初曾获得过实现平等的许诺，但后来发现他们只是促进了某个阶层的利益。最重要的是，它们之所以成功，是因为它们提供了一个理论，或者一个**世界观**，这个理论或**世界观**似乎足以证明他们所许诺向其支持者提供的那些特权是正当的。

第九章 保障与自由

整个社会将成为一个同工同酬的管理处或报酬平等的工厂。

——列宁于 1917 年

在一个国家是唯一的雇主的国度里，反抗就等于慢慢地饿死。“不劳动者不得食”这个古老原则，已由“不服从者不得食”这个新的原则所代替。

——托洛茨基（L. Trotsky）于 1937 年

经济保障，像杜撰的“经济自由”一样而且往往是更有理由被人看成是真正自由所不可或缺的一个条件。在一定意义上，这是既正确又重要的。在那些没有信心靠自己的奋斗找到前途的人们当中，很难找到独立的精神或坚强的个性。然而，经济保障这一概念与在这个领域内的许多其他用语一样，是不明确的，是含糊其辞的，因此，对要求保障的普遍赞同可能是对自由的一种危险。其实，如果人们在过于绝对的意义上理解保障的话，普遍追求保障，不但不能增加自由的机会，反而构成了对自由的最严重的威胁。

首先，我们不妨把两种保障对比一下。一种是有限度的保障，它是大家都能够获得的，因而，不是什么特权，而是人们可以期望的正当目标。一种是绝对的保障，在自由社会里，这种绝对的保障不可能让所有人都得到，也不应当把它当作特权给予任何人，除非在极少数的特殊情况下，例如法官，其完全的独立才是非常重要的。这两种保障中的第一种是，防止严重的物质匮乏的保障，即确保每个人维持生计的某种最低需要；第二种是，某种生活水准的保障，或者说，一个人或集团与其他的人或集团相比较的相对地位的保障；或者，我们可以简单地说，可以区分为一个最低限度的收入的保障和一个人被认为应有的特定收入的保障。我们立刻就可以看到，这种区别大体同下面这种区别相一致，即为一切在市场体系以外和补充市场体系的人提供的保障，与只能为一部分人提供，并且只有控制或取消市场才能够提供的保障之间的区别。

没有理由认为在一个达到了像我们这样的普遍的富裕水平的社会中，不应向所有人保证提供第一种保障，而无需危及普遍的自由。至于在应该予以保证的具体标准方面，是有一些困难问题的；特别重要的问题是，那些依赖于社会的人们是否应当无限制地享受一切同其余的人一样的自由呢?[①] 处理这些问题时，稍不注意，就很可能造成严重的也许甚至危险的政治问题；但是，毫无疑问的是，在足够保持健康和工作能力的、衣食住方面的最低限度的条件上，可向每个人提供保证。实际上在英国人口中有很大一部分早已获得了这种保障。

也没有理由说明为什么政府不应该帮助个人对那些生活中的普通意外事件作出准备，因为这些意外事件是不确定的，所以很少有人能够为之做好充分的准备。在那些避免这种灾害的愿望和克服这种灾害的后果所付出的努力，通常不会因政府提供了援助而被削弱的领域，如疾病和事故（简单地说，这里所

---

① 如果仅凭一个国家的国民身份，就有权享受高于其他地方的生活水准的话，那就会发生严重的国际关系问题，并且这些问题是不应当轻易放过的。

探讨的，是真正可保险的那些灾害），要求政府协助组织一种全面的社会保险制度的理由是很充分的。对于这些计划的细节，那些愿意保持竞争制度的人和那些想以另外一种不同的制度来代替它的人的意见，在许多方面是不会一致的；在社会保险的名义下，有可能推行一些促使竞争或多或少地失掉效力的措施，但在原则上，政府用这种方法提供较大的保障，是与维护个人自由没有抵触的。属于这一类的，还有通过政府对遭受天灾（像地震和洪水）的人的救助来增加保障。凡是能够减轻个人既无法防范又不能对其后果预作准备的灾祸的公共行动，都无疑是应当采取的。

最后，还有一个极端重要的问题，即与经济活动的普遍波动和随之而来的、间歇发作的大规模失业的浪潮作斗争的问题。这当然是我们今天最严重、最迫切的问题之一。虽然它的解决需要大量正确的计划，但它不需要，或者至少不一定需要，那种特别的计划，也就是按其倡导者的主张，要用它来代替市场的那种计划。其实，许多经济学家都希望在货币政策方面找到根本的解决办法，这甚至与19世纪的自由主义也都不会相容的。另一些经济学家则认为，只有通过适时地投入大规模的公共工程，才能有希望获得真正的成功。这或许会对竞争的范围产生更严重的限制；并且，在进行这种试验时，如果我们要避免使一切经济活动越来越依赖于政府支出的方向和数量的话，那么，我们就必须仔细注意我们的步骤。但这既不是唯一的，并且在我看来也不是对付这个经济保障最严重威胁的最有希望的办法。无论如何，我们为保护经济活动不遭受这些波动作出的必要努力，并不会导致对我们的自由构成威胁的那样一种计划。

* * *

对于自由具有潜在的危险影响的这种保障计划，是另一种保障计划。这种计划意在保护个人或集团不会发生那种虽然并不是应有的，但在竞争的社会却是司空见惯的收入减少；保护他们免于遭受给人们带来极大困苦的损失，虽然这种保障在道义上并没有正当的根据，虽然它在竞争性体制中不值得存在，但每天发生，与其形影不离。因此这种对保障的要求就是要求获得公平报酬的另一种形式——即一种适用于主观用处评价的报酬，而不是和个人努力的客观结果相适应的报酬。这种保障或公平似乎是与个人选择自己的工作的自由不相容的。

在任何一种人们在各种不同行业之间的分配依靠这些人自己来选择的制度下，都必须使这些行业的报酬符合于它们对社会其他成员的有用性，即使这应该与主观用处的评价保持无关。虽然所达到的结果，常是与他们的努力和决心相适应的，但这在任何形式的社会里都不可能总是如此。尤其某些职业和特殊技巧的有用性由于不能预料的情况而发生变化。在许多这些情况下，事情更不会是这样。我们大家都了解，当某种对社会其他的人有很大利益的新发明，使一个受过高级训练的人辛辛苦苦学得的技能忽然失去了价值时的这种惨状。过去一百年来的历史充满了这类例子，其中有一些顷刻间便影响到数以万计的人们。

尽管一个人努力工作，尽管他有特殊的技能，但他却会受到不是他自己的过失造成的收入的急剧减少和痛苦的失望，这无疑是有伤我们的公正感的。那些遭受这种不幸的人要求国家进行干预，以维护他们的合法愿望，这种要求当然是会得到群众的同情和支持的。对于这种要求的普遍赞同的结果是，各地的政府都采取行动，不但保护受到这种威胁的人们免受严重的困苦和贫乏，而且使他们继续获得与从前一样的收入和保护他们不受市场变迁的影响[①]。

然而，如果允许人们有自行选择职业的任何自由的话，那么，就不能够给予一切人以一定收入的保障。并且，如果给一部分人提供这种保障，那它就会成为一种特权，这种特权以牺牲他人利益为条件，因而就必然会减少别人的保障。只有取消自己选择工作方面的全部自由，才能够确保每个人的收入不变。这是显而易见的事情。不过，这样一种对正当愿望的普遍保证，虽然往往被看作是一种值得向往的理想，但人们对它并没有认真地加以争取。真正随时都在做的，倒是零碎地把这种保障给予这个集团或那个集团，结果使那些感到受冷落的人的不安全感不断地增加。因此，难怪对保障方面的特权的重视不断增高，对这种特权的要求变得愈来愈迫切。直到最终，对它付出任何代价都没有人嫌其过高。甚至以自由为代价，也在所不惜。

* * *

有些人的用处，由于既不能预测又不能控制的环境的缘故而减少了；又有些人的用处，由于同样的缘故而增加了，如果前者由于受到保护而得免于遭致不应受到的损失，而后者由于受到阻碍而不能获得其不应有的利益，那么，报酬立即就会不再与实际用处有任何关系。一切都要凭当权者关于一个人应该做什么，应该预见到什么，以及他的用意是好是坏所持的见解来决定。这样作出的决定在很大程度上只能是专断的。运用这个原则必然会形

① W. H. 赫特（W. H. Hutt）教授最近在一本书中提出了关于在一个自由社会里怎样可以减轻这种困苦的一些很有趣味的建议。这本书值得仔细研究［参阅赫特著《复兴的计划》（*Plan for Reconstruction*），1942 年］。

成同工不同酬的局面。这样一来，报酬的差别就不再能提供一种有效的诱导，使人们做出社会所需要的变动，并且，就连那些受到影响的个人，也无法判断是否值得承担某种变动将要带来的麻烦。

但是，如果在任何社会里总是必须的、人们在不同职业之间的分布变动，已不可能再用金钱的“奖”“惩”办法（这同主观用处评价并无必然的关系）来得到实现的话，那就必须直接用命令来执行。当一个人的收入受到保障的时候，他既不能够仅仅因为他喜欢那个工作便被允许留在原岗位上，也不能够选择他所喜欢的其他工作。由于取决于他的工作变动或不变动而得到好处或受到损失的人不是他自己，就必得由那些掌握有效收入分配的人代替他作出选择。

这里所出现的关于适当激励的问题，通常都是被当作一个主要是人们是否有尽最大努力工作的意愿的问题来讨论的。这虽然是重要的，但不是这个问题的全部，甚至也不是最重要的一个方面。问题不仅是在我们要人家作出最大努力的时候，我们必须给予相当的报酬。更重要的是，如果我们要让他们自由选择，如果要让他们能够判断他们应做什么的话，那就必须给他们某种容易理解的准则，使他们可用以来衡量各种职业的重要性。如果人们提供给一个人的好处同他们对社会的用处没有关系的话，那么，即使具有世界上最好的意愿的任何人，也不可能在各种各样的取舍之间作出明智的选择，要知道一个人应不应该由于一种变动离开他已开始爱上了的一个行业和环境而另换一种行业和环境，就必须把这些职业已经改变了的对社会的相对价值表现在这些职业所提供的报酬上面。

这个问题当然是更加重要的，因为事实上除非与他们自己的利益直接相关，不然的话，世界上的人们是不大可能作出最大努力的。对大多数人来说，要竭尽全力做某事，就需要施加某种外来的压力。在这个意义上激励的问题是一个现实的问题，无论在一般的劳动中或管理活动方面都一样，把工程技术应用于整个国家（这就是计划的意义）“会引起一些难以解决的纪律问题”，这是一位对政府计划有很多经验，并且把这一问题看得清楚的美国工程师所讲的话。

> 为了进行一项工程，围绕着这项工程，应该有大量的非计划的经济活动。应该有一个地方，可以从那里吸收工人，并且，当一个工人被解雇时，他就应该离开那个工作，他的名字也应在工资簿上被注销。如果没有这样一个自由的后备，要维持纪律就得像对待奴隶劳工那样非用刑不可。①

在行政工作领域内发生的对工作疏忽的制裁问题，虽然形式不同，但也一样严重。竞争经济的最后手段是诉诸法警，而计划经济的最后制裁则诉诸绞刑官②——这句话说得很好。不得不赋予任何一个厂长的权力仍然会是相当大的。但在一个有计划的制度中，厂长同工人的情况一样，他的地位和收入不能单单取决于他所指导的工作的成败。由于风险和利润都不属于他，因而作出决定的，不可能是他个人的判断，而是他是否按照成规做他应做的工作。一个他“应该”避免而没有避免的错误，不是他的个人问题，而是一种对社会的罪行，并必须这样来加以处理。只要他平平稳稳地尽好他能够客观把握的责任，他的收入或许会比资本主义厂主的收入更稳定，但如果真的失败了，那么对他形成的

---

① D. C. 柯伊尔（David C. Coyle）：《国家计划的暗景》（The Twilight of National Planning），《哈珀斯杂志》（*Harpers' Magazine*），1935 年 10 月，第 558 页。

② W. 勒普克（Wilhelm Roepke）：《现代社会危机》（*Die Gesellschaftskrisis der Gegenwart*），苏黎世，1942 年，第 172 页。

危险就比破产还要严重。只要他能使上级满意，他可能在经济上是有保障的，但这种保障是以牺牲自由与生命的安全为代价的。

我们必须要讨论的那个冲突，实际上是两种不相容的社会组织之间的一个基本冲突，这两种组织，往往被人根据它们表现出来的最独特的形式描述为商业式社会和军事式社会。这两个用语或许是不幸的，因为它们让人们注意的是那些本质的东西，并且使我们难以看出：我们面临的只是在两者之间进行实际的选择，而没有第三种可能性。要么就是选择和风险两者都系于他一个人，要么就是让他将两者都免除。事实上，军队在许多方面的确是我们熟悉的并最接近第二类组织的，在那里工作和工作者都同样由当局者分配，在那里，如果缺粮，大家都同样减食。只有在这种制度下，个人才被给予充分的经济保障，并且通过将这种制度扩大到整个社会，能使所有成员都得到这种保障。然而这种保障是和对自由的限制与军事生活的等级制度分不开的——这是军队的保障。

当然，把一个在其他方面完全是自由的社会的某些部分，按照这一原则组织起来，是有可能的，而且，也没有理由说明这种形式的生活，以及它必然会有的对个人自由的限制，为什么不应该让那些喜欢它的人来实行。其实，按照军事形式组织志愿劳动队，可能是政府为一切人提供工作机会和最低收入保障的最好形式。这一类型的一些建议，在过去很少被人接受的原因，是那些愿意用自由来换取保障的人总是要求：如果他们放弃他们的全部自由，那就也得剥夺那些不准备这样做的人的全部自由。对待这种要求，要找到正当理由是很困难的。

但是，我们现在所了解的军事化组织并没有说明，如果把军事化组织扩展到整个社会，那么，社会将是什么样子。只要仅仅是社会的一部分才是按军队的方式组织的，这个军队式的组织成员的不自由，就会由于这一事实而减轻，即如果那些限制变得过分令人讨厌的话，他们还有可以移往的自由区域。假使依照吸引着许多社会主义者的那个理想，把社会组织成一个大的单一的工厂，我们想描绘这种社会究竟像什么样子的话，我们就得看古代的斯巴达，或者当代的德国——它经过了两三代人朝这个方向努力以后，现在也差不多达到那样的社会了。

* * *

在一个习惯于自由的社会里，似乎不可能有很多人真心愿意以这种代价来换取保障。目前，各处都在奉行的政策，即把有保障的特权时而给予这一集团，时而给予那一集团的政策，却很快地在造成一种对保障的追求比对自由的热爱更日趋强烈的局面。其原因是，随着每一次把完全的保障赐予某一个集团，其余的人的不安全就必然增加。如果你保证把一块大小不定的饼的固定的一部分给予一些人的话，那么，留下来给其余的人的那一部分波动的比例肯定要比整块饼的大小的变动为大。并且，竞争制度所提供的保障的重要因素——多种多样的机会——就越来越少了。

在市场系统的范围内，只有像所谓限制主义（restrictionism）(但它几乎包括实际上实行的一切计划!)，才能够把保障给予特定的集团。所谓“控制”，即限制产量，使价格能够获得“适当的”利润，乃是在一个市场经济中能够保证生产者获得确定收入的唯一方法。但这一定会使向他人开放的机会减少。如果生产者，不管他是厂主或是工人，得到免受外人杀价的保护，这就意味着其他那些境遇更坏的人将遭到排挤，不能在这个相对较繁荣的受控制的产业中分享一份。每一种对进入某个行业的自由的限制都会减少行业以外的人的保障。并且，由于其收入用这种方法得到保障的那些人日渐增加，对收入受到损失的人开放的可供选择的机会的范围就受到限制；对于那些受到任何变动的不利影响的人，想要避免他们收入锐减的机会也相应地减少。日益增多的事实证明，如果许可每个情况改善的行业的成员排斥其他人，以便自己获得表现为较高工资或利润的丰盛收益的话，那些在需求下跌的行业里的人就无路可走，而且每次变动便成为大规模失业的根源。毫无疑问，基本上最近几十年来用这些方法来争取保障的结果，才大大地增加了大部分人的失业和从而引起的无保障。

在英国和美国，这样的限制，特别是那些影响到社会中等阶层的限制，仅在较近的时期才获得其重要性，我们目前尚难认识到它们的全部后果。在一个变得严酷了的社会里，一些人被摒弃于有保障的职业范围以外，并且有一道鸿沟把他们同那些有工作的幸运者隔离开来，而后者无人与之竞争的保障使他们没有必要稍为退让一步以便为那些无保障者留出一席之地。无职业保障者之地位的完全绝望以及他们同有职业保障者之间的鸿沟，只有亲身经受过的人才能体会得到。这不是幸运者放弃他们的地位的问题，而只是他们应当通过减少自己的收入，或者往往甚至只是通过对改善自己处境的希望作出某种牺牲的办法来分担共同的灾难的问题。妨害这样做的乃是他们认为他们自己有资格享受“生活水准”的保护、“合理价格”的保护，或者“职业收入”的保护以及在这种保护中他们所受的政府的支持。因而，现在产生剧烈波动的不是价格、工资和个人收入，而是就业和生产。从来没有哪种一个阶级对另一个阶级的残酷剥削比生产者集团中一个较弱小或较不幸的成员受到该集团中有地位者的剥削更恶劣、更残酷的了，而这是对竞争进行“管制”所造成的。很少有什么口号比“稳定”特定价格（或工资）的理想危害大了，因它在稳定一部分人的收入的同时，却使其余的人的地位越来越不稳定。

因此，我们越试图用干涉市场系统的方法来提供更充分的保障，有些人就越缺乏保障；并且，更糟的是，在作为一种特权而得到保障的那些人的保障和没有这种特权的人日益增加的无保障之间的对立也变得越大。并且，保障越具有特权的性质，没有特权的人所面临的危险越大，保障就越为人们所珍视。随着有特权的人数的增加，在这些人的保障和其他人的无保障之间差别的增加，就逐渐形成了一套全新的社会价值标准。给人以地位和身份的不再是自立，而是有保障，一个青年人拥有领得年薪的确定权利比对他怀有飞黄腾达的信心更是其结婚的资格，而无保障则成为贱民的可怕处境，那些在青年时就被拒绝于受庇护的领薪阶层之外的人，要在这种处境下终其一生。

* * *

由国家默认或加以支持的、以限制性措施来寻求保障的普遍努力，随着时间的进展已经产生了进步性的社会转变——在这种转变中，像在其他许多方面一样，是德国人领先，而其他的国家则继而仿效。这个发展已经由于社会主义教育的另一种影响而被加速了，这种影响就是蔑视一切带有经济风险的活动，以及对那些值得冒险去争取，但只有少数人能得到的利润加以道德上的诽谤。当我们的青年人喜欢薪水稳定的职位而不喜欢企业的风险的时候，我们不能责怪他们，因为他们从小就听人说过，前者是高级的、更不自私和更公平的职业。今天这一代的青年是在这样一个世界里成长起来的，即无论在学校中或在报纸上，都是把商业企业精神看成是不名誉的，把赚取利润说成是不道德的，把雇用100个人视为剥削，却把指挥100个人说成是光荣的。年纪大些的人也许认为这种对当前情况的说法未免言过其实，但大学教师日常的经验无疑证明：由于反资本主义的宣传，在英国价值标准的改变远远地走在迄今已发生的制度改变的前面。现在的问题是，在通过改变制度的方法来满足新的需要的时候，我们会不会并非不知不觉地把我们仍然估价较高的那些价值标准毁灭掉呢？

用一二十年前还能够被人们看作是英国式社会和德国式社会的对比，来说明保障的理想战胜自立的理想所必然引起的社会结构的变化，是再好不过的。无论在德国其军队势力有多么大，如果把英国人所认为的德国社会的“军事”性质，主要地归因于它的军队势力，那是大错特错的。这两种社会的差别远比能用那种理由进行的解释更为深刻，并且，德国社会的特质，无论在军人势力软弱或很强的社会阶层里，都同样存在着。使德国社会具有特质的，与其说是差不多在所有时期，在德国比在其他国家有更大的一部分人民为进行战争而被组织起来，毋宁说是德国把这一类型的组织用于许多其他的目的。赋予德国社会结构以特点的，是和其他国家相比德国有更大部分的社会生活被刻意地自上而下组织起来了，并且德国有那么多的一部分人民不把自己看成是独立的，而把自己看做是被指派的官员。正像德国人自己所夸耀的那样，德国早已成了一个“吏治国家”（Beamtenstaat），在这种国家，不但在公务员中，而且几乎在一切生活领域内，收入和身份都受到当局指定的保证。

虽然自由的精神是否可能在一切地方都被强力所消灭是值得怀疑的，但是否任何人都能成功地抵抗住在德国自由被慢慢窒息的那个过程也同样不是肯定的。在那些想要获得荣誉和地位，几乎只有靠当一个国家给薪人员来实现的地方，在那些担任被委派的任务比选择自己擅长的工作被认为是更应受到称赞的地方，在所有那些官阶制度中没有一个被认可的地位，无权要求获取固定收入的职业，都被看作是低级的，或者甚至是不体面的地方，要想有很多人都长期地宁愿要自由而不要保障，这未免是奢望。如果除了在从属位置上获得的保障外其他备选的一切位置都很不安全，并且处于其中的人，无论成功或失败都同样会受到轻视，那么在那些地方只有少数人才能抵抗得住那种以自由的代价来换取保障的诱惑。事情一旦到了这种地步，自由在实际上就差不多成了一种笑柄，因为只有牺牲世界上大多数的好东西才能买到它。在这种状态下，难怪越来越多的人开始感到，没有经济保障，自由就“没有拥有的价值”，并且，都感到情愿牺牲自由来争取保障。但使我们感到不安的是，我们发现拉斯基教授所采用的正是同样的一个论证，这个论证比其他任何论证都更有助于诱导德国人民牺牲自由①。

防止出现赤贫的适当保障，和减少那些会把努力带到错误的方向上去的可以避免的原因以及随之而来的失望，必须是政策的主要目标之一。这是没有问题的。如果要这些努力获得成功而又不损害个人自由，那就必须在市场以外提供保障而让竞争的运作不受阻挠。为了维护自由，某种保障也是不可少的，因为大多数人只有在自由所不可避免地带来的那种风险不是太大的条件下，才愿意承担那种风险。这虽然是我们决不应忽视的一个真理，但危害最大的是现在流行在知识分子的领袖们当中的，以自由为代价来盛扬保障的那种风尚。重要的是，我们应当重新学习坦白地面对这一事实：即只有付出代价才能得到自由，并且，就我们个人来说，我们必须准备作出重大的物质牺牲，以维护我们的自由。如果我们希望保存自由，我们就必须恢复作为盎格鲁—撒克逊国家的自由制度之基础的那种信心——这种信心曾经被本杰明·富兰克林表现在一个适用于我们个人的生活，同时也适用于一切国家的生活的句子里：“那些愿意放弃基本自由来换得少许暂时保障的人，既不配得到自由，也不配得到保障。”

---

① H. J. 拉斯基：《现代国家里的自由》（*Liberty in the Modern State*）（塘鹅版，1937年，第51页）：“那些了解穷人的日常生活的人，那些了解他们时时刻刻有大祸临头之感的人，那些了解他们不时追求美的事物但始终得不到它的人，就会很好地体会到：没有经济保障，自由是不值一文的。”

第十章　为什么最坏者当政

所有权力都易腐化，绝对权力绝对会腐化。

——阿克顿勋爵

我们现在必须审视一下一种看法，正是从这种看法中许多把极权主义的到来看作是不可避免的人得到了安慰，并且，这个看法大大削弱了很多其他如果彻底了解极权主义的性质，就会尽最大努力来反对它的那些人的抵抗力。这种看法就是认为极权主义政权最令人讨厌的特点应归之于这一历史的偶然巧合，即这种政权是由流氓和杀人犯的集团建立起来的。有人说，德国极权主义政权的建立导致了施特赖歇尔（Streicher）和基林格尔（Killinger）、莱伊（Ley）和海因斯（Heines）、希姆莱（Himmler）和海德里希（Heydrich）之流的当政，这或许可以证明德国人性格中的邪恶，但并不能证明这些人的得势是极权主义制度的必然结果。如果同样这种制度是为达到一些重大目标所必需的，那么为什么它不可能由一些正派的人物领导，为整个社会谋福利呢？

我们决不应当自欺地相信，一切善良的人们都一定是民主主义者，或者说，必然会愿意参与政府工作。很多人无疑宁愿把国事委托给他们认为更能干的人去做。这可能是不明智的，但赞成好人的专政，谈不上是坏事或不光荣的事。我们已经听见有人争辩说，极权主义是一种可以为善也可作恶的强有力的制度，并且，运用这个制度达到何种目的，完全取决于独裁者。那些认为我们应当怕的不是这个制度，而是它可能被坏人来领导的危险的人们，甚至可能想通过确保及时地由好人建立这种制度的办法来预防这种危险。

毫无疑问，一个英国的“法西斯”制度一定会同意大利或德国的那种模式区别甚大。毫无疑问，假使向着这种制度的转变不是使用暴力来完成的，我们还可望得到一种更好的领导人。并且，如果我不得不生活在一个法西斯主义制度之下的话，那我无疑会宁愿生活在一个由英国人而不是其他人领导的这种制度之下。然而这一切并不意味着，按照我们目前的标准来衡量，一种英国法西斯制度归根到底会大大不同于它的原型，或者更容易忍受。我们很有理由相信，在我们看来似乎是构成了现存的极权主义制度的最坏特点的那些东西，并不是偶然的副产品，而是极权主义迟早一定会产生的现象。着手计划经济生活的民主主义的政治家很快就会面临这样的选择：是僭取独裁权力，还是放弃他的计划，而极权主义的独裁者不久必定会在置一般的道德于不顾和遭受失败之间作出选择。正是因为这个缘故，那些无耻之徒和放荡不羁之人，才在一个趋向极权主义的社会里有更多的获得成功的希望。凡是没有看到这一点的人，他就还没有领会到把极权主义和自由主义政体分开来的那个鸿沟的全部内容，还没有领会到集体主义下的整个道德氛围和本质上是个人主义的西方文明之间的全部区别。

当然，过去已经有过许多关于“集体主义道德基础”的争论；但是我们在这里要谈的，不是它的道德基础，而是它的道德后果。通常，对于集体主义道德方面所作的讨论，涉及的是集体主义是不是为现有道德信念所需要的问题；或者是，如果要使集体主义产生出预期的结果，需要一些什么样的道德信念的问题。然而，我们现在的问题是集体主义的社会组织将会产生什么样的道德观念，或者说，支配集体主义社会组织的将是一些什么观念。道德和制度之间的相互作用很可能产生的结果是，集体主义所产生的道德和导致人们要求推行集体主义的道德理想，两者会是截然不同的。我们很容易这样认为，既然要求实行集体主义制度的愿望来自高度的道德动机，那种制度就一定会是最高品德的源泉，然而事实上却没有理由可以说明为什么任何一种制度都准能促进那些服务于这个制度原定目标的各种观点。那些起支配作用的道德观念将部分地取决于引导个人在集体主义或极权主义制度下取得成功的品质（qualities），还部分地取决于极权主义机器的要求。

*　*　*

此刻，我们必须暂时回过头来谈一谈在压制民主制度和创立极权主义政权之前的那种局面。在这个阶段，要政府采取迅速的、果断的行动的普遍要求乃是这种局势的主导性因素，人们不满意以“为行动而行动”为目的的民主程序的缓慢而不灵活的进程。这时，正是那些似乎具备足够的力量与决心“使问题得以解决”的人或政党才具有极大的号召力。在这一意义上所谓的“力量”，不仅意味着数量上的多数——人民感到不满的正是议会多数的无效率。他们所寻求的是得到一致的支持，从而能够鼓励人民相信他能做他所要做的任何事情。依照军事方法组织起来的新型的政党这才应运而生。

在中欧国家，各社会主义政党已经使群众习惯于那些尽可能多地挤压掉其成员的私生活的半军事性的政治组织。要给予某一集团以占绝对优势的权力，所需要的一切就是把同样的这个原则再推进一步，不是在每逢选举时保证能够得到的大量选票之中，而是在一个比较小但更彻底地组织起来的集团的绝对的无条件的支持中寻求力量。能否把极权主义制度强加于全体人民，取决于这个集团的领袖是否能够首先网罗一批准备自愿服从那种极权主义纪律的人，而这种纪律则是用强力加诸其余的人身上。

虽然社会主义各党派，如果愿意使用强力，是能够得到任何东西的，但他们不愿那样做。他们不自觉地要使自己担负起一种任务，这个任务是那些残酷无情的、准备不顾一切已被人公认的道德藩篱的人才能执行的。

社会主义只有用大多数社会主义者都不赞成的方法，才能付诸实施，这当然是许多社会主义改革者以往已经学到的教训。旧的各社会主义政党受到了其民主理想的拘束，他们不具备执行他们所选择的任务所需要的那种冷酷。最能说明问题的一点是，在德国和意大利，法西斯主义的成功，都是在各社会主义党派拒绝担负组织政府的责任以后。他们不愿全心全意地运用由他们自己所提出的那些方法。他们仍然希望会出现一个奇迹：多数人同意，实行某种把整个社会组织起来的计划；而其他一些人则已经得到这样一个教训：即在一个有计划的社会里，问题已不再是大多数人同意的是什么，而是其成员的一致性足以使一切事情都服从统一指导那个最大的集团是哪个集团；或者，如果没有这种大得足以贯彻它的意见的集团的话，那么，问题就是如何能够建立这样一个集团，以及谁能够把它建立起来。

这样一个人数众多、有力量而又相当志同道合的集团，似乎在任何社会中都不可能由最好的分子，而只能由最坏的分子来建立，这其中有三个主要原因。照我们的标准，要挑出这样的一个集团所依据的原则几乎完全可以说是消极的。

首先，一般说来，各个人的教育和知识越高，他们的见解和趣味就越不相同，而他们赞同某种价值等级制度的可能性就越少。这或许是事实。其结果必然是：如果我们希望找到具有高度一致性和相似性的观念，我们必须降格到道德和知识标准比较低级的地方去，在那里比较原始的和“共同”的本能与趣味占统治地位。这不是说，多数人的道德标准就是低级的，而只是说，价值标准极为类似的人数最多的集团，是具有低级标准的那些人。比方说，把绝大多数人联系起的乃是最小的公分母。如果需要一个人数众多的、有足够力量能把他们自己对生活的价值标准的看法强加在其余所有的人身上的集团，那么，它的构成者决不会是具有高度不同的和高度发展的趣味的人，而是那些构成“群众”（就这一名词的贬义而言）、很少有创造性和独立性的人，是那些能够把人数方面的分量作为他们的理想后盾的人。

然而，如果一个潜在的独裁者完全依靠那些恰好具有极其相似的、简单和原始的本能之人的话，他们的人数就几乎不会对他们的企图提供足够的支持力量。他必须通过把更多的人转变过来信奉同样简单的信条来增加他们的人数。

接下来，是第二个消极的选择原则：即他将能够得到一切温驯的和易受骗的人的支持，这些人没有自己的坚强信念而只准备接受一个现成的价值标准体系，只要大声地、喋喋不休地向他们鼓吹这种体系就会就范。壮大极权主义政党队伍的，正是那些其思想模糊、不健全并容易动摇的人以及那些感情与情绪容易冲动的人。

第三个消极的选择因素，或许是最重要的，它恰恰是和训练有素的政治煽动家要把有密切联系的、成分相同的支持者团结在一起的那种有意识的努力分不开的。人们赞同一个消极的纲领，即对敌人的憎恨、对富人的嫉妒，比赞同一项积极的任务要容易些，这看来几乎是人性的一个法则。若要用一个信条将某个集团牢牢地团结在一起以便共同行动的话，那么，将“我们”和“他们”对立起来，即与一个集团以外的人进行共同的斗争，则似乎是这个信条中的重要组成部分。因此，那些不仅想要获得对一个政策的支持，而且要获得广大群众的无保留的忠诚的人，都总是运用它来为自己服务。从他们的观点来看，这种共同斗争的巨大优越性在于，它几乎比任何积极的纲领更能够留给他们以较大的自由行动的余地。敌人，不管他是内部的，如“犹太人”

或者“富农”，或是外部的，似乎都是一个极权主义领导人的武器库中不可或缺的必需品。

在德国成为敌人的是犹太人，一直到“财阀统治阶级”接替了其地位为止。这和俄国把富农挑选出来当作敌人，同样是整个运动都以之为基础的反资本主义的不满情绪的结果。在德国或奥地利，犹太人曾被视为资本主义的代表人物，因为人民当中广大阶层对经商怀有传统的厌恶，致使犹太人更容易接近经商这个在实际上被排斥于更受人尊敬的职业之外的集团。一个异族只准从事这些不大体面的行业，然后，由于他们从事这些行业的缘故就更加遭人厌恶。这种情形原是古已有之的。德国的反犹太主义和反资本主义系同出一源这个事实，对于那些想要了解在那里究竟发生了些什么事情的人是有重大意义的。但外国观察家们却很少领会到这一点。

* * *

把集体主义政策变成民族主义政策的普遍趋势，完全看作是由于为了获得毫不迟疑的支持的需要，就会忽视另外一个同样重要的因素。当然，人们或许会问：能不能现实地设想一个不是为狭小的集团服务的集体主义纲领，集体主义能不能以不同于民族主义、种族主义或阶级主义这些单一性的理论的任何其他形式存在。认为同种的人都有共同目标和共同利益这个信念的预设前提是，观点和思想的相似程度，似乎比实际存在于仅仅作为人类的人与人之间的那种相似程度要大。如果某个集团里的其他成员都互不认识，那他们至少必须和我们周围的人同属一个类型，必须用同样的方式来思考，来谈论同样的事情，这样我们才能跟他们打成一片。一个世界范围的集体主义似乎是不可想象的——除非它是为一个小型统治精英层服务的。它不仅一定会引起技术问题，而且，尤其会引起我们的社会主义者都不愿面对的道德问题。英国的无产阶级有权平等地分享目前从本国的资本资源中所得的收入以及平等地参与管理那些资本资源的用途，因为它们都是剥削的产物，如果真是这样的话，那么根据同一原则，印度人不仅有权按比例享受从英帝国的资本得来的收益，也有权按比例使用英帝国的资本。但是什么样的社会主义者会认真地期望把现在的资本资源平均分配给全世界的人民呢？他们都认为资本不属于人类而属于国家——虽然就是在一个国家里也很少有人敢于主张，应从比较富裕的地区取出一些“它们的”资本设备来帮助那些比较贫苦的地区。社会主义者所宣布的有义务给予他们现存国家的同胞们的那些东西，他们是不准备给予外国人的。从一个彻底的集体主义者的观点出发，那些“不拥有”的国家所提出的重新瓜分世界的要求是完全正当的——虽然，如果彻底实行这种瓜分的话，那些要求非常积极的人所受的损失会和最富裕的国家所受的损失差不多一样大。因此，他们小心翼翼地不把任何平均主义的原则作为其要求的根据，而以自命拥有组织其他民族的优越能力为根据。

集体主义者哲学的内在矛盾之一是，虽然它将自身建筑在个人主义所发展起来的人本主义道德基础之上，但它只能够在一个比较小的集团里行得通。社会主义只有停留在理论的层面上时，它才是国际主义的，但一经付诸实施，无论是在德国还是在俄国，它就会马上变成强烈的民族主义。这就从一个方面说明了西方世界大多数人所想象的那种“自由社会主义”何以是纯理论的，而各处实行的社会主义为什么却是极权主义的。[①] 集体主义不能容纳自由主义那博大的人道主义，它只能容纳极权主义的狭

① 参看博尔肯瑙（Franz Borkenau）的有益的讨论：《社会主义是民族的，还是国际的呢？》（*Socialism, National or International?*），1942 年。

隘的门户之见。

如果“共同体”或国家比个人更重要，如果它们自己的目标独立于个人的目标并超越个人目标的话，那么，只有那些为社会所具有的共同目标而努力的个人才能被视为该社会的成员。这种见解的必然结果就是：一个人只因为他是那个集团的成员才受到尊敬，也就是说，并且只有他为公认的共同目标而工作才受到尊敬，并且他只是从他作为该集团成员的资格中获得他的全部尊严。单纯依靠他作为人的资格却不会带给他什么尊严。其实，人道主义的真正概念，因而也是任何形式的国际主义的真正概念，完全都是有关人的个人主义观点的产物，而在集体主义思想体系中，它们是没有地位的①。

只有在存在着或者有可能建立各个人的统一目标的地方，集体主义的社会才能得到扩展，这是一个基本事实，除此以外还有一些因素助长了集体主义的门户之见和唯我独尊的倾向。其中一个最重要的因素是个人认同于一个集团的愿望，这常常是一种自卑感所引起的，因而，只有那个集团的成员资格能够使他比这个集团之外的人有优越性，他的需要才会得到满足。有时，一个人知道他在集团里必须加以抑制的那些强烈的本能，能够在对付集团以外之人的集体行动中自由发挥这样的事实，似乎成了进一步使他将自己的个性融入集团个性的诱导力量。在尼布尔写的《道德的人和不道德的社会》这本书的书名里，表达了一个深刻的真理，尽管我们很少能够同意他从他的命题中得出的结论。诚然，像他在其他地方所讲的那样，“在现代人中，有一种趋势正

---

① 当尼采（Nietzsche）让他的查拉图斯特拉（Zarathustra）说下面一段话的时候，是完全充满了集体主义精神的：“有过 1000 个人，所以迄今就有 1000 个目标存在过。但现在还缺少可以套在这 1000 个人脖子上的那种枷锁，也就是还缺少一个共同的目标。人类尚没有目标。”“但同胞们，请告诉我：如果人类还缺少目标，那岂不是人类本身还有缺陷吗？”

在增强，即把自己设想是道德的，因为他们已把自己的不道德转嫁给越来越大的集团”①。以一个集团的名义去行动，就似乎是将人们从控制着作为集团内部成员的个人的行为的许多道德束缚中解放了出来。

在当今这个世界中，一个集团的一切对外接触，都会阻碍他们对某个本可能实行计划的领域进行有效的计划。这个事实进一步说明了为什么大多数计划者对国际主义采取明确的敌对态度。因此，一项对计划进行最全面的集体研究的编辑者懊恼地发现，“大多数‘计划者’都是好战的民族主义者”②，这并非偶然。

社会主义计划者的民族主义和帝国主义倾向，远比一般人所认识到的更为普遍，但并不总是都像韦伯夫妇和其他一些早期的费边派社会主义者那么露骨——他们对计划的热情特别是和崇拜强大的政治单位而鄙视小国的观点结合在一起的。历史学家埃利·阿列维在谈到四十年前他初次认识韦伯派社会主义者时写道：

> 他们的社会主义从骨子里是反自由主义的。他们不恨托利党人，实际上他们对托利党人是异常宽容的，但对格莱斯通派的自由主义则是无情的。那时正是布尔战争爆发的时期，进步的自由党人和那些正在建立工党的人，都在为自由和人道而慷慨地支持布尔人反对英帝国主义的斗争，但韦伯夫妇和他们的朋友萧伯纳（Bernard Shaw）却是袖手旁观，因为他们都是明目张胆的帝国主义派。自由主义的个人主义

---

① 这是卡尔（E. H. Carr）从尼布尔的一篇论文中引用的一句话［见《20年的危机》（*The Twenty Years' Crisis*），1941年，第203页］。

② 麦肯齐（Findlay Mackenzie）编：《专题研讨：昨天、今天和明天的有计划的社会》（*Planned Society, Yesterday, Today and Tomorrow: A Symposium*），1937年，第20页。

者还可能把小国独立当回事，但对像他们那样的集体主义者来说，却不值一提。我还清楚记得悉尼·韦伯对我解释说："将来的世界属于伟大的行政性的国家，在那里，官吏管理国事，警察维持秩序。"

在其他地方，阿列维引证萧伯纳大约在同一时期所提出的主张说："世界注定属于强大的国家，小国必须并入大国的版图，否则就一定要被消灭。"①

在对于国家社会主义的德国祖先所作的描述中，我详细引证了上面这几段话，这不会使人感到惊奇，因为它们提供了这样一个典型的赞美强权的例子，这种对强权的赞美，不费吹灰之力就把社会主义导向民族主义，并对一切集体主义者的道德观念产生深刻的影响。就小国的权利而论，马克思和恩格斯的见解也不比大多数其他坚定的集体主义者好多少，他们时而发表的关于捷克人或波兰人的见解和当代的国家社会主义者的见解如出一辙。②

*　　*　　*

对于19世纪伟大的个人主义的社会哲学家们，如像阿克顿勋爵和像布尔克哈特（Jacob Burckhardt）那样的人来说，对于像罗素（Bertrand Russell）这样继承了自由主义传统的当代社会主义者来说，权力本身似乎就是首恶，而在严格的集体主义者看来，权力本身却是目标。罗素说得好，想按照一个单一的计划来组织社

① E. 阿列维：《专制时代》（*L'Ere des Tyrannies*），巴黎，1938年，第217页，及《英国人民史》，结语，第1卷，第105—106页。

② 参见马克思《革命与反革命》（*Revolution and Counter Revolution*），以及1851年5月23日恩格斯给马克思的信。

会生活的那种愿望本身基本上来自一种对权力的要求。[①] 不仅如此，它甚至更多地是以下这个事实的结果：集体主义者为了达到他们的目的，必须建立起前所未有的巨大权力——人支配人的那种权力——并且他们的成功也取决于他们获得这种权力的程度。

这一论点仍然是正确的，即使有许多自由社会主义者在其追求中受到下面这个悲剧性幻想的引导，即以为剥夺了个人主义制度中个人拥有的权力，并把它转让给社会，他们就能够消灭权力。凡是提出这样主张的人都忽略了以下几点：为了能够用来为一个单一计划服务的权力的集中，不仅是权力的转移，并且也使权力得到无限的扩张；把从前许多人独立行使的权力集中在某个单个集团的手里，会使权力膨胀到前所未有的程度，其影响极为深广，几乎使它变成了另外一样东西。有时有人认为：中央计划部门所行使的大权“不会超过私人董事会集体行使的权力”[②]。这种说法完全是错误的。在竞争的社会里，没有任何人能够行使哪怕是一小部分社会主义计划部门所掌握的权力，既然没有任何人能够自觉地行使这个权力，那么，说它为全体资本家所掌握，就是胡说八道。[③] 如果董事们并没有联合起来协调行动，“私人董事会集体地行使的权力”这种说法，就不过是玩弄字眼。如果他们真的联合起来的话，那么这当然就意味着竞争的终结和计

① 伯特兰·罗素：《科学的前景》(*The Scientific Outlook*)，1931年，第211页。

② 这是B.E.利平科特（Benjamin E. Lippincott）在他给奥斯卡·兰格（O. Lange）和F.M.泰勒（F.M. Taylor）合著的《论社会主义的经济理论》(*On the Economic Theory of Socialism*)（明尼阿波利斯，1938年，第35页）一书所作的导言中所讲的一句话。

③ 我们必须注意不要被这个事实所欺骗：即“权力”这个词，除了在针对人的意义上使用之外，也在非人格的（或者不如说拟人的）意义上使用，指某个具有决定性的原因。当然，每一事件之发生，总是由某种东西来确定的，而且，在这一意义上，所存在权力的量（amount）一定总是相同的。但这对由人有意识地行使的那种权力来说则不适用。

划经济的建立。把权力分裂或分散开来就一定会减少它的绝对量，而竞争制度就是旨在用分散权力的办法来把人用来支配人的权力减少到最低限度的唯一制度。

我们在前面已经看到，将各种经济和政治目标分离是怎样成为个人自由的基本保证的，以及一切集体主义者因而是如何对它加以攻击的。对于这一点，我们现在必须补充的是：目前，人们时常要求的“以政治权力代替经济权力”必然意味着，用一种无处不在的权力代替一种常常是有限的权力。所谓经济权力，虽然它可能成为强制的一种工具，但它在私人手中时，决不是排他性的或完整的权力，决不是支配一个人的全部生活的权力。但是如果把它集中起来作为政治权力的一个工具，它所造成的依附性就与奴隶制度没有什么区别了。

* * *

每一个集体主义制度都有两个主要特征：首先，需要有一个为整个集团共同接受的目标体系；其次，还需要为了达到这些目标而给予该集体以最大限度的权力的压倒一切的愿望。从这两种特征产生了一个特定的道德体系，这个道德体系有些方面是同我们的体系相符的，而有些地方则与我们的体系形成了强烈的对比——但其中有一点同我们的体系不同，这使我们怀疑是否能够称之为道德：即它不让个人的良心自由地运用它自己的规则，甚至也没有个人在任何环境中都必须或可以遵守的任何一般性的规则。这就使集体主义道德和我们所知道的那些道德有那样大的区别，以致我们很难在他们仍然保持的那些道德中发现任何原则。

原则的区别，在很多方面是和我们在讨论有关法治问题时的区别相同的。像形式法律一样，个人主义道德的规则，尽管在很多方面不很精确，但都是一般的和绝对的，它们规定或禁止一个一般类型的行为，不管在某一特定情况下它的最终目标是好的还是坏的。欺诈或盗窃，歪曲或背弃信任，被认为是坏事，不管在个别场合里它是否造成危害。即使在一个情况之下没有人因此受害，或者，这样行为可能是为着一个高尚的目标，但这两种情况都不能改变它是坏的这个事实。虽然我们有时也许会不得不在不同的坏事之间作出选择，但它们仍然是坏事。用目的说明手段的正当性这个原则，在个人主义道德里面被认为是对一切道德的否定。而它在集体主义的道德里面却必然成为至高无上的准则；坚定彻底的集体主义者绝对不许做的事简直是没有的，如果它有助于“整体利益”的话，因为这个“整体利益”是他判定应当做什么的唯一标准。国家利益（raison d'etat）是集体主义道德最明确的表述，它的唯一界限就是利害的权宜——一定的行为对于眼前的目标的适宜性。凡是国家利益所肯定的国与国之间的关系，也适用于集体主义国家里面人与人之间的关系。在集体主义国家里，不可能有任何限制界定什么是公民一定不要去做的事情；他的良心不允许他做的事是没有的，只要这是为集体已经确定的目标所需要的，或者这是他的上级命令他要达到的目标。

*　*　*

在集体主义道德中缺乏绝对的正式规则，当然并不是说一个集体主义社会没有一些要加以鼓励的有用的个人习惯，和一些它将加以排斥的个人习惯。完全相反，它对个人生活习惯的兴趣，比个人主义社会对个人生活习惯的兴趣要大得多。要做一个集体主义社会里有用的成员，他必须具有很明确的品质，这些品质又必须通过经常不断的实践来得到加强。我们把这些品质称为“有用的习惯”，却很难把它们说成是道德品格，这是因为个人绝不可以使这些惯例超越于任何具体命令之上，或者说，绝不可让这些惯例成为实现该社会的特定目标的障碍。它们只适用于填补一切直接的命令或者指定特殊目标所留下的缺口，但绝不能成为抵触当局意志的正当理由。

在集体主义制度之下，将会继续受到尊重的美德和将会消失的美德之间的区别，可用一个对比来很好地说明，这就是那种就连他们最拙劣的敌人也承认说德国人或者不如说“典型的普鲁士人”所具有的那些美德和人们通常认为是他们所缺少，但同时却是英国人有理由作为优越之处引以自豪的那些美德之间的对比。很少有人会否认德国人在总体上是勤勉而守纪律的，认真和干劲都达到无情的程度，对于他们所执行的任务是忠诚和专心致志的；他们有一种强烈的纪律与责任心，而且严格服从当局；他们在遇到身体上的危险时，时常表现出自我牺牲的决心和大无畏的精神。所有这一切把德国人造就成完成指派任务的有效工具，并且，在旧的普鲁士邦和普鲁士人统治的新帝国中，他们就是这样被细心地培养起来的。人们时常认为“典型的德国人”所缺少的个人主义美德是：宽容和尊重其他的个人及其意见，独立精神，正直的性格和维护自己的意见而不为上级所左右的那种意愿（德国人也常常意识到自己缺乏这一点，并把这叫做“刚直不阿”），还有对于弱者和衰老者的体恤，和只是个人自由的古老传统才创造出来的对权力的极度鄙视与憎恨。他们似乎还缺少大多数很细小的，但很重要的品质，就是在一个自由社会里会促进人与人之间互相交往的那些品质：和蔼和幽默感，个人谦逊，尊重别人的隐私和对邻人的善意怀有信任。

在以上这些言论之后，我们再说，这些个人主义的美德同时也正是社会美德，便不会使人惊奇了，这些美德减少社会交往中的摩擦，使从上至下的控制更无必要而同时又使这种控制更难实现。它们在任何个人主义式或商业式的社会盛行的地方就繁荣，而在集体主义式或军事式的社会占优势的地方就会消失——这样一种区别可以在，或者过去可以在德国的不同地区之间的对比中发现，也可以在目前在德国占支配地位的见解与西方的特有的见解之间对比中发现。直到最近，在德国那些受到商业文明的势力影响最久的地方，比如南部和西部的旧有商业城市和汉莎同盟城市，人们的一般道德概念比现在已支配着整个德国的概念更要接近于西欧各国的概念。

然而，由于大批极权主义国家的人民竭力支持一种在我们看来似乎是否认大部分道德价值的制度，我们就认为他们缺乏道德热情，这是极不公平的。对于他们大部分人来说，实际情形也许恰好相反：像国家社会主义或共产主义这一类运动背后所蕴含的道德情感的强度，也许只有历史上伟大的宗教运动能与之相比。只要你承认了个人只不过是为所谓社会或国家这样较高实体的目的而服务的工具，极权主义政体很多使我们害怕的特点便必定会接踵而至。从集体主义立场出发而产生的不容忍的残酷地镇压异己，完全不顾个人的生命与幸福的行为，都是这个基本前提的根本的和不可避免的后果。集体主义者也能够承认这一点，而同时还声称集体主义制度优于一个容许个人“自私”的利益阻挠公众所追求的目标全部实现的制度。当德国的哲学家们反复说，追求个人幸福这件事本身就是不道德的，只有完成一个外加的义务才是值得称道的时候，他们是十分诚恳的，无论那些在另一个不同的传统下成长起来的人对于这一点是如何的难以理解。

哪里存在着一个凌驾一切的共同目标，哪里就没有任何一般的道德或规则的容身之地。在战时，我们自己曾在有限的程度内亲身经历过这一点。但在英国，就是战争和极大的危险也只是造成在一定程度上近似于极权主义的局面，几乎不会为了一个单独的目的而将其一切有价值的东西都搁置一旁而不顾。但当几个特定目标支配着整个社会的时候，就有下面的情况不可避免地发生：残酷有时可以变成责任，违反我们情感的行为，例如枪毙人质、杀害老弱等，竟被看成仅仅是权宜之计；强迫迁移数万人口竟成为差不多除了受害人以外每个人都赞成的一种政策措施；或者像“征募妇女以作传宗接代之用”之类的建议也会受到认真考虑。在集体主义者的眼中，总是有一个上述这些行为为之服务的重大目标，并且，照他看来，这一目标使这些行为具有合理性，因为对一个社会的共同目标的追求，可以无限制地忽略任何个人的任何权利和价值。

虽然对于极权主义国家的广大国民来说，使他们赞成，甚至作出上述那样行动的，常是他们对一种理想——尽管这种理想是我们所讨厌的——的无私的热忱，但不能以此为那些指导极权政策的人们辩护。要成为一个对极权主义国家的运行有用的助手，一个人单单准备接受那些为可耻行径而进行巧言令色的辩护还是不够的；他自己还必须积极地准备破除他所知道的任何一种道德的约束，如果这对达到为他们所设定的那个目标似乎是有必要的话。由于这些目标的确定是最高领导单独作出的，充当他们的工具的人就绝不能有自己的道德信念。他们首先必须无保留地委身于领导者本人；除此之外最要紧的是，他们应当完全没有原则，并且名副其实地做到不择手段。他们绝不能有自己想要实现的理想；他们应当不持可能会妨碍领导者意图的是非观念。因而在那种掌握权力的职位中几乎没有什么东西能够吸引那些持有过去曾经支配过欧洲人民的那种道德信念的人，几乎没有东西能够补偿许多特殊任务的了无趣味，几乎没有东西有满足任何更具理想主义愿望的社会，几乎没有东西能够补偿不可否认的风险以及在私生活中的大部分娱乐的牺牲，几乎没有东西能够补偿具有重大责任性的位置所要求的个人独立性的牺牲。唯一得到满足的嗜好，是对权力本身的嗜好，也就是对有人服从和对成为这个运转良好的、其他一切都为其让路的强大机器的一个部件而感到愉快。

然而，能够诱使那些按我们的标准看来算是好人的人们去追求极权主义机构中领导地位的东西虽然很少，而阻止他们去那样做的东西却又很多，尽管如此，对那些残酷无情、寡廉鲜耻的人们来说，仍然存在着这样做的特别机会。他们要做的一些工作，其恶劣性是没有人会怀疑的，但是为了某种更高的目的，这些工作是必须要做的，而且还必须做得同任何其他工作一样熟练，一样有效率。由于有些需要做的工作本身就是坏事，是所有受到传统道德教育的人所不愿做的，因而愿意做坏事就成为升官得势的门径。在一个极权主义的社会里，那些需要实行残忍和恐吓、蓄意的欺诈和间谍工作的位置是很多的。无论盖世太保、集中营的管理，还是宣传部，或者“冲锋队”、“党卫队”（或者它们在意大利和俄国的翻版），都不是适宜发挥人道主义情感的地方。然而通向极权主义国家的最高地位的道路正是要通过这样一类位置。一位美国有名的经济学家，在同样简略地列举了集体主义国家当权者的职权之后得出的结论，简直太正确了：

> 不管他们愿意与否，他们都得做这些事情；不喜欢掌握和运用权力的人能够当权的可能性，是和一个心地非常善良的人在一个奴隶种植园里担任监工的工作的可能性是一样的。①

不过，我们在这里不能对这个问题作详尽讨论。领导者的选择问题，是和按照各人所持的意见，或者不如说，按照一个人对追随一套不断改变的信条的情愿程度进行选择的那个大问题紧密

① 弗兰克·H. 奈特（Frank H. Knight）教授，见《政治经济学杂志》（*The Journal of Political Economy*），1938 年 12 月，第 869 页。

地联系在一起的。这就把我们引到关注极权主义最突出的道德特点之一，即它同属于真理性这个总标题关注之下的一切美德的关系和对其的影响。这是一个很大的问题，需用单独的一章加以探讨。

第十一章　真理的终结

思想的国有化到处都是与工业的国有化并驾齐驱的，这是值得玩味的。

——E. H. 卡尔

社会计划所指向的目标，是一个单一的目标体系。要使每个人为这个单一体系服务的最有效方法，就是使每个人都相信那些目标。要使一个极权主义制度有效地发挥它的作用，强迫每个人为同样的目标而工作是不够的。关键是，人们应当把它们看成是他们自己的目标。虽然必须替人们选择好信仰并强加在他们身上，但这些信仰必须要成为他们的信仰，成为一套被普遍接受的信条，以便使个人尽可能自愿地依照计划者所要求的方式行动。如果在极权主义国家人民所感到的压迫，一般说来，远不如自由主义国家的大多数人民所想象的那样厉害的话，这是因为极权主义政府在使人民照着它所要求的那样去思想这方面取得了高度的成功。

这当然是各种形式的宣传所造成的。宣传的技术现在大家都很熟悉，因此，我们不需多谈。唯一一点需要强调的是，极权主义所特有的不是宣传本身，也不是它所使用的技术，在一个极权主义国家里，完全改变了宣传的性质和效果的事实是：一切宣传都为同一目标服务，所有宣传工具都被协调起来朝着一个方向影响个人，并造成了特有的全体人民的思想“划一化”（Gleichschaltung)。这样做的结果是：在极权主义国家里，宣传的效果不但在量的方面，而且在质的方面都和由独立的与相互竞争的机构为不同的目标所进行的宣传的效果完全不同。如果所有时事新闻的来源都被唯一一个控制者所有效地掌握，那就不再是一个仅仅说服人民这样或那样的问题。灵巧的宣传家于是就有力量照自己的选择来塑造人们的思想趋向，而且，连最明智的和最独立的人民也不能完全逃脱这种影响，如果他们被长期地和其他一切信息来源隔绝的话。

在极权主义的国家里，虽然这种宣传状况给予它一种控制人们思想的独特权力，但其特殊的道德效果并不是从极权主义宣传的技术而是从它的目的和范围中产生出来的。如果能够把宣传局限于将社会努力所指向的整个价值体系灌输给人民的话，那么，宣传就不过是我们已经讨论过的那些集体主义道德的特征的一个特定表现形式而已。如果它的目的只是把一种具体的和全面的道德准则教给人民，那么问题就只是这种准则是好是坏的问题。我们已经看到：极权主义社会的道德准则是不大可能打动我们的；甚至以经济方法来争取平等的结果，也只能是一种官方强加的不平等，是以独裁的方式确定每一个人在新的等级秩序中的地位；我们道德中的大部分人道主义的要素，即尊重人的生命，尊重弱者和普遍地尊重个人等，都会消逝。不管大多数人多么讨厌这种道德准则，并且，虽然它包含着道德标准的变化，但它并不一定完全是反道德的。这种制度的某些特点甚至还可能打动那些带有保守色彩的最严肃的道德家们，据他们看来，这些特点似乎比自由主义社会比较温和的标准更有可取之处。

然而，我们现在必须加以考虑的，乃是极权主义宣传所引起的一种更为深远的道德影响。它们对于一切道德都是具有破坏性的，因为它们侵蚀了所有道德的基础之一，即对真理的认识和尊重。从其要完成的任务的性质出发，极权主义的宣传不可能把宣传局限于价值标准，局限于人们总是或多或少地让其符合于社会主导性见解的意见和道德信仰的问题，而必须把宣传的范围扩展到以不同方式作用于人类理智的事实的问题上去。之所以如此，第一是由于为了要诱使人民接受官方的价值标准，就有必要为那些价值标准提出正当性理由，或者证明它们是和人民已经持有的价值标准联系在一起的，而这种联系又常常表现为手段与目的之间的因果联系；第二是因为目的与手段之间的区别，即所企求的目标与达到这个目标而采取的措施之间的区别，像对这些问题所进行的任何一般性讨论中可能提示的那样，实际上绝不是界分得很清楚、很明确的；第三是因为，这样一来，就必须使人民不但同意那些最后目标，并且也必须同意关于那些措施所根据的事实与可能性的看法。

*　*　*

我们已经看到，对全部道德准则的同意，即对经济计划中所暗含的那个无所不包的价值体系的同意，并不存在于自由社会里，而是必须另外创立的。但我们绝不能认为计划者在将要着手他的任务时已意识到这种需要，或者说，即使他已意识到这种需要，我们也不能认为他也可能预先创立那样一个全面的准则。他只有在进行工作时，才会发现各种不同的需要之间的冲突，并在必要时，他必须做出决定。指导他做出决定的道德准则，在必须做出决定之先，并不是已经抽象地存在着的；它必须随着各个决定而被创立出来。我们已经看到，没有能力把价值标准的一般问题和个别决定分开这一点，如何使一个民主机构，在无法确定一个计划的全部技术细节的同时，也不可能确定指导它的那个价值标准。

对某些功过问题并不存在明确的道德准则，计划当局一方面不得不经常对这些功过问题的争论作出决定，而另一方面必须向人民证明这样作出的决定是正当的——或者说，至少必须用某种方法使人民相信那些决定是正确的。虽然可能只有偏见在指导着那些做出某个决定的负责人，但如果公众不仅是消极地服从这个措施，而且还须积极地支持它的话，就必须使某种指导性原则得到公开的阐明。计划者在做出许多决定时，由于缺乏其他任何根据，必须听凭个人爱憎的指导，把这种爱和憎加以合理化的这一需要，和采用能够打动尽量多的人的方式来说明他的理由的必要性，会迫使计划者不得不创造理论，即对事实与事实之间的联系做出断言，然后这些断言就成为统治学说的不可分割的一部分。创造一种“神话”来说明其行动合理的这个过程并不一定是自觉的。支配着极权主义领袖的，或许只是一种对他所发现的某种局面的本能的憎恨，和想创造一个更符合他的是非观点的新等级秩序的愿望；他可能只知道厌恶犹太人，因为在一个没有为他提供满意的地位的制度里，犹太人居然似乎都很成功；他可能只知道喜爱和羡慕那魁伟俊美的人，即他年轻时所读过的小说里面的那个“贵族”人物。因此，他容易信奉那些似乎能够为他和他的伙伴所共同持有的偏见提供合理性的理论。这样，伪科学的理论就成为或多或少地指导每一个人的行动的官方教条的一部分。或者对工业文明的普遍憎恨和对乡村生活的浪漫主义的渴望，以及一种（或许是错误的）关于农民当兵具有特别价值的思想为另外一种神话提供了基础：即“血和土”[①]（Blut und Boden）的神话，这种神话不但表达了终极的价值标准，而且也表现了一整套关于因果关系的信念，而这些信念一经成为指导整个社会活动

① 这是第三帝国时期在德国被经常使用的一个宣传口号，它表达了纳粹主义意识形态的一个基本思想，即一个“健康的”国家是以自己的人民（即血）和自己的土地为基础的——译者注。

的理想，就决不容许对其提出质疑。

把这些官方的学说当作一种工具用来指导和团结人民去行动的必要性，早就被极权主义制度的各个理论家清楚地预见到了。柏拉图的“高尚的谎言”与索雷尔（George Sorel）的“神话”，和纳粹的种族学说或墨索里尼的工团国家的理论一样，都是为同一目的服务的。他们都必须以对事实的特定见解为基础，然后再经过详尽的阐述使其成为科学理论，以便证实其先入之见的正当性。

*　*　*

要使人民承认他们要为之服务的这些价值标准的正确性，最有效的方法是说服他们相信这些价值标准的确是和他们，或者说，至少是和他们当中的最优秀者一直所持有的价值标准相同，只不过它们在以往没有得到应有的理解和认识罢了。使人民将对旧偶像的忠诚转移到新偶像上去的借口是新偶像的确是他们健全的本能一直启示给他们的东西，只不过他们从前对它们的认识很模糊。达到这种目标最有效的技巧，就是仍然使用旧的字眼，但改变这些字眼的意义。极权主义制度的特色中，很少有像对语言的完全曲解——即借字义的改变来表达新制度的理想——这件事那样使肤浅的观察者感到困惑不解了，而同时也很少有什么像这件事那样典型地体现整个极权主义精神氛围了。

在这方面最惨的受害者，当然是自由这个词了。它在极权主义的国家里，也同在其他地方一样，是被随意使用的。实际上我们差不多可以说：凡是在我们所理解的那种自由已经被消灭了的地方，都是用许诺给人民的某种新的自由的名义来实现的。这可算是对我们的一个警告，使我们提防那些用《以新自由代替旧自由》[①] 的诺言来诱惑我们的人。在我们当中，甚至也有“为自由而计划的人”允诺给我们一种“团体的集体自由”，这种自由的性质可以从下面事实中推测出来：主张这种自由的人认为有必要告诉我们，“当然，有计划的自由的到来，并不意味着早先的所有（原文如此）形式的自由都必须被取消”。这句话是从卡尔·曼海姆博士的著作[②]中引证来的，他起码是在警告我们，“一个以过去时代为模型的自由的概念，是妨碍人们真正理解这一问题的一个障碍”。但他对自由这个词的用法和极权主义政治家们口中的自由一样容易引起误解。像后者所说的自由一样，他所允诺给我们的“集体自由”并不是社会成员的自由，而只是计划者对社会的为所欲为的无限制的自由[③]。这是把自由与极权混淆到了极点。

在这一方面，一大批德国哲学家早就为这种歪曲词义的做法进行大量的铺垫，好些社会主义的理论家的功劳当然也不小。但是字的原意被改成相反的意思使其成为极权主义的宣传工具的，不仅是自由这个名词。我们已经看到了正义和法律，权利和平等是怎样遭到同样的命运的。类似这种遭到篡改的词语几乎包括一切普遍应用的道德和政治方面的名词。

没有亲身经历过这种过程的人很难体会到这种篡改字义的作法所达到的规模，很难体会到它所引起的混乱和它对任何理性的讨论所造成的障碍。必须亲眼看见，才会理解怎么会发生这样的情形：如果两个兄弟中的一个接受了这个新信仰，过了不久，他就好像在说另一种语言似的，以致他们相互之间要进行任何真正

---

① 这是美国历史学家卡尔·L. 贝克尔（Carl L. Becker）一部近著的标题。

② 《重建时代的人和社会》，第 377 页。

③ 彼得·德鲁克在《经济人的末日》第 74 页中说得很正确：“自由越少，关于‘新自由’就谈得越多。这种新自由仅仅是恰好与欧洲历来所理解的自由的所有内容相对立的一个词而已……然而，在欧洲所宣传的那种新自由，却是多数人反对个人的权利。”

的沟通都成为不可能了。因为这种篡改说明政治理想的词义的行为不是一个孤立的事件，而是一个连续性的过程，是一种有意识或无意识地用来指导人民的技巧，所以，这种混淆会变得更加严重。随着这种过程的继续演进，全部语言的意义逐渐被剥夺而文字则变成了空壳，失去了任何具体的内容；它们既可以表示一件事物的正面，又可以表示它的反面，它们之所以被使用仅仅是因为仍然附着在它们身上的感情联系。

* * *

要使大多数人失去独立思考是不难的。但那些仍然保留着一种批判的倾向的少数人也必须保持沉默。我们已经看到，何以强制不能只限于使人民接受成为据以指导一切社会活动的那个计划的基础的道德准则。由于这个准则的许多部分永远不会得到详尽的阐述，由于指导性的价值尺度的许多部分只隐伏在计划之中，因而计划本身的每个细节，实际上就是政府的每一个行为，必须是神圣的和免受批评的。如果要人民毫不迟疑地支持共同行动的话，就得使他们相信，不但所追求的目标，而且连所选择的手段也都是正确的。因此，那种必须使人遵守的官方信条就把关于那个计划所以为据的有关事实的一切见解都包括在内了。对于这个信条的公开批评，或者甚至表示怀疑都是必须禁止的，因为它们容易削弱公众的支持。这正如韦伯夫妇在报道俄国每个企业的情况时所说的："在工作进行时，任何公开地表示怀疑，或者甚至担心这个计划会不会成功，就是不忠而且甚至是变节的行为，因为它们可能会影响其他工作人员的意愿和努力。"① 当所表示的那种怀疑和担心涉及的不是个别企业的成功而是整个社会的计划

---

① 韦伯夫妇：《苏维埃共产主义》（*Soviet Communism*），第 1038 页。

时，那就一定更会被当作阴谋破坏来看待。

因此，事实和理论必须和关于价值标准的意见一样成为一种官方学说的对象。而且，传播知识的整个机构——学校和报纸，广播和电影——都被专门用来传播那些不管是真是假都会强化人民对当局所做决定正确性的信心的意见；而且，那些易带来疑窦或犹豫的信息将一概不予传播。人民对这个制度的忠诚会不会受到影响，成为决定某条信息应否被发表或禁止的唯一标准。在极权主义国家，各个方面存在着的情况，可能引起永远是和其他地方在战争时期存在于某些方面的情况一样。凡是可能引起对政府的智慧产生怀疑，或者可能造成不满的东西都是不会与人民见面的。同其他国家的情况作不利的对比的根据，关于实际采取的方针是否可能有替代性方案的知识，可能说明政府没能履行诺言或没能利用机会来改善现状的信息——所有这一切都在被禁止之列。因此，对信息不加以系统管制，不强制推行统一意见的领域是不会有的。

这甚至适用于那些显然是同任何政治利害关系相去甚远的领域，特别是一切科学领域，甚至是最抽象的科学领域。很容易观察到并且由经验充分证实了的是，在直接涉及人与人的关系，因而又最直接地影响到政治观点的学科中，如历史、法律或经济学等，对真理的无私探讨在极权主义制度里是不可能得到许可的，而对官方意见的辩护却成了唯一目标。在所有极权主义国家里，这些学科已成了制造官方神话的最丰产的工厂，而统治者就用这些神话来支配他们的子民的思想和意志。因此，在这些领域里甚至连追求真理的伪装都被抛弃了，什么学说应当传授和发表都由当局来决定，这是不足为奇的。

对意见的极权主义式的控制也扩展到那些初看起来似乎没有政治意义的领域中去了。有时很难解释清楚，某些学说何以应当正式禁止，而何以其他学说又应当予以鼓励，并且，奇怪的是，在不同的极权主义制度中，这些爱憎都显然有几分相似。特别是各种不同的极权主义制度好像都共同地深恶那些以较为抽象的形式表现的思想——我们科学家当中的许多集体主义者也都表现出这种典型的厌恶。无论把相对论说成是“犹太人对基督教基础和日耳曼人物理学的一种攻击”也好，还是说它受到反对是因为“它同辩证唯物主义和马克思主义的学说有矛盾”也好，总之，它们都是殊途同归的。不管某些数理统计学的定理之所以受人攻击，是因为“它们成了思想战线上的阶级斗争的一部分，并且是作为资产阶级仆从的数学的历史角色的产物”也好，还是整个这门学科遭到诋毁是因为“它没有提供能为人民的利益服务的保证”也好，这也是没有多大差别的。纯粹的数学似乎也同样遭到攻击，而且，就连有些人对连续性的性质所持的某种意见也能被归因于“资产阶级的偏见”。据韦伯夫妇说，《马克思主义——列宁主义的；自然科学杂志》有这样的口号：“我们在数学中拥护党，我们在外科学中拥护马克思主义——列宁主义理论的纯洁性。”这同在德国的情况也很相似。在《国家社会主义数学家协会杂志》里充满了“党在数学中”的标语，并且，德国最有名的物理学家之一，诺贝尔奖获得者莱纳德（Lennard）用了《德国物理学四卷》这样一个书名来概括他的毕生事业！

斥责任何只为活动而活动，没有远大目标的人类行为，这是完全符合极权主义的整个精神的。为科学而科学，为艺术而艺术是同样为纳粹党徒、为我们的社会主义知识分子和共产党人所痛恨的。每一个活动都必须有一个自觉的社会目标来证明它是正当的。绝不能有任何自发的、没有领导的活动，因为它会产生不能预测的和计划未作规定的结果。它会产生某种新的、在计划者的哲学里未曾梦想到的东西。这个原则甚至扩展到了游戏和娱乐上去。我要让读者猜一猜，究竟是在德国，还是在俄国，官方用下面的话来劝诫下棋的人：“我们必须一劳永逸地结束下棋的中立性。我们必须像谴责‘为艺术而艺术’那样永远谴责‘为下棋而下棋’的那种准则。”

虽然这些畸变现象当中有某些部分似乎是难以置信的，然而，我们还必须随时警惕着，不要以为它们只是与计划的或者极权主义制度的根本性质无关的偶然的副产品而置之不顾。它们并不是那样的。它们正是想要用一个“单一的整体概念”来指导一切事情的那个愿望的直接结果，正是不惜用任何代价来维护那些要人民经常作出牺牲来为之服务的看法所需要的直接结果，正是人民的知识和信仰是用来达到一个单一的目标的工具这个一般观念的结果。科学一旦不能为真理而必然只为一个阶级、一个社会或一个国家的利益服务的时候，争辩和讨论的唯一任务就是辩护和更进一步传播那些用以指导整个社会生活的信仰。正像纳粹的司法部长所作的解释那样，每一个新的科学理论必须问它自己一个问题，就是：“我是不是为了全体人民的最大利益而服务于国家社会主义的?”

真理这个词的本身已失去了了它原有的意义。它不再说明某种有待发现的东西，在发现过程中，只有个人的良心才能判定是否在任何情况下它的证据（或者提出证据的人的身份）足以令人信服；它成了某种要由当权者规定的东西，某种为了有组织的一致行动的利益必须加以信任的东西，并且是在有组织的行动有迫切需要的关头又必须加以更改的东西。

由此产生出来的一般的知识界氛围，由此酿成的对于真理的完全犬儒主义的态度，甚至对真理意义的意识的丧失、独立探索的精神和对理性信念所具力量的信心的消逝，以及在每个知识分子中所存在的意见分歧都成为须由当权者加以决定的政治问题的这种情况，这一切都是必须身历其境才能体会到的——任何简短的叙述都不能够表达它们的程度。最惊人的事实也许是：对智识自由（intellectual liberty）的厌恶，不只在极权主义制度建立以后才发生，而是也到处发生在所有抱有集体主义信仰的知识分子和那些仍保有自由主义制度的国家里被拥戴为知识界领袖的知识分子当中。甚至不仅最粗暴的压制也会得到宽恕，如果它是以社会主义的名义作出的话；甚至还有一些自称代表自由主义国家的科学家说话的人公开主张建立极权主义制度；而且不容忍也同样受到公开的赞扬。我们最近不是曾看到一位英国科学家竟为“迫害异端”辩护吗？因为照他看来，“当这种做法保护一个新兴的阶级时，对科学是有利的”①。这种见解实际上当然是和那些导致纳粹分子迫害科学人员，焚毁科学书籍，并且有系统地铲除被征服民族的知识阶层的见解没有区别的。

* * *

想把一个被认为是对人民有益的教条强加于人民身上，当然不是一件新奇的或我们这个时代所特有的事。不过，我们的许多知识分子想用来为这个企图辩护的那个论据却是新的。据他们说，在我们的社会里没有真正的思想自由，因为群众的意见和爱好是被宣传、广告和上层阶级的榜样以及其他必然强使人民的思想循规蹈矩的环境因素塑造而成的。从这一点得出的结论是：如果大多数人的理想和爱好都一直是由我们能够控制的环境形成的，那我们就应当有意识地运用这个力量来把人民的思想转到我们认为是可取的方向上去。

大多数人很少能够独立地思考；在大部分问题上，他们所接受的意见都是现成的意见；他们无论是与生俱来还是受人哄骗而接受这套或那套信仰，都同样感到满意。这些都可能是真实的。

---

① J. G. 克劳瑟（J. G. Crowther）：《科学的社会关系》（*The Social Relation of Science*），1941 年，第 333 页。

在任何社会里，思想的自由可能只对很少的人才有直接的意义。但这并不是说，某些人有资格或者有权力选择一批专门享有这种思想自由的人。它决不证明，某些人有要求决定人民必须想什么或信仰什么的权利的这个假定是正当的。由于在任何一种制度之下，大多数人都在服从某人的领导，因而就认为这种情形和每一个人必须服从同样的领导没有差别，这是思想完全混乱的表现。因为智识自由决不会意味着每个人都有同样的独立思考能力的缘故，就不承认它的价值，这就是完全没有领会赋予智识自由以价值的那些理由。使智识自由对知识的进步起主要推动作用的根本之点，不在于每个人都可能有能力思考或写点什么，而在于任何人对任何事由或意见都可以争论。只要异议不受到禁止，就始终会有人对支配着他们同时代人的意见有所疑问，并且提出新的意见来接受辩论和宣传的考验。

使思想获得生命的，是具有不同知识和不同见解的个人之间的互动。理性的成长就是一个以这种差异的存在为基础的社会过程。这种成长的本质，就是它的结果难以预测，并且我们不能知道哪些意见有助于这种成长和哪些意见不会有所帮助——总之，我们不能用我们目前持有的任何意见来支配这个成长而同时又限制它。给心智的成长或者这一方面的普遍进步定出“计划”或进行“组织”，这种说法本身就有词语上的矛盾。认为人的心智必须“自觉地”控制它自己的发展这种见解，是把个人理性，即单独能够“自觉地”控制一切的个体理性，同产生个体理性的成长的那个人际过程，混为一谈了。如果我们试图对它加以控制，那我们只会阻碍它的发展，我们迟早一定会引起思想的停滞和理性的衰退。

集体主义思想的悲剧在于：它起初把理性推到至高无上的地位，却以毁灭理性而告终，因为它误解了理性成长所依据的那个过程。我们的确可以这样说，正是一切集体主义学说的谬论和它对“自觉的”控制或“自觉的”计划的要求，才必然会导致这样一种要求，即某个人的思想应支配一切——而只有对社会现象作个人主义式的探讨，才会使我们认识到那些指导理性成长的超个人的力量。因此，个人主义在社会过程面前的态度是谦恭的，而对其他意见的态度则是宽容的，并且，它恰好是思想上的傲慢自大的对立面，而想全面指导社会过程的那种要求的根源，正是这种思想上的傲慢自大。

第十二章　纳粹主义的社会主义根源

一切反自由主义的势力正在联合起来反对一切自由主义。

——缪勒·范·登·布鲁克
(A. Moeller van den Bruck)

把国家社会主义看成仅仅是对理性的反叛，是一个没有智识背景的非理性的运动，是一个常见的错误。果真如此，这个运动的危险性就比它实际的危险性要小得多。然而没有什么比这更远离真理，更能把人引入歧途的了。国家社会主义学说是一个长期思想演变的顶点，是远在德国国境之外具有极大影响的思想家们都曾参加过的一个过程的顶点。不管人们怎样看待他们的出发点的前提，不能否认的是，那些建立新学说的人都是具有强大影响的著作家，他们的思想给整个欧洲的思想留下了烙印。他们的体系是持续不断地发展的。人们一旦接受了它的出发点的那些前提，就不能逃避它的逻辑。它是彻底的集体主义，所有可能阻碍它实现的个人主义传统痕迹，都被清除一空。

虽然是德国思想家领导了这一发展，但绝不能说是他们单独搞的。卡莱尔和张伯伦，孔德和索雷尔在这个连续的发展过程中所起的作用可与任何德国思想家相媲美。巴特勒（R. D. Butler）最近在他《国家社会主义的根源》论著中，对德国国内这股思潮的发展作了很好的探索。他的研究表明，这股思潮在那里保持一种几乎不变和不断重复的状态已有150年。这种情况虽然相当可怕，但人们很容易夸大这些思想在1914年以前在德国的重要性。其实，这些思想比其他任何民族和观念更有分异。并且总体上讲，它们只代表了少数人，正如在其他国家一样，受到多数德国人的极大鄙视。

那么，究竟是什么使反动的少数人所持的这些意见终于得到大多数德国人的支持，并且，实际上得到全体德国青年的支持呢？导致它们成功的，不仅仅是民族主义的失败、遭难和波动。更不像许多人主观想象的那样，是由于反对社会主义进展的资本家的反动的缘故。相反，使这些观点得势的那种支持恰恰是来自社会主义阵营。它们的得势决不是由于资产阶级的缘故，而是由于没有强有力的资产阶级的缘故。

指导上一代的德国统治者的那些学说并不反对马克思主义中的社会主义而是反对它里面所包含的自由主义因素、它的国际主义和它的民主主义。正是由于这些越来越明显的因素成为实现社会主义的障碍，左翼社会主义者才越来越接近右翼社会主义者。把一切自由主义的东西从德国赶出去的正是右派和左派的反资本主义势力的联合，是激进的和保守的社会主义的融合。

在德国，社会主义和民族主义之间的联系从一开始就很密切。国家社会主义最重要的前辈——费希特（Fichte）、洛贝尔图（Roebertus）和拉萨尔（Lassalle）——同时被公认是社会主义的鼻祖，这是意味深长的。在马克思主义式的理论社会主义指导着德国劳工运动的时期，极权主义和民族主义的因素一度隐入幕后。但这为时不久。[①] 1914年以来，马克思主义的社会主义队伍里接二连三地出现了一些导师，他们没有领导保守派

① 而且只是部分地。在1892年，社会民主党的领袖之一倍倍尔（August Bebel）就能够对俾斯麦（Bismarck）说："首相可以放心，德国社会民主党是军国主义的一种预备学校。"

和反动派，却领导了勤劳的劳动者和理想主义青年，使他们成为国家社会主义的信徒。只是在这之后，国家社会主义的浪潮才达到了重要的地位，并很快发展为希特勒的学说。1914 年的战争歇斯底里——正是由于德国的战败，它从未完全治愈——就是产生国家社会主义的现代发展的开端，并且它在这一时期的兴起大半是靠那些老社会主义者的援助。

* * *

也许这个发展的最初的，且在某些方面最典型的代表人物是已故的桑巴特教授，他的那本臭名远扬的《商人与英雄》一书是在 1915 年出版的。桑巴特教授起初是一个马克思派的社会主义者，并且迟至 1909 年还能够自豪地宣称他将其一生中大部分的时间用来为马克思的思想而奋斗。对于在整个德国境内传播社会主义思想和各种色彩的对资本主义的愤恨，没有人比他做得更多；并且，如果说马克思的思想元素，深透到德国人思想中的程度是俄国革命以前其他任何国家前所未有的话，那么这在很大程度上要归功于桑巴特。有个时期他曾被认为是遭受迫害的社会主义知识分子中突出的代表人物，由于他的观点过激，他不能在大学里得到一个讲席。甚至在上次大战之后，当他在政治上已不再是一个马克思主义者的时候，他以一个历史学家的身份所著的，仍然保持马克思主义者的态度的那本书，在德国国内外的影响仍然是极其广泛的，在许多英美国家的计划者的著作中尤为显著。

在他战时出版的那本书里，这个老牌社会主义者对“德国战争”表示欢迎，认为它是英国商业文明和德国英雄文化之间的一个不可避免的冲突。他对丧失了一切尚武本能的英国人的商业观点表示极大的蔑视。在他看来，没有什么比为个人幸福的普遍奋斗最可鄙的了；英国人道德观念中重要的箴铭：公正“可使人事事如意，并能延年益寿”，对他来讲，是一个“商业思想所宣扬的最不名誉的格言”。正像费希特、拉萨尔和洛贝尔图所阐述的那样，“德国人对国家的看法”是：国家既不是由个人建立或组成的，也不是一个个人的总和，它的目的不是为任何个人的利益服务。它是一个人民的共同体（Volksgemeinschaft），在这个共同体中人民是只有义务而没有权利的。个人对权利的要求始终是商业理想的一种结果。“1789年的思想——自由、平等、博爱——是典型的商业理想，除了保证个人的利益外，没有任何其他目标。”

1914年以前，在英国人的商业理想，英国人的舒适享乐和英国人的体育运动继续发展的情况下，一切真正的德国英雄生活理想面临着致命的危险。英国人不但自己完全腐化了——每一个工会主义者都陷入了“享乐的泥坑”——而且开始影响其他人。只有战争才帮助德国人想起他们真正是骁勇善战的民族，是一个其一切活动，特别是一切经济活动都从属于军事目标的民族。桑巴特知道德国人遭到他国人民的憎恨，因为他们把战争看成是神圣的——但他却以此为荣。把战争看成是不人道的和愚蠢的，是商业观点的产物。有一种生活高于个人生活，这就是民族的生活与国家的生活，而个人的目标就在于为这一较高生活而牺牲自己。对于桑巴特来讲，战争就是英雄主义的人生观的顶点，反对英国的战争就是反对敌对的理想，即反对个人自由和英国式享乐的商业理想的战争。在他看来，这种理想最可鄙的表现是在英国人的壕堑里发现的安全剃刀。

如果桑巴特的大放厥词在当时就连大多数德国人都认为太过分的话，另外还有一位德国教授实质上也抱有同样的思想，只不过那些思想从形式上看比较温和，比较有学者风度因而也就更有效力。这就是约翰·普伦格（Johan Plenge）教授。他和桑巴特一样，是研究马克思的大权威。他所著的《论马克思和黑格尔》一书标志着马克思主义学者中的近代黑格尔思想复兴的开始；他开始时所抱持的信仰具有真正的社会主义性质，这一点是毫无疑问的。在他的许多战时出版物中最重要的是一本小的，但同时又受到广泛讨论的书。其标题具有深刻意义：《1789 年和 1914 年：政治思想史中的象征年代》。这本书专门讨论“1789 年的思想”（即自由的思想）和“1914 年的思想”（即组织的理想）之间的矛盾问题。

和所有那些把自然科学的理想粗枝大叶地生搬硬套到社会问题上，从而得出他们的社会主义的社会主义者一样，他认为组织是社会主义的本质。正像他正确强调的那样，组织就是 19 世纪初法兰西的社会主义运动初始阶段的根源。马克思和马克思主义背弃了这一社会主义基本设想，是由于他们狂热但空想地坚持着自由的抽象概念。威尔斯（A. G. Wells，他所写的那本书《美国的未来》对普伦格有深刻的影响，并且普伦格把他描写成现代社会主义的杰出人物之一）的著作证明，组织的观念直到现在才在别的国家恢复了它自己的地位，但特别是在德国，这一观念得到了最好的理解和最完全的实现。因此，英德之战实际上是两个相反的原则之间的一种冲突。所谓“经济上的世界大战”乃是近代史中精神斗争的第三个大时代。它和宗教改革以及资产阶级的自由革命具有同样的重要性。它是争取 19 世纪先进的经济生活所产生的新生力量的胜利的斗争，这种新生力量就是社会主义和组织。

> 因为在思想领域里，德国是一切社会主义梦想中最令人信服的代表，而在现实的领域中，它是具有最高度组织的经济制度的最有力的建筑师。20 世纪是我们的世纪。不管战争的结果

如何，我们都是模范的民族。人类的生活目标将由我们的思想来确定。世界历史现在正经历一个巨大的奇观，即在我们德国，一个新颖而又伟大的生活理想已深入到最后的胜利，而同时在英国，一个具有世界历史性的原则却终于垮台了。

1914 年在德国创立的战时经济是：

社会主义社会的第一个实现，而且，它的精神不仅是社会主义精神的应有表现，而且是第一个积极的表现。战争的需要已经在德国的经济生活中建立起社会主义思想，因而对我们的国家的保卫就为人类产生了 1914 年的概念，即德国的组织概念，该组织即为国家社会主义的人民共同体……在我们还没有真正注意到它的时候，我们在国家和产业方面的整个政治生活已上升到一个较高的阶段了。国家和经济生活构成了一个新的统一体……标志着人民公仆工作的特性的经济责任感，渗透了一切私人活动。

经济生活中德国的新的社团组织（即普伦格教授认为尚未成熟或尚未完备的那个制度），是世界上从未有过的国家生活的最高形式。

起初普伦格教授还期望把自由的理想和组织的理想调和起来，虽然这主要要通过个人对整体的完全自愿的服从才能实现。但这些自由主义思想的痕迹不久就从他的著作中消失了。到了 1918 年，社会主义同无情的强权政治之间的结合已在他的脑子里完成了。在战争快要结束前，他在社会主义杂志《警钟》里这样勉励他的国人：

现在是承认社会主义必须是个强权政治这一事实的时候

了，因为它必须是有组织的。社会主义必须赢得权力：它决不可盲目地摧毁权力。在各民族战争时期，对社会主义最重要最紧迫的问题必然是：什么民族应得到权力？因为它是在各民族的组织中模范的领袖？

同时他预示了一切最后为希特勒的新秩序而辩护的那些概念：

仅从社会主义观点，即组织的观点来看，各民族的绝对自决权利不就是个人主义的经济无政府的权利吗？我们愿意给予个人在经济生活中完全自决的权利吗？彻底的社会主义只能按照历史所确定的真正的实力分配来给予一个民族在组合中应有的权利。

* * *

普伦格教授表达得如此清楚的一些理想在德国某些科学家和工程师的圈子中特别流行，并且，甚至那些理想也许就是从他们那里产生出来的；他们，正像现在他们的英国同行大声要求的那样，为实现生活各方面集中的有计划的组织而叫嚣。这些人中为首的是著名化学家奥斯瓦德（Wilhelm Ostwald），关于这一点，他的一个宣言赢得一定的名声。据说他曾公开宣称：

德国要把至今尚缺乏组织的欧洲组织起来。我现在要对你们说明德国的一大秘密：我们，或者说，日耳曼种族已经发现了组织的意义。在其他国家仍然生活在个人主义制度下的同时，我们已经获得了组织的制度。

类似的这些观念也在德国原材料独裁者瓦尔特·腊特瑙的各个事务所里流行着；虽然如果他了解他的极权主义经济学的后果的话，他一定会为此震颤，然而在纳粹主义思想发展的任何比较详尽的历史中，他是应该享有一个相当显著的位置的。在上次大战期间和大战刚刚结束时，德国成长起来的那一代人的经济观念，大都是通过他的著作而确立的，他在这方面所起的作用比其他任何人都要多；并且他的一些最密切的合作者后来成了戈林的五年计划执行局中的骨干。与此极类似的还有另外一位曾为马克思主义者的人士弗里德里希·瑙曼的许多学说；他的著作《中欧》在德国也许比其他战时出版的书籍都要畅销。①

但最充分地发展这些思想并广为传播它们的任务，是由一位积极的社会主义政治家，德国联邦议会的一位左翼社会民主党员保罗·伦施（Paul Lensch）来完成的。伦施在其早先的一些著作中把战争描绘成“英国资产阶级在社会主义前进面前的溃退”，并解释了社会主义的自由理想和英国人的概念有哪些不同。但只是在他的第三本最成功的战时著作《世界革命的三个年头》中，他特有的思想在普伦格的影响下才获得了充分的发展。② 伦施的论点是建立在一个有趣的并且在很多方面是准确的历史叙述的基础上的。这个叙述讲的是俾斯麦所采取的保护措施怎样使德国向工业集中和卡特尔化的发展成为可能，并且，从他的马克思主义观点来看，这种发展代表着工业发展的较高形态。

---

① 对瑙曼思想的一个很好的总结，可以在巴特勒所写的《国家社会主义的根源》（*The Roots of National Socialism*）一书中（1914 年，第203—209 页）找到。他的思想中关于社会主义和军国主义的德国式结合这个特点，是同我们在正文里所引证的任何思想中的这种特点一样的。

② 伦施：《世界革命的三个年头》（*Three Years of World Revolution*）（J. E. M. 作序，伦敦，1918 年出版）。它的英译本是在上次大战期间由某位有远见的人翻译而成的。

俾斯麦在1889年作出决定的结果是德国承担了革命者的任务；那就是说，这个国家在与全世界其他国家的关系上所处的地位，代表着一种更高级、更先进的经济制度。既然意识到这一点，就应该察觉到在目前的世界革命中，德国代表着革命的一面，而它的最大对手英国却代表着反革命的一面。这个事实证明，一个国家政体，从历史发展的角度来看，不管它是自由主义的和共和的，还是君主的和专制的，它对那个国家应当被看成是自由主义的还是非自由主义的这一问题的影响是何等渺小。或者，说得更明白些，我们对自由主义、民主主义等的概念都是从英国人的个人主义的观点中得来的，按照这种观点，一个政府软弱无能的国家，就是一个自由主义的国家，而对个人自由的任何一种限制都被理解为专制和军国主义的产物。

在德国，这个经济生活的更高形式的“历史地指定的代表”国家里：

为社会主义而斗争已经是非常轻而易举的事，因为，在那里，一切社会主义的先决条件都已经建立起来。因此，德国应当胜利地坚守岗位以御外侮，以便能够完成它使世界革命化的历史任务，这乃是与任何社会主义政党都有重大关系的一件事。因此，协约国的反德战争，与前资本主义时代的那些下层资产阶级企图挽救他们自己的阶级免于衰亡的情形相同。

伦施又说：

在战前不自觉地开始的，和在战争期间自觉地继续进行

> 的对资本的组织工作，在战后仍将有系统地继续下去。这并不是由于期望获得任何组织技术，也不是因为社会主义已经被公认为社会发展的更高原则。那些在今天实际上是社会主义先锋的阶级，在理论上却是它的死对头，或者无论如何，在不久以前还是这样。社会主义正在到来，而且事实上在某种程度上已经到来，因为没有它我们就再也不能生活下去了。

现在仍然反对这个趋势的只有那些自由主义者。

> 这个阶级的人们，他们不自觉地按照英国的标准来思考，包括德国整个受过教育的资产阶级。他们对“自由’与“人权”，对立宪政体与议会制度的政治观念是从个人主义的世界观得来的，而英国的自由主义又是这个世界观的传统体现，并且在19世纪50年代、60年代和70年代为德国资产阶级的代言人所采用。但这些标准已经过时并且被摧毁掉，正像过时的英国自由主义被这次战争摧毁掉一样。目前必须要做的事情是摆脱这些因袭下来的政治思想和促进一个关于国家和社会的新概念的成长。在这个领域里社会主义也必须表现出一种自觉的和坚决的与个人主义的对立。关于这一点，一个令人惊奇的事实是在所谓“反动”的德国，工人阶级在国家的生活中已经为他们自己赢得了比英国和法国的工人要坚固和有力得多的地位。

继此之后，伦施又发表一种观点，这种观点具有很大的真实性并且值得深思：

> 由于社会民主党人借助于普选权，占据了他们在联邦国

会、州议会、市参议会、商业争议裁决法庭、医疗基金等能够得到的每一个席位，他们就深深地渗透到国家机构中了，但是他们为此而必须付出的代价是政府对工人阶级发挥了最深刻的影响。当然，由于社会主义劳工50年来的艰苦奋斗，国家已不再是1867年那样的国家了，那时普选权才开始实施，然而，社会主义再也不是当年的社会民主主义了。国家经历了社会主义化的过程，而社会民主主义则经历了国家化的过程。

* * *

普伦格和伦施转而又向国家社会主义的直接领导人，特别是施本格勒（Oswald Spengler）和缪勒·范·登·布鲁克——在这里只提这两位最有名的人——提供主导思想。[①] 关于究竟在多大程度上可以把施本格勒认为是一个社会主义者这个问题上，人们的意见可能有很大的分歧。但现在很显然的是，在他1920年出版的那本小册子《普鲁士主义与社会主义》里，只反映了德国社会主义者广泛持有的那些思想。关于他的论点只举几个例子就足以证明。“在今天带着兄弟间的仇恨互相憎恶的旧普鲁士精神和社会主义信仰是同出一辙。”西方文明在德国的代表人物，德国的自由主义者，是“耶拿战役后拿破仑留在德国土地上的无形的英国军队”。据施本格勒看来，像哈登堡和洪堡以及其他所有的自由主义

① 这同样适用于产生纳粹主义的那一代的其他许多知识界领袖，如奥特马尔·施潘（Othmar Spann）、H. 弗里耶尔（Hans Freyer）、卡尔·施密特和恩斯特·荣格（Ernst Juenger）。关于这些人，试对照一下奥列尔·柯尔奈（Aurel Kolnai）的有趣的著作《反对西方的战争》（*The War Against the West*，1938），不过这个作品有一个缺点，就是它把它自己局限于战后的时期，那时这些思想早已由国家主义者接受过来了，因此，它就忽略了它们的社会主义的创始人。

改良派都是"英国的"。但这种"英国的"精神将被在1914年开始的德国革命驱逐出去。

> 最后三个西方国家所追求的三种生存方式是以三个著名的口号为代表的：自由、平等和共同体。它们表现在自由主义的议会制度、社会的民主主义和极权主义的社会主义的政治形式中……[①]德国人的本能，更准确地说，普鲁士人的本能是：权力属于整体……每个人都有自己的位置。一个人要么命令别人，要么服从别人。这就是18世纪以来极权主义的社会主义，它的本质就是非自由主义的和反民主主义的，就英国的自由主义和法国的民主主义的意义来讲的话……在德国有许多可恨的和不名誉的对立物，但唯有自由主义在德国的土地上是遭鄙弃的。
>
> 英国民族的结构是建立在贫富之间的区别上，而普鲁士民族的结构却是建立在命令与服从之间的区别上。因此，两个国家的阶级区别的意义是根本不同的。

在指出了英国的竞争制度和普鲁士的"经济管理"本质上的区别，在说明了（自觉地仿效伦施）自从俾斯麦执政以来，经济活动的有计划的组织已经以渐进方式带有更多的社会主义形式之后，施本格勒接着说：

> 在普鲁士存在着一个真正的国家——就这个字的最为雄

---

① 这个施本格勒式的口号在这个时常被人引用的施密特的发言中得到回声。施密特是纳粹的首要宪法专家，照他说来，"政府的演变是按"三个辩证的阶段进行的：从17世纪和18世纪的专制国家，通过19世纪的自由主义的中性国家达到极权主义国家。在后种国家，国家和社会是一回事。［施密特：《宪法的维护者》（*Der Hüter der Verfassung*），1931年图宾根版，第79页。］

心远大的意义来讲。严格地说，私人是不能存在的。每个生活在像钟表机械装置那样精确地运转的体制中的人在一定程度上都是其中的一个环节。因此，公共事业的指导权不能操纵于私人手中，像议会主义想象的那样。它是一个职位，并且每个负责的政治活动家都是一个公仆，是一个整体的公仆。

“普鲁士的观念”要求每个人都应当成为国家的公务员——一切工资和薪水都应当由国家来规定。特别是，一切财产的管理都成为有薪水的职务。未来的国家将是一种吏治国家。但是：

必须由德国来为全世界解决的不仅是对德国而且也是对全世界的决定性的问题，即将来是商业统治国家呢，还是国家统治商业呢？面对这个问题，普鲁士主义和社会主义是没有区别的……普鲁士主义和社会主义都反对我们当中的英国。

与此仅相差一步的是，国家社会主义的守护神缪勒·范·登·布鲁克宣称，第一次世界大战是一场自由主义和社会主义之间的战争：“我们反西方的战争失败了。[①] 社会主义反自由主义的战争失败了。”因此，同施本格勒的看法一样，他认为自由主义是首要的敌人。他为这一事实感到自豪：

今天在德国没有自由主义者，而有青年革命者，有青年保守主义者。但谁会是自由主义者呢？……自由主义是一种

① 缪勒·范·登·布鲁克：《社会主义与对外政策》(*Sozialismus und Aussenpolitik*)，1933 年，第 87、90 及 100 页。在这里重印的那些论文，尤其是对本文所讨论的内容作了最充分的讨论的那篇论文《列宁和凯恩斯》(Lenin and Keynes) 是在 1919 年至 1923 年间初次出版的。

> 人生哲学，德国青年现在却怀着厌恶、愤怒和十分轻蔑的心情摒弃了它。因为就它的哲学来说，没有一种东西比它更格格不入、更令人反感和更相对立的了。今天的德国青年把自由主义当作他们首要的敌人。

缪勒·范·登·布鲁克的第三帝国企图给德国人一个适应他们的天性而又不为西方思想所玷污的社会主义。它做到了这一点。

这些作家绝不是孤立的现象。早在1922年，一个无所偏倚的观察家就谈到过当时在德国可以观察得到的一个“奇怪的、并且在初看起来使人惊奇的现象是”：

> 按照这种看法，这个反对资本主义制度的战争，是一个以精神和经济组织为武器来对抗协约国的战争的继续，是通向实际的社会主义的道路，是德国人民回到他们最好的和最高尚的传统的转变。①

反对各种形式的自由主义，反对曾经打败过德国的那个自由主义，是使社会主义者和保守主义者结成一条共同战线的共同想法。这种思想起初主要是在精神上与观点上差不多完全是社会主义的“德国青年运动”中迅速地被接受，而社会主义与国家主义的融合也在其中完成了。在20年代后期和希特勒上台以前，

① K. 普里勃拉姆（Karl Pribram）：《德国国家主义与德国社会主义》（*Deutscher Nationalismus und Deutscher Sozialismus*），载《社会科学与社会政治学通报》，第49卷（1992年），第298—299页。作者为了提供进一步的例子，谈到了哲学家马克斯·席勒（Max Scheler）所宣传的“德国社会主义的世界使命”，又谈到了马克思主义者K. 科尔施（K. Korach）有关新的人民共同体的精神的论述。他认为两者的论证都是同一语调的。

有一些青年人聚集在费迪南德·弗里德（Ferdinand Fried）所领导的《行动报》的周围，他们在知识界成了这个传统的主要的代表人物。弗里德的《资本主义的末日》也许是这群“高尚的纳粹”——他们在德国是这样被称呼的——的最典型的产物，它之所以特别使人感到不安，是因为它很像我们在今天的英国和美国看见的那些文献。在这两个国家里，我们可以发现社会主义的左翼和右翼同样地聚在一起，同样地厌恶一切在原有意义上的自由主义的东西。“保守的社会主义”（以及在其他圈子中的“宗教的社会主义”）是大批作者在它之下制造一种国家社会主义已获成功的气氛的标语。现在在这个国家中占优势的倾向就是“保守的社会主义”。那么，“以精神和经济组织为武器”的反抗西方国家的战争岂不是在真的大战开始之前就几乎已经成功了吗？

第十三章　我们中间的极权主义者

当权力本身在组织化的伪装下出现时，它会使其迷人的魔力发展到足以将自由人民的社会转变成极权主义国家的程度。

——《泰晤士报》

极权主义政府所犯下的罪行极为深重，它非但没有增加人们对这种制度可能有一天会在英国出现的担心，反而使人们更加确信，它不可能在我们这里产生，这也许是正确的。如果我们将目光投向纳粹德国，将我们同它分隔开的鸿沟似乎是那么大，以致在那儿发生的事情决不会和我们这里可能出现的发展有什么关联。这个鸿沟不断地变得越来越大这一事实，似乎可以反驳那种认为我们或许会向同一方向发展的想法。但是我们不要忘记，50年前，像现在这种事情在德国发生的可能性，不但对90%的德国人而且对多数怀有敌意的外国观察家（不论他们现在装得多么有先见之明）来说，都是虚幻的。

然而，正如我在本书前头所指出的那样，目前民主国家的情况不是与现在的德国，而是与二三十年以前的德国越来越相似。当时有许多被看作是“典型的德国的”那些特点，现在在英国也同样的司空见惯，而且有许多征兆说明它们正在向着同一方向继续发展。我们已经提到过这个最重要之点，即左派和右派之间的经济观点变得越来越相同，并且他们共同反对向来成为大部分英国政治的共同基础的自由主义。我们可以拿哈罗德·尼科尔森(Harold Nicolson)的一段话来作根据,他说在上届保守党政府时期,保守党后排议员中“最有才干的人……在内心里都是社会主义者”①;并且,毫无疑问,正如在费边派时代一样,许多社会主义者对保守党人比对自由党人抱有更多的同情。同这密切相关的还有许多其他特点。日益崇拜国家,倾慕权力,好大喜功,热衷于使任何事情都“组织化”(我们现在把它叫做“计划”)和“不能让任何事情听命于有机发展的简单力量,”这甚至在60年代H.C.特赖奇克(Treitschke)就为德国人痛惜过,而它们现在在英国和当时在德国几乎是一样的显著。

如果翻阅一下在第二次世界大战期间出现在英国的就英国人和德国人对于一些政治和道德问题的看法分歧所作的比较严肃的讨论,就会使我们分外鲜明地感到在过去20年中英国已经沿着德国的道路走了多远。认为当时的英国公众比现在对于这些分歧有更正确的了解或许是正确的,但是,虽然那时候的英国人对他们的特殊传统感到自豪,现在的大多数英国人却几乎对所有英国特有的政治观点感到很惭愧,假如他们还没有正面地加以驳斥的话。如果我们说,一个政治或社会问题的作家,在那时候的世人看来,越具有典型的英国特征,他今天在本国就越会被人遗忘,这么说并不算太夸张。像莫利勋爵或亨利·西季威克(Henry Sidgwick)、阿克顿勋爵或A.V.戴西这些人,他们在当时的世界范围里都被普遍地誉为自由主义英国的具有政治智慧的杰出楷模,而在现在的一代看来,则多半是一些维多利亚时代的老派人物。最能清楚地说明这种变化的一个例证也许是,在当代英国文献中,在谈到俾斯麦时不乏同情之感,而当现代青年提到格莱斯通的名字时,他们对他那维多利亚时代的道德思想和天真的乌托

① 《旁观者》,1940年4月12日,第523页。

邦思想几乎总是会加以嘲笑的。

我阅读过几部论及上次大战时支配着德国那些思想的英国著作，其中的每一个字差不多都适用于现代英国文献中最引人注目的观点。我希望能够用少许文字把我从中得到的惊人的印象充分地表达出来。我这里只引用凯恩斯勋爵在 1915 年所写的一段简短的文字，他在这里描述了当时一个典型的德国著作中所阐明的可怕观点：他根据那位德国作者说明如何：

> 甚至在和平时期，工业生产也必须保持动员状态。这就是那个作家用“我们工业生活的军事化”（这就是那本书的书名）所表达的真正意思。个人主义必须寿终正寝。必须建立起一个管理制度，其目的不是为了增进个人幸福［加菲（Jaffé）教授不以为耻地用这么多的字来讲这一点］，而是要加强国家的有组织的统一，以求达到最高限度的效能（Leistungsfähigkeit）这个目标，而这一目标对个人利益的影响仅仅是间接的——这个骇人听闻的学说是作为一种理想主义而被奉以为神圣的。国家将成长为一个“封闭的统一体”，并且在事实上将像柏拉图所宣称的那样，它应当是“大写的人”。特别是未来的和平将加强那种应在工业方面实施国家行为的观念。……国外投资，移民以及近年来把整个世界看成是一个市场的工业政策，太危险了。在今天正走向死亡的工业旧秩序是以利润为基础的；作为一个不考虑利润的 20 世纪强国的新德国是要铲除百年前来自英国的资本主义制度的。①

据我所知，除了目前尚没有一个英国作家敢于公开地轻视个

① 《经济学杂志》（*Economic Journal*），1915 年，第 450 页。

人幸福这一点之外，还有哪段文字没有在大量现代英国文献里得到反映呢？

毫无疑问，不但在德国和其他地方为极权主义作准备的那些思想，而且极权主义本身的许多原则都已成为在很多其他国家里产生日益增长的吸引力的那种东西。虽然在英国或许很少有人会愿意把极权主义全盘接受，但它的几乎所有个别特点都曾被人建议过或被人模仿过。的确，希特勒的观点几乎没有一个不曾被英国的某些人推荐给我们，以便为了我们自己的目的而采取和使用它们。这特别适用于许多那样一种人，他们无疑是希特勒的死敌。但是他们之所以如此只不过是为了希特勒的体制中的某一个特点。我们决不应当忘记，希特勒的反犹太主义把许多人赶出了他的国家，或把他们变成了敌人，而那些人在各方面却是德国式的坚定的极权主义者①。

用一般词语的表述无法恰当地表现出许多现代英国政治文献同那些在德国摧毁了对西方文明的信念，并给纳粹主义的上台准备了思想条件的著作的相似性。这种相似性更多地表现在探讨问题的情绪上，而使用的具体论点倒在其次，这就是有一种类似的决心，要在文化上割断与过去的一切联系，并把全部希望寄托在一种特殊的试验的成功上。跟德国当年的情形一样，在英国为极权主义开辟道路的大部分著作都出自真诚的理想主义者并且通常

① 特别是当我们考虑到那些已成为纳粹分子的前社会主义者的比例时，要紧的是要记住，只有把这个比例不同前社会主义者的总数相比，而同那些在任何情况下不为他们的出身所阻而转变成纳粹分子者的数目相比，才能看得出这个比例的真正意义。事实上，德国的政治流亡惊人的特点之一是：在流亡者中不是德国意义上的“犹太人”的左翼流亡者的人数是比较小的。我们经常听到有人以下面这样的引语为导言来赞美德国的体制，而这个引语是最近在一个关于列举“值得加以考虑的经济动员的极权主义技术之特点”的会议上提出的：“希特勒不是我们的理想——他同我的理想距离很远。他之所以不能成为我的理想是有很迫切的个人原因的，不过……”

是知识界负有盛名的人物的手笔。因此，虽然在几百个持相似见解的人中单独挑出个别的人来作为例证容易引起反感，然而我却找不出其他的方法来更有效地证明这种发展究竟已到了何种程度。我特意选出那些不容置疑是诚实可靠和毫无偏私的作家来作为例证。但是，尽管我希望用这种方法来表明作为极权主义源泉的那些观点现在是如何迅速地在这里蔓延着，然而我没有多少把握能够把同样重要的情感氛围方面的相似之处也表达出来。如果要使那个众所周知的发展过程的征兆让人一望便知，那就必须对思想和语言中的所有的微妙变化进行一番广泛的研究。有种人谈到以“大”思想来对抗“小”思想，以新的“动态”的或“全球”的思想代替旧的“静止”的或“局部”的思想的必要性。通过同这种人的接触，人们就会认识到，那些初看起来似乎荒谬之极的东西，乃是同种思想态度的一种表现。我们在这里可就此作单独探讨。

*　*　*

我首先举的例子是一个天才学者的两部著作，这两部著作在过去的几年中受到了很大的重视。它们是 E. H. 卡尔教授写的《二十年的危机》与《和平的条件》。在这两部书中，我们现在要加以讨论的德国人特有的思想的影响是那样显著，以致在现代英国文献里几乎找不到同样的例子。

在这两部书的第一本里，卡尔教授坦白地承认他自己是个“现实主义的‘历史学派’的追随者，这个历史学派产生在德国，（它的发展）可以追溯到大名鼎鼎的黑格尔和马克思”。他解释说，一个现实主义者会“使道德成为政治的一种功能”，并且“除了事实的标准外，不能合乎逻辑地接受任何价值标准”。道地的德国式的“现实主义”是和起源于 18 世纪的“乌托邦”

的思想形成对比，“这种乌托邦思想实质上是属于个人主义的，因为它把人的良心变成了最后的上诉法庭”。但旧道德连同它们的“抽象的一般原则”必须一起消逝，因为“经验主义者是根据个案自身的功效（merits）来对待个案的”。换句话说，就是权宜之计最重要，他甚至向我们断言：“有约必守（pacta sunt servanda）这个规则并不是一个道德的原则。”至于如果没有抽象的一般原则，是非标准只能是一种任意、武断的意见，以及如果没有道德的约束，一切国际条约都会失去任何意义，对此卡尔教授似乎并不关心。

其实，按照卡尔教授的意见，似乎英国在上次大战中是站在了错误的一边，虽然他没有这样明说。凡是现在重读25年前英国对战争的目的所作的说明并把它们同卡尔现在的观点加以比较的人，就会很容易看出在当时被认为是德国人的观点的，就是卡尔现在的观点。卡尔教授大概会争辩说，当时在英国所公认的那些不同的观点仅仅是英国式伪善的产物。他能够在这个国家所抱的理想和今天的德国所实践的理想之间发现的差别十分微小，最能说明这一点的是他的如下断言：

> 当一个著名的纳粹党徒宣称，“任何对德国人民有利的事都是对的，任何对他们有害的事都不对”的时候，他不过是在陈述同一种观点，即威尔逊（总统）、汤因比（Toynbee）教授、塞西尔（Cecil）勋爵以及其他许多人已为英语国家树立起来的国家利益等同普遍权利的那种观点——这是真实的。

由于卡尔教授的著作是专门研究国际问题的著作，因而，它们那种特有的倾向恰恰主要是在这一领域里才变得很明显。但根据人们对他所设计出来的未来社会性质的一点儿了解，这个未来社会又似乎是以极权主义为模型的。有时人们甚至怀疑这种类似情况究竟是偶然出现的呢，还是有意所为呢？例如，当卡尔教授宣称“19 世纪人们在思想上通常将‘社会’和‘国家’区分开，而我们却再也不能在这种区分中找到多少意义”时，他是否知道这正是纳粹的首要极权主义理论家卡尔·施密特教授的学说，并且事实上，这正是他自己引进的极权主义这个术语所下的定义的实质呢？有人认为，“货物的大规模生产的必然结果就是见解的大规模生产”，因而“宣传这个词今天在许多人的心目中仍然造成的偏见是和对管制工商业所持的偏见十分接近”，卡尔教授是否知道这种见解正是纳粹党人所实行的那种舆论管制的一个托词呢？

对于我们在结束上一章的时候所提出的那个问题，卡尔教授在他的新著《和平的条件》中作了有力的正面答复：

> 战争的胜利者失掉了和平，而苏俄和德国却赢得了和平，因为前者仍在宣传并且部分地运用那些从前曾是有效的，但现在是破碎了的关于民族权利和自由放任资本主义的理想，而后者有意无意地赶着 20 世纪的潮流，正在力争建立一个在集中计划和管制之下的以较大单位构成的世界。

卡尔教授完全把德国的战争叫嚣，即以德国为首的反自由主义西方的东方社会主义革命的叫器，当成了他自己的口号：

> 在上次大战中开始的，并在近 20 年来成为每一个重大的政治运动的推动力的一场革命，……这场革命反对 19 世纪中占主导的思想，即有关自由主义民主政治、民族自决和**自由放任**经济的思想。

正如他正确地指出的那样，“这个对德国从未真正有过的19世纪信仰的挑战能够在德国找到它最有力的倡导者，这几乎是不可避免的”。由于黑格尔和马克思以来所有伪历史学家的一切宿命论的信仰的影响，这种发展被说成是不可避免的：“我们知道世界朝着什么方向运动，我们必须向它低头，否则就会灭亡。”

认为这个趋势是不可避免的这种信念，其特有的基础是我们大家都熟知的那些经济学的谬论，包括技术的发展必然引起垄断组织的普遍发展这种假想的必然性、所谓“潜在的丰裕”以及在这类著作中出现的所有其他流行的口号。卡尔教授不是一个经济学家，他的经济论点一般是经不起认真检验的。但是，无论这一论点或者他同时所持有的、认为社会生活中经济因素的重要性正在迅速地减少的信念，都不能阻止他把他所有对不可避免的发展的预测建立在经济论证的基础上，也不能阻止他提出“用主要是经济的术语来重新诠释关于‘平等’和‘自由’这些民主理想”作为他对未来的主要要求！

卡尔教授对自由主义经济学家的一切思想的轻蔑，同我们在上一章里所引证的任何一个德国作家对它们的轻蔑程度是一样的（他固执地称这些思想为19世纪的思想，虽然他知道德国“从来未曾真正有过”这些思想，并且德国在19世纪已经实行了他现在所主张的大部分原则）。他甚至接收了李斯特（Friedrich List）首创的那个德国命题，即自由贸易只是听命于并只适合于19世纪的英国的特殊利益的一项政策。然而在目前，“人为地制造某种程度的闭关自守乃是社会有秩序地存在的一个必要条件”。用“消除贸易障碍”或用恢复19世纪的自由放任原则的方法来“回复到一种分布更广的与更加通行无阻的国际贸易”，是“不可思议的”。将来属于德国式的“大区经济”（GroBraumwirtschaft），“只有按照希特勒所作的那样，把欧洲生活有意识地重组，才能获得我们所向往的那种结果！”

经过上述讨论之后，当我们发现卡尔教授在以“战争的道德作用”为标题的一段独特的文字中，居高临下地怜悯“那些深受19世纪传统影响而仍然坚持把战争看成是无意义无目的的、怀着善意的人（特别是英语国家中的那些人）”，并且，人们对战争这个“促使社会团结的最有力的工具”所产生的“意义和目的的认识”感到欢欣鼓舞时，我们是不会感到惊奇的。这一切都是我们很熟悉的。但是，在英国学者的著作中会看到这种意见却是出人意料的。

*　*　*

近百年来德国的思想发展还有一个特色，我们或许尚未给予足够的重视。这个特色现已在各英语国家中差不多以同样的形式出现：即科学家们鼓吹将社会“科学地”组织起来这一理想，在德国已经由于科学专家和技术专家对社会和政治见解的形成可以施加十分特殊的影响而被大大地推进了。很少有人还记得，在德国的近代历史中涉足政治的教授所起的作用是可以和法国涉足政治的法学家所起的作用相媲美的。① 这些具有科学家身份的政治家们的影响近年来很少是有利于自由这一方面的：科学专家时常很显著地表现出“理性的不容忍”，专家们所特有的对平常人做事方式的无耐心，以及对一切并不是由不凡之人依照科学的蓝图有意识地组织起来的事物的轻视，几代人以来这一切都是德国公共生活中的常见现象，而隔了好几代人之后才在英国成为重要现象。恐怕没有一个国家，能够像1840—1940年间的德国那样，为一个国家教育制度的大部分由“人文”之学普遍和彻底地转

① 参阅弗兰茨·施纳贝尔（Franz Schnabel）：《十九世纪的德国历史》（*Deutsche Geschichte im neunzehnten Jahrhundert*），1933年，第2章，第204页。

向“现实”之学对该国所发生的影响提供更好的例证了。①

后来，德国的学者和科学家们，除了少数例外，都欣然委身于新的统治者。这种作风在国家社会主义兴起的全部历史中是最令人沮丧、令人感到可耻的一幕。② 大家都很清楚，特别是那些大声叫嚷着要充当率领人们向一个新的更好的世界进军的领袖的那些科学家和工程师，几乎比任何其他阶级都更容易屈从于那种新的暴政③。

知识分子在极权主义的社会改造中所起的作用被朱利思·本达（Julien Benda）在另一个国家里预见到了。他在50年前写的《知识分子的背叛》一书，如果我们现在拿来重读，就会发现它

---

① 我相信《利维坦》（*Leviathan*）的著者是第一个建议禁止讲授古典作品的人，因为古典作品灌输了危险的自由精神！

② 科学家们这种屈从于权势的行为，很早就已出现在德国了，它是同国家组织下的科学的重大发展齐头并进的。而今天这在英国成为一种如此备受赞赏的话题。德国最有名的科学家之一，生理学家埃米尔·杜·布瓦—雷蒙（Emil du Bois－Raymond）以柏林大学校长和普鲁士科学院院长的双重身份，在1870年的一次演说中毫无羞耻地宣称：“我们坐落在王宫对面的这个柏林大学，按照我们基金的契约，就是霍亨索伦（Hohenzollern）王室的思想卫队。”（《一篇关于德国战争的演说》，伦敦，1870年，第31页——值得注意的是，埃米尔·杜·布瓦—雷蒙竟认为应当为这篇演说出版一个英译本）。

③ 在这里只援引一个外国的证人就够了：R. A. 布雷迪（Robert A. Brady）在他的著作《德国法西斯主义的精神和结构》（*The Spirit and Structure of German Fascism*）一书中，在结束他对德国学术界的发展的详细说明时说：“因此，在近代社会一切受过特等教育的人当中，或许科学家本身是最容易被利用和‘拉拢’的人。诚然，纳粹党人解聘了不少大学教授，并将不少科学家赶出了研究实验室，但那些教授主要是在社会科学方面的（在那里对纳粹的纲领有更多的共同了解和更顽强的批评），而不是在自然科学方面的（在那里思想被认为是最严格的）。在后一群体中被赶走了的科学家，他们主要是犹太人或是上述一般情况的例外（因为他们同样不经批判地接受了与纳粹观点背道而驰的信念），因此，纳粹党人能够比较容易地拉拢学者和科学家，从而把外表看来好像有分量的德国学者的大部分见解和支持，作为他们苦心经营的宣传的后盾。”

具有一种新的意义。当我们讨论英国科学家客串式地进入政治领域的某些例子时，在那本书里特别有一段值得我们很好地加以思考和牢记。在那里本达先生谈道：

> 迷信科学，认为科学可以适用于包括道德领域在内的一切领域——我重申，这是19世纪的一种认识。至于那些鼓吹这个学说的人是否真的信仰它，或他们是否只是想为他们内心的情感披上一件科学威望的外衣，而完全知道它只是一种热情而已，这还有待于通过考察去发现。应当注意的是，历史服从于科学的规律这一教条特别被主张专制权力的人所宣传。这是很自然的，因为这个教条可以消除他们最憎恨的两种现实，即人类自由和个人的历史活动。

我们已经提到这样一部英国著作，在这个著作里，受马克思主义的影响，极权主义知识分子的一切特质，即对几乎所有文艺复兴以来西方文明所具特点的憎恨是和赞成使用的方法审讯结合在一起的。我们在这里不想讨论这种极端分子，只想就一本更具代表性并且很著名的著作来谈谈。C. H. 沃丁顿（C. H. Waddington）所写的，并以一个具有特色的标题《科学的态度》为书名的那本小书，是同有广泛影响的英国的《自然》周刊所极力推荐的任何一本同类著作一样好的一个例子，这一类书都主张给予科学家以更大的政治权力，同时又热烈鼓吹大规模的“计划”。虽然沃丁顿博士没有像克劳瑟先生那样直率地表达出他对自由的轻蔑，但他对自由的否定态度是确定无疑的。他和同一类型的大多数作家不同的地方是，他清楚地认识到甚至着重地指出他所描绘的和支持的这种趋势不可避免地会导致极权主义制度。然而很显然，他似乎还更偏好于这种制度，而不是被他描写为“当前关着凶恶残暴的猴子的笼子里的文明”的那种制度。

沃丁顿博士提出的科学家有资格经营一个极权主义社会的这个主张，主要是以他的如下命题为根据的，即“科学能够对人的行为作出道德的判断”。有人要求由沃丁顿来详尽地阐述这个命题，《自然》周刊为此作了很多宣传。这当然是为德国那些具有科学家身份的政治家们所久已熟悉的一个理论，也是本达所公平地单独挑选出来的一个理论。它的含义到底是什么，我们没有必要到沃丁顿这本书以外的地方去找说明。他解释说，自由“对于科学家来说，是一个难以讨论的麻烦概念，这一半是因为，归根结底，科学家不相信真的有这种东西存在”。然而，他对我们说，“科学承认”各种各样的自由，但是“古里古怪的和与众不同的自由是没有科学价值的”。很显然，沃丁顿博士必得对其说出了许多不敬之词的那种“娼妓的人性”，随着教导我们要事事忍耐，已经严重地使我们误入歧途！

当《科学的态度》这本书谈到社会和经济问题时，它完完全全是反科学的，这是我们对这一类书早已预料到的情况。我们还会发现所有关于“潜在的丰裕”和不可避免的垄断趋势的陈词滥调和无根无据的一概而论，虽然他引证用来支持这种论点的“最确实的根据”，考察起来大都是一些科学上有问题的政治性小册子，但对这些问题的认真研究，显然被人们忽视了。

像在几乎所有这一类的著作中所显示的那样，沃丁顿博士的信念大半是因其相信“不可避免的历史趋势”而定的。这些趋势被假定是已由科学发现的，是他从马克思主义（其基本概念“大部分，如果不是全部的话，是和对自然的科学探讨所依据的那些概念相同一的”）的“精深的科学哲学”里面得来的，并且是他的“判断能力”告诉他的。“这种信念”和以往的任何信念比较起来都是更进了一步。因此，沃丁顿博士虽然感到“难以否认，现在在英国过日子不像在1913年时那样好过”，但他盼望着有一个集中化的和极权主义的经济制度，即各大区域的经济发展的各个方面都是有意识地被作为一个不可分割的整体而加以计划。对于他认为在这个极权主义的制度中思想自由将保存这个随意得出的乐观看法，他的《科学的态度》那本书并没有加以讨论，而只表示确信“关于人们用不着成为专家就可以了解的那些问题”，例如是否可能“把极权主义和思想自由结合起来”的问题，“一定会有很有价值的回答根据”。

*　*　*

如果要对英国走向极权主义的各种趋势作出更全面的考察，就要对创立某种中产阶级的社会主义的各种尝试多加注意，这种中产阶级的社会主义惊人地酷似希特勒上台前德国的那种发展，这无疑是它们的创始人所不知道的①。如果我们在这里所涉及的是政治运动本身的话，我们就须讨论那些新的组织，如《我们的斗争》这本书的作者理查德·艾克兰（Richard Acland）爵士的“前进三月”（Forward - March）或“共同富裕”（Common - Wealth）运动，或者一度与前者合作的J.B.普里斯特利（Priestley）先生的“1941年委员会”的活动。但是，虽然忽视这种现象的象征性的意义是不明智的，然而它们还算不得是重要

① 这次大战后可能加强这方面的趋势的另外一个要素是，在战时已尝到了强制权力的滋味，而在战后将感到很难安心于他们必得承担的、地位低下的工作的那些人。虽然上次大战后这种人不如将来会有的那样多，但他们甚至在当时就已对这个国家的经济政策产生了不小的影响。早在10年或12年前，正是在和这种人中的其中一些人相处在一起的条件下，我初次在这个国家里异乎寻常地感到忽然被卷入一种我已认识到应将其称为十足的“德国的”精神氛围中。

的政治力量。除了我们已经用两种例子来说明了的那些思想影响之外，走向极权主义的推动力主要是来自两大既得利益集团，即有组织的资本和有组织的劳工。其中最大的威胁可能是这一事实，即这两个最强大的集团的政策都指向同一个方向。

这两大集团是通过它们共同的并且时常是协调一致的对工业垄断组织的支持来实现自己的目标的；而且构成很大的直接危险的正是这种倾向。虽然我们没有理由相信这个运动是不可避免的，但毫无疑问的是，如果我们继续走我们所走的路，那就会使我们走向极权主义。

这个运动当然主要是由垄断企业资本家中的组织者有意地策划出来的，因而，他们就是这个危险的主要来源之一。他们的责任并没有因下面这个事实而有所改变，即他们的目标不是一种极权主义制度，而是一种法团社会，在这种社会里有组织的行业将作为半独立的和自治的“领地”出现。但他们的目光和他们的德国同事一样短浅，因为他们仍然相信他们会得到许可，不但创立这种制度，而且还可以无限期地推行这种制度。这种有组织的行业的管理者必须经常作出的那些决定，并不是任何一个社会都会长期任由私人作出的那种决定。容许这样大的权力集合体成长起来的一个国家是不会让这个权力完全控制在私人手里的。认为在这种条件下的企业家们会长久享有在竞争的社会里被认为是正当的优越地位，也同样是幻想。在竞争的社会里这种地位之所以被看作是正当的，是因为在许多冒险者当中只有少数人得到成功，而这些成功的机会就使人值得去冒险。一切企业家都喜欢既能享受在竞争社会里他们当中的成功者所得到的高额收入，又能享受公务人员的安稳地位，这是不足为奇的。只要大部分私人工业和国家工业能够并存，出色的工业人才甚至是会在相当安稳的位置上得到高额薪水的。但虽然在过渡阶段企业家们都会如愿以偿，然而他们不久就会像他们的德国同事一样发现，他们不再是主人，而在各方面都得满足于政府所容忍其拥有的任何权力和报酬。

除非这本书的论证是完全被人误解了，如果本作者在这里着重地指出，把走向垄断的现代运动的过失单独或主要归诸于那个阶级是一种错误，人们不会认为他有对资本家脉脉含情的嫌疑。他们在这方面的倾向既不是新的，也没有可能单独地成为一种可怕的力量。具有危险性的发展是他们已经成功地罗致了为数越来越多的其他集团的拥护，并且通过它们的帮助获得了政府的支持。

在某种程度上，垄断者得到这种支持不是通过让其他集团分享他们的利润的方法，就是用说服的方法（甚至这种方法使用得更经常）使它们相信垄断的形成是符合公众利益的。舆论通过它对立法和司法[①]的影响，已成为促成这种发展的最重要因素。然而，舆论的转变多半是左派反对竞争的宣传的结果。在许多情况下，甚至旨在反对垄断者的措施在事实上却只有助于加强垄断的权力。对垄断利润的每一次打压，不管它是为了个别集团还是为了整个国家的利益，都容易产生新的既得利益，它又反过来会助长垄断的扩张。在一种制度中只有大的特权集团从垄断利润中得到利益，而在另一种制度下，只有有限的少数人从中得到利润；前一种制度比后一种在政治上的危险要大得多。但是，应当清楚，例如，垄断者能够支付的较高工资正同他的利润一样是剥削得来的结果，它能使一切清贫者和更多的其他靠工资生活者更趋贫困，然而，不仅那些从垄断得到好处的人，在今天就连公众也普遍地把垄断者有能力支付较高工资作为赞成垄断的一个合

① 关于这一类，请参阅W.阿瑟·刘易斯（W. Arthur Lewis）最近富有启发意义的文章《垄断与法律》（Monopoly and the Law），载《现代法律评论》（*The Modern Law Review*），第6卷，第3期，1943年4月。

理证据来加以接受。[①]

即使在垄断无法避免的条件下，控制它的最好方法是不是让政府来掌控它，这也是很值得怀疑的。如果我们所讨论的只是单独一种产业，那或许可以这样做。但当我们必须讨论许多不同的垄断产业时，那就很有理由主张，宁可让它们存留在不同的个人手中，而不要把它们合为一体而由政府单独管理。即使像铁路、公路和航空运输，或者煤气和电的供应都成了无法避免的垄断性产业，只要它们仍然是独立的垄断组织时，消费者所处的地位比它们受一个中央管理机构“协调”时要强固得多。私人垄断很少是完全的垄断，更难长时期地存在下去，或者私人垄断通常不能忽视潜在的竞争。而国家的垄断则是一个受到国家保护的垄断——保护它不致受到潜在的竞争和有效批评。这在许多场合下就意味着，一个暂时性的垄断被授予一种总是保障其地位的权力，也就是一种差不多一定要被利用的权力。如果理应用来抑制和管制垄断的权力现在热衷于庇护它所委派的人员，如果本来要由政府消除的一种弊端现在却要政府负责管理它，如果批评垄断的行为就等于批评政府，那么，要想使垄断替公众服务的希望是很小的。政府在各方面都被经管垄断企业的事务所缠身，虽然它对个人具有不可抗拒的权力，但就它在制定政策的自由方面而论，它仍是一个软弱无能的政府。垄断机构等同于政府机构，从而政府本身也越来越认同垄断事务管理者的利益而不是一般人民的利益。

① 也许更让人惊奇的是，社会主义者可能对靠利息过日子的证券持有者表现出特别的温情，工业的垄断组织往往对这些人提供安全的收入保证。许多社会主义者对利润的盲目敌视，会使得人民把这种不劳而获的固定收入看成是在社会上或在道德上比利润更可取的东西，并且甚至会导致他们接受垄断，以便为例如铁路证券持有者确保获得这种有保证的收入，这乃是在几十年中所发生的价值扭曲的最特别的征象之一。

在垄断真的不可避免的情况下，美国人往往喜欢采取的对私人垄断加强政府管制的那个计划，如果始终如一地贯彻下去的话，这比政府自己经营管理垄断企业更有收到良好效果的机会。起码如果政府实施一种严格的价格管制使其没有特殊利润，并使垄断者以外的其他人也可以分享这种利润的话，情况似乎就是这样。即使这会使垄断行业所产生的服务不如它本来可能有的那样令人满意（美国的公用事业有时就有这种现象），但为了抑制垄断的权力所付出的这种代价毕竟是很小的。就我个人来说，我情愿忍受这种效率欠佳的现象，而不情愿一个有组织的垄断来控制我的生活方式。这样一种对待垄断的方法很快就会使垄断者的地位在企业家们当中成为最不足取的地位，并且，也会有助于使垄断只限于不可避免的范围内，并鼓励发明一些能用竞争的方法来提供的替代品。只要你把垄断者再一次置于经济政策的代人受过者的地位，你就会惊奇地看到，大多数较有才干的企业家怎样迅速地重新发现对竞争的令人兴奋之气氛的兴趣！

*　　*　　*

假使我们必须与之进行斗争的对象仅仅是垄断资本家，垄断问题就不难解决了。但正像人们曾经说过的那样，垄断之所以构成一种危险，并不是由于几个有利害关系的资本家的活动，而是由于他们让某些人分享他们的成果因而得到那些人的支持，并且由于他们使更多的人相信，支持垄断事业有助于一个更公平更有秩序的社会的建立。在现代发展中的一个最致命的转折点，就是那个只有通过和一切特权进行斗争才能达到其原有目的的声势浩大的运动，即劳工运动，由于反竞争学说的影响也被卷入争取特权的大潮之中。最近垄断的成长多半是有组织的资方和有组织的劳工精心合作的结果，在这种合作中，劳工中的特权集团分享了垄断利润，而以社会，尤其是最穷苦者，即受雇于组织化较差的产业的工人和失业者为牺牲品。

我们这个时代最让人痛心的一幕是，看到一个伟大的民主运动在支持一种一定会导致民主毁灭的政策，同时它仅仅对拥护它的少数人有利。然而正是这种来自左翼的对垄断趋势的支持才使得这些趋势具有不可抗拒的力量，才使得未来的前景那样的黯淡无光。劳工们生活在唯一一种其每个人的独立和自由迄今一直都受到一定保障的秩序中，但只要他们继续为摧毁这种秩序推波助澜，那么，未来就确实不会有什么希望。目前那些大声地宣布他们已“一劳永逸地铲除那个疯狂的竞争制度”① 的劳工领袖们，正是在宣布个人自由的毁灭。要么是由非人为的市场纪律控制的那种秩序，要么是由少数个别的人的意志指导的那种秩序，两者之间只能任择其一，除此之外，是没有其他可能的。那些一定要摧毁前者的人，在有意无意之间助长了后者的建立。在那种新秩序里，即使有些人或许会吃得好些，每个人无疑会穿得整齐些，但大多数英国工人到头来会不会因为其领袖中的知识分子奉送给他们一个危及他们个人自由的社会主义学说而感激他们，这是值得怀疑的。

凡是熟悉欧洲大陆主要国家过去 25 年历史的人，如果研究一下目前致力于建立一个“有计划的社会”的英国工党的新纲领，定会感到极端沮丧。这个为了反对“任何恢复传统的不列颠的企图”而提出的方案，不但在总的轮廓上，而且也在细节上，甚至于在措词上，都同 25 年前支配德国舆论的社会主义梦

① 见 H. J. 拉斯基教授 1942 年 5 月 26 日在伦敦举行的第 41 次工党年会作的讲话（《报告》（Report），第 111 页）。值得我们注意的是，按照拉斯基教授的看法，“使一切民族遭受贫困的就是这个疯狂的竞争制度，而战争就是这种贫困的结果”——这是对近 150 年历史的一个荒诞解释。

想没有丝毫区别。依照拉斯基的动议而作出的决议中有一些要求是要在和平时期仍然保留“在战时用来动员全国资源的政府控制措施”。不但这个决议中的那些要求，就是一切独特的用语，类如拉斯基教授现在要求大不列颠实行的“平衡的经济”或者对生产具有集中指导作用的“公共消费”，等等。完全都是从德国的思想中照搬过来的。“一个有计划的社会能够成为一个比它将取而代之的那个竞争的自由放任制度要自由得多的社会。”①在25年前持有这种天真信念或许是情有可原的。但经过了25年的经验和这种经验所导致的对旧信仰的再认识之后，并且正当我们在为消除那些学说的结果而战时，再度发现那个信仰还被人坚持着，这确实是远非语言所能形容的一件可悲的事情。在议会和舆论中已为在很大程度上取代了以往各进步党派的地位的那个大党，已经同根据过去的所有发展看必定被认为是一个反动的运动站到了一起，这乃是现时代所发生的一个决定性的变化，是对每一个自由主义者所必须重视的一切都具有致命危险的根源。过去的进步受到右翼的传统主义势力的威胁，这是历代都有的现象，我们用不着为之感到惊恐。但是，如果舆论界或议会中的反对党地位竟长期地为第二个反动政党所独占的话，那就确实没有任何希望可言了。

① 《旧世界与新社会：英国工党全国执行部关于复兴问题的临时报告》（The Old World and the New Society, and Interim Report of the National Executive of the British Labour Party on the Problems of Reconstruction），第12、16页。

第十四章　物质条件与理想目标

反对政府主要目标的大多数人竟然奴役本该自由的人，这是否公正或合理呢？毫无疑问，如果使用强力的话，少数迫使多数保留少数所享有的自由，这对于少数来说并非不当之处，而且比多数人为了满足自己的低级趣味，以最有害的方式迫使少数与他们同为奴隶要更为公平。那些只寻求自己的正当自由的人，只要他们有权力而且起而反对的人数绝对不足以推翻它，那么他们总是有权利获得这一自由。

——约翰·弥尔顿（John Milton）

我们这一代人好似不像自己的父辈或祖父辈那样以对经济方面的因素考虑过多来自夸。“经济人的末日”似乎很有希望成为这个时代主要的神话之一。在我们接受这个断言或者认为这种变化值得称道之前，我们必须稍加考察一下这种断言究竟有多大程度的真实性。当我们考虑到那些最迫切的社会改造要求时，它们似乎几乎都带有经济性质：我们曾经看到那些宣称经济人的末日的人，他们同时提出的主要要求之一就是用“经济术语来重新解释”以往的政治理想和自由、平等、安全等概念。毋庸多疑，在今天，人们的信仰和抱负比过去任何时候都更加受到各种经济学说的支配，受到精心培养起来的，认为我们的经济制度是不合理的那种信念的支配，受到有关“潜在的丰裕”的伪称、有关垄断趋势不可避免的伪论，以及由某些大肆宣传的事件造成的印象的支配——人们把这类诸如销毁积存原料或压制新发明的事件都归咎于竞争，尽管它们正是在竞争制度下不可能发生的，而只是在垄断之下，并且往往是在受到政府资助的垄断之下才有发生的可能性。①

不过，在另一意义上，我们这一代人的确不像我们的前辈那样听命于经济考虑。我们这一代人绝不愿意为所谓的经济理由而牺牲自己的任何要求，不能忍耐和容忍加在我们眼前目标之上的一切束缚，并且也不愿意向经济困境低头。我们这一代人突出的特点并不是我们对物质福利有任何反感，甚或对它的欲望有所收敛，而是相反，我们拒绝承认任何障碍、任何可能有碍欲望之满足的与其他目标的冲突。对于这种态度，人们若用“经济恐惧症”来描述要比用可以引起双重误解的“经济人的末日”来描述更为准确，因为后者似乎在揭示我们正从一种从未存在过的事态朝着我们所并未走向的那个方向变化。人们已开始憎恨并反抗那些非人为的力量，他们在过去不得不屈从这些力量，哪怕它们常常使他们的个人努力受挫。

这种反抗乃是对一种更为普遍的现象的例证，这种现象就是：人们不愿屈从于任何规则或人们所还不了解其基本理由的任何需要。人们在许多生活领域中，特别是在行为道德领域中都可以感觉得到这种现象，并且它往往是一种值得称道的态度。但在

① 小麦、咖啡等物的间或销毁常常被用为反对竞争的理由，这就很好地说明了这种理由在知识逻辑上是极不足信的，因为稍加思索就可以证明，在一个竞争的市场里，没有一位货主能够从销毁这些存货的行动中受益。至于所称的取缔有用的专利权的情况则更为复杂，我们不能在一个附注里对之加以充分的讨论。但是，对于一项出于社会利益而理应投入应用的专利，反而认为把它放进冷藏库里去是有利的，这是很例外的一种情况。至于究竟在某个重要的场合是否发生过这样的事情，这是很值得怀疑的。

有些领域中，人们的求知欲是无法充分满足的，同时，拒绝服从任何我们所不能了解的事物必定会导致我们的文明的毁灭。由于我们的环境变得越来越复杂，我们对于那些我们不了解的、经常妨碍个人的希望和计划的力量的抗拒也不断增强，这是自然的，然而正是在这种环境里，人们才变得越来越不可能充分地了解这些力量。像我们这样一个复杂的文明必然是以个人去自动适应那些人们还不能了解其原因和性质的变化为基础的：为什么一个人应当多得些或少得些？为什么他必须另操他业？为什么他想要的某些东西比其他东西更难得到？这一切都总是与这些众多的环境条件有联系的，单靠一个人的脑力是不足以理喻它们的；或者，甚至更坏的是，那些受到影响的人将会把一切过失都归咎于一个显而易见的、直接的和可以避免的原因，而且不可避免地仍然视而不见那些决定这种变化的更为复杂的相互联系。就连一个完全有计划的社会的领导人，如果他想对每一个人都充分地解释为什么必须派他到一个不同岗位上去，或者解释为什么必须更改他的报酬，那么他也是不可能完全做到这一点的，除非他解释并辩明他的全部计划的正确性。当然，这意味着，他只能对少数人解释他的全部计划。

在过去，使文明能够成长壮大的正是人们对市场的非人为力量的服从，没有这种服从，文明就不可能得到发展；正是通过这种服从，我们才能够每天协力筑造某种比我们当中的任何人所能充分了解的还要伟大的东西。过去人们的服从是出于现在有些人认为是迷信的那些信仰，出于宗教的谦卑精神，还是出于对早期的经济学者的浅薄说教的尊重，这都没关系；要紧的是，从理性上去了解服从那些我们不能详细地领会其运作机制的力量的必要性，就要比宗教甚或对各种经济学说的敬意所激发的卑下的敬畏感驱使我们去服从它们时还要困难得多。情况可能确实是这样的：哪怕我们不要求每个人都去做那些他还不了解其必要性的事情而只想维持我们现有的复杂文明，每个人所需要的才智都应比他现在拥有的要多得多才行。拒绝屈从于我们既不了解、又不承认其为一个具有睿智的存在物有意识决定的那些力量，就是一种不完全的，因而也是错误的唯理主义的产物。它是不完全的，因为它没能理解，在一个复杂的社会里，若要协调多种多样的个人努力，就必须考虑到单个的人不能完全观察到的各种事实。而且它也没有看到，对于服从那个非人为的和貌似不合理的市场力量的唯一替代选择就是服从另一些人的同样不能控制的，因而是专断的权力，除非要毁灭这个复杂的社会。人们在渴望摆脱他现在所感觉的那些讨厌的羁绊时，往往不会意识到新的专制主义羁绊行将取代这一羁绊，必将蓄意强加在人们的身上，这甚至会使他们感受到更多的痛苦。

有些人争辩说，我们已经以令人惊骇的程度学会了如何驾驭自然力量，但可惜的是，我们在如何成功地利用社会合作的可能性这方面是落后了。如果此话就此打住，那么它是相当对头的。但是，如果他们继续作出对比并且争辩说，我们必须像学会如何驾驭自然力量那样学会如何驾驭社会力量，那他们就错了。这不仅是一条通向极权主义的道路，而且是一条通向我们文明的毁灭的道路，一条必然阻碍未来进步的道路。那些提出这些要求的人，恰恰是通过他们的要求表明他们尚未了解光是维护我们的既得成果，我们得在何等程度上依赖非人为力量对个人的努力所起的协调作用。

*　*　*

我们现在必须暂时回到一个紧要问题上来：个人自由是和整个社会都必须完全地、永久地从属于某个单一目的的至上性这一观念水火不容的。自由社会绝不能从属于某个单一目的，这条规则的唯一例外就是战争和其他暂时性的灾难，那时差不多任何事情都得服从于眼前的迫切需要，这就是我们为了从长远起见维护我们的自由所应付出的代价。这也说明了为什么诸如我们应为和平目的采取我们所学会的、为了战争目的所必须采取行动之类的时髦词句是如此易于把人引入歧路的：为了将来的自由更有保障而暂时牺牲自由，这是可以理解的；但是，要把这些措施作为一种永久性的制度安排提出来，那就是另一回事了。

在和平时期，绝不容许一个单一目的绝对占优于其他一切目的，这甚至也适用于现在谁都承认的当务之急的目标，即克服失业现象的目标。毫无疑问，它必然是我们为之付出最大努力的目标，但即便如此，这并不意味着应当容许这样一个目标来支配我们而置任何其他目标于不顾，也不意味着必须像“不惜一切代价”这句俗语所指的那样来实现目标。事实上，正是在这一领域里，“充分就业”这类含义模糊的但很吃香的词句的魅力才容易引致极端短见的行为措施，并且在头脑简单的理想主义者“必须不惜一切代价”这种不分好歹、不负责任的思想所风行之处，很可能造成最大的危害。

在这一领域里，我们应当注意开始着手对付在战后就要面临的这项任务，并且应当清楚地认识到我们可能会希望做成些什么事情，这是十分重要的。战后紧接着出现的局势的主要特点之一会是，由于战争的特别需要，几十万的男女被吸收到专业化的工作岗位上去，在战争期间，他们在那些岗位上能够挣得相当高的工资。而在许多场合里，这些特定的行业将不可能吸纳同样数量的就业人员。届时将急需把大批人员转移到其他岗位上去，而那时其中许多人将感到他们为这时的工作所得到的报酬不如他们战时工作的报酬那样优厚。今后肯定要大量提供转业培训，即便如此，也不能完全解决这个问题。如果按照人们的劳务当时对社会的价值来付酬的话，那么在任何制度下仍将有许多人必须接受他们相对于他人的物质地位被降低这一事实。

于是，如果那些工会要成功地抵制降低某些相应的个别群体的工资，那就只有两种选择：要么行使强力，即挑选出某些人并把他们强行调到其他报酬比较差的岗位上去，要么必须允许那些在战时所得工资比较高，而此刻又无法按同样高的工资被雇佣的人失业，直到他们情愿接受工资较低的工作为止。在社会主义社会，发生这种问题的几率不比在其他任何社会低；而且，大多数工人大概都不会愿意向那些由于战时的特殊需要而被吸收到报酬特别优厚的工作岗位上去的人永久地保证他们现在的工资。一个社会主义社会肯定会在此行使强力。对我们有关的那一点是，如果我们决心不惜 一切代价不让有人失业，同时又不愿行使强力，那么我们就不得不采取各种希望渺茫的权宜办法，它们不但都不能带来持久的解决效果，反而会严重妨碍我们生产性资源的最佳使用。尤其应当提请注意的是，货币政策是不能真正救治这种困难的，它力所能及的无非是实施一种普遍的大规模的通货膨胀，相对于那部分无法降低的工资而把其他一切工资和物价抬高到足够的程度，而且，即使这样做，也只能用一种隐而不宣和私下的方式降低那些不可能直接降低的实际工资，从而达到我们所期望的结果。而要把其他一切工资和收入提高到足以调整有关群体地位的那个程度，就会带来通货膨胀的极度扩张，它所造成的动荡、困苦和不公正将比那些所要救治的问题本身要大得多。

这个问题将要在战后以特别紧急的形式出现，它将一直对我们纠缠不休，只要经济制度本身还得至少适应那些不断发生的变化。在短期内，总是存在着一个可能的最高就业水平，它是可以通过把所有人安置在他们碰巧所在的岗位上，也可以通过货币的扩张来实现。但不能光靠累进的通胀型扩张以及阻拦由于环境的改变而成为必要的，劳动力在各行业间的再分配来维持这一最高就业水平，只要工人可以自由地选择职业，劳动力在行业间的再分配总是要发生的，只不过稍微缓慢一些，而且会由此造成某些失业：一味想用货币手段达到最高就业水平，这是一种结果会使自己的目的归于失败的政策。它容易降低劳动生产率，从而不断提高只有按照现有工资用人为方法保持雇佣的那一部分劳动人口的比重。

* * *

几乎毫无疑问，战后我们在管理经济事务方面所需要的智慧，甚至将比以往更为重要，而且我们文明的命运最终将取决于我们如何解决那时将会面临的一切经济问题。我们最初将是很穷苦的，而且确实是很穷苦的，并且要在英国恢复和提高过去的生活水平，事实上可能要比在其他许多国家更为困难些。如果我们做得聪明，通过苦干和把大部分的精力用到检修和更新我们的工业装备和工业组织上去，就会在几年之后恢复甚至超过我们以往所达到的水平，这几乎是不成问题的。但这首先要求我们当前必须满足于可能的日常消费应以不妨害复兴任务为限，要求我们不存要求得到比这还要多一些的奢望，并且要求我们把以最好的方式并以最大程度地增进我们的福祉为目的利用资源，并要求我们把这一点看作比我们总得以这样那样的方式设法利用一切资源更为重要。[①] 或许同样重要的是，我们不应当由于眼光短浅而不通过增加收入的途径，而是用收入再分配的办法去消除贫困，这

① 也许在这里应当强调指出，不管人们怎样迫切地希望很快地回复到自由经济中去，这并不意味着人们能够一下子消除战时的大部分限制。使自由企业制度丧失名誉的，莫过于这种企图所将会导致的虽然也许短暂，但是剧烈的、混乱的和不稳定的情况。问题在于，在战后遣返的过程中，我们应当以何种制度为目标，而不在于是否应当用一种经过深思熟虑的逐渐放松管制的政策来把战时制度转变成一种更为长久性的安排，这种逐渐放松管制的过程可能得持续好多年。

会使得众多阶层的人们感到沮丧，以致使他们变成现行政治制度的死敌。我们绝不能忘记，欧洲大陆上极权主义之所以兴起的一个决定性的因素——这个因素在这一国家尚不存在——就是一个大的、最近被剥夺了财产的中产阶级的存在。

要避免这一带有威胁性的命运，我们在很大程度上的确必须把我们的希望寄托在能够恢复经济快速增长的前景上，不管我们的起点多么低，这一增长将不断地把我们向前推进。而取得这种经济进步的主要条件是：我们大家都应当准备很快去适应一个已起了极大变化的环境，绝对不能容许出于对某些个别群体业已习惯的水准的考虑而阻挠我们去作出这种适应，并且我们应当再一次学会把我们所有的资源用到最有助于使我们大家都变得更加富裕的地方去。如果我们要想恢复并超过我们以往的水准，我们就必须作出调整，这些调整动作将比我们过去必须作出的任何类似的调整都要大些；而且只有当我们当中的每一个人都准备服从这种再调整需要，我们才能作为能够选择自己生活方式的自由人而度过这一困难时期。让我们尽一切努力来确保每个人享有一个统一的最低水准，但同时也让我们承认，有了这种基本的最低保障以后，个别阶层必须放弃对确保享受特权的一切要求，必须取消允许某些群体为维持他们自己的特殊标准而排斥新来者分享他们相对繁荣的一切借口。

有人会说，“管他什么经济学，让我们来建设一个像样的世界吧”，这番话听起来冠冕堂皇。但是，事实上它只是一番不负责任的话。在我们现在所在的这样一个世界，大家又都深信这里或那里的物质条件都必须加以改善，我们要建设一个像样世界的唯一机会就是我们能够不断改善普遍富裕的水平。现代民主不能默默容忍的一件事，就是在和平时期必须大大降低生活水准甚或经济状况裹足不前，迁延日久。

* * *

有些人承认现在的政治倾向对我们经济前景构成了严重的威胁，并且还通过它们的经济影响而危及更为高得多的价值标准，这些人还易于自欺欺人：我们正在为实现理想目标而做出物质牺牲。然而，50年来向集体主义的趋近是不是提高了我们的道德水平呢？或者说，是不是在更大程度上出现了相反的变化呢？这些方面都不仅仅值得怀疑。虽然我们习惯于以有着更为敏感的社会良心而感到自豪，但这一点绝不表明这已由我们个人行为的实践证明。反过来看，我们这一代人在对现行社会秩序的不平等感到愤懑这一点上，大概超过了大多数祖辈。但是这一态度对我们专属的道德领域内的积极标准和个人行为的影响，同它对我们面对社会机器的自利和迫切需要而维护道德原则的认真程度的影响则是大不相同的。

在这一领域里的一切争执之处已变得如此混乱不清，以致我们有回到根本问题上去的必要。我们这一代人很可能忘记的是，道德不仅必定是个人行为的现象，而且只能存在于一定范围之内。在该范围内，个人有为自己作出决定的自由，而且被要求自愿牺牲个人利益来遵守一项道德规则。在个人负责的范围以外，既没有善，也没有恶；既没有机会获得道德评价，也没有机会通过为自己认为是正确的事物牺牲个人欲望来表明个人的道德信念。只有当我们对我们自己的利害关系负责并且有牺牲它们的自由时，我们的决定才有道德价值。我们没有权利以他人的利益为代价来博取自己无私的美名，而我们要是在没有选择自由的情况之下做到了无私，在道德上也不足以称道。如果社会成员每做一件好事都是别人使他去做的话，他们是没有权利受到赞赏的。正如弥尔顿所说的那样："如果一个成年人所做的每一件好事或坏事，都是在薄施小惠、授意和强迫之下做下的，那么美德岂不徒有虚名？善行还值得什么赞美呢？持重、公正或自制还值得什么钦佩呢？”

在物质环境迫使我们要做出某种选择时有决定自己行动的自由，以及对依照自己良心安排自己的生活可以自行负责，这两者是道德观念能够赖以培育、道德价值在个人的自由决定中赖以逐日再造的唯一氛围。不是对上级而是对自己良心的负责，不是用强力所威逼出来的责任心，这种决定在个人所重视的事物中应该为他人牺牲哪些事物的必要性，以及对自己所做决定的后果负责——这些才是任何名副其实的道德的实质。

在这样一个个人行为范围之内，集体主义的作用几乎完全是破坏性的，这一点是必然的，也是不可否认的。一个以减轻责任①为其主要诺言的运动，它的结果只能是反道德的，不管它所给出的那些理想是多么崇高。在我们个人能力许可的范围内，个人补救不平等现象的责任感已被削弱，而不是被加强；担当责任的意愿和了解应怎样去选择乃是我们自己个人的义务这种觉悟都显然已受到损害——难道这一切还有什么值得怀疑的吗？要求由当局来创造一个可取的局面，甚或只要他人都必得这样做自己就

---

① 当社会主义接近极权主义的时候，这一点就表现得越来越清楚。而在这个国家，这一点在最近最为极权主义的英国社会主义形式——即理查德·艾克兰爵士所发起的“共同富裕”运动的纲领中——表达得最为明显。他所许诺的那个新秩序主要特点就是：在那种秩序里，社会将“对个人说，‘你莫要担心你自己的生活’”。其结果当然就是，“必须由整个社会来决定是不是必须动用我们的资源来雇佣一个人，以及决定他必须怎样、何时、以何种行为方式工作”，并且，社会还得“在很过得去的条件下为那些逃避责任的人办起集中营来”。这位作者发现希特勒“已偶然发现（或者说已经有必要利用）人类终将要做的一小部分事情，或者也许可以说，某个特定方面的事情”，这有什么值得惊奇的呢？［理查德·艾克兰爵士：《前进三月》（*The Forward March*），1941 年，第 127 页及其后，第 126、135、32 页］

甘愿从命，和不顾含有敌意的公众舆论、甘愿牺牲个人的欲望来做个人认为正确的事情，这两者之间是有天壤之别的。有许多方面事情可以说明我们事实上对个别弊端已变得更为纵容，对个别情况下的不平等现象也已变得更为熟视无睹，因为我们只把目光盯在一个完全不同的，会把一切事情都安排妥当的制度上。甚至会像已经提及的那样，热衷于集体行动正是我们现在若无其事的、集体沉溺于自私行为的途径，而我们作为个人倒还曾经学习过如何稍加约束自私行为。

诚然，那些现在较少得到尊重和守持的美德——独立，自力更生，甘愿担当风险，愿意顶住多数的意见而坚持自己的信仰，愿意和邻人自愿地合作——这些实质上都是个人主义社会据以运作的基础。集体主义并没有什么东西可以用来代替这些美德，而且，在它把这些美德消灭之后，它所留下来的那个空白，除了要求个人服从并强迫个人去做集体认为是好的那些事情以外，没有任何其他东西可以填补。个人对定期举行代表选举的道德选择日趋减退，这种选举并不是一个考验个人道德价值的机会，不是一个他经常得重申和证明他的价值等级的场合，也不是他通过以牺牲那些他所评价较低的价值为代价而维护他所评价较高的价值来申明他的表白的真诚程度的地方。

既然由个人发展起来的行为准则是集体政治行动所具有的道德标准得以派生的来源，如果放松个人行为标准可以提高社会行为标准的话，那的确是令人惊奇的事。已经发生了很大的一些变化，这是显而易见的。当然，与其前人相比，每一代人都会把一些价值看得更高，把另一些看得更低。然而哪些目标现在处在较低的地位呢？哪些价值已受到警告，如果它们和其他价值发生冲突的话也许就得放弃呢？哪一类价值在受人欢迎的作家和演说家为我们呈现的未来画面中不像在我们祖先的梦想和希望中那样显得突出呢？被排位较低的，当然不是物质的舒适，当然不是生活水平的提高，也当然不是某种社会地位的保证。有没有一个受人欢迎的作家或演说家敢于向大众建议，他们也许应当为一理想目标而牺牲他们在物质方面的前景呢？难道事实不是完全相反吗？难道他们越来越频繁地教导我们要视之为“19世纪的幻想”的那些东西——即自由与独立，真理与诚笃，和平与民主，以及把个人作为人，而不仅作为一个有组织的集团中的一员来尊重——不都是道德价值标准吗？现在被看作是神圣不可侵犯的那些固定了的目标究竟是什么？没有一个革新者敢去触动它们，因为人们把它们当成是永远不可改变的界标，并且必须在将来的任何计划里都遵循它们。它们不再是个人的自由，即个人的行动自由，也很难是个人的言论自由。它们乃是这个或那个集团的、受其保护的标准，乃是他们不让他人向他们的同伴提供其所需东西的“权利”。那些不让大众参加的封闭型集团对非成员的歧视，更不用说不同国家国民之间的歧视，越来越被认为是自然的现象；人们对出于某个集团利益的政府措施强加于个人的不公正的行动熟视无睹，几乎形同铁石心肠；对于最基本的个人权利粗暴之至的蹂躏，像在强迫移民中所发生的事件那样，就连据认为是自由主义者的人们也越来越无动于衷了。所有这一切确实表明，我们的道义感已变得迟钝，而不是变得敏锐了。当我们受到要炒蛋就得打碎鸡蛋这种日益频繁的提醒的时候，那些正在被打碎的鸡蛋几乎都是前一两代人认为是文明生活之根基的那一类东西。我们许多所谓“自由主义者”对于权势者所宣称的原则表示同情，他们对权势者所犯的任何暴行还有什么不能欣然宽恕的呢？

* * *

在集体主义进展所形成的道德价值变化中，其中有一个方面的变化是现在特别耐人寻味的。那就是，那些受到越来越少的尊重，因而就变得更少见的美德，恰好是英国人理应引以为自豪的，并且人们也公认是它们守持得更好的那些美德。英国人所持有的、在很大程度上比其他大多数民族——除了诸如瑞士和荷兰等少数几个较小的国家以外——守持得更好的这些美德，就是独立和自力更生，个人的首创性和地方的自我负责，成功地依靠自愿的活动，不干涉邻人事务和宽容异端，尊重风俗习惯和传统，以及对权力和权威的适度怀疑。不列颠的强大，不列颠的民族性，还有不列颠的成就，在很大程度上是自发努力的结果。英国的关涉民主的道德精华在这些传统与制度中已得到最本质的表现，这些传统与制度转而形成了英国的民族性和整个道德精神。而目前正在被集体主义的发展和它所固有的集权主义倾向不断地毁灭着的，几乎覆盖了所有这些传统与制度。

有时我的外国背景能够有助于更清楚地看清，一个民族道德精神的特殊长处是由什么环境造成的。如果像我这样一个人，不管法律怎样规定，必须永远只当个外国人，也许会被允许说，我们这一时代最使人沮丧的景象之一就是看到英国过去给予世界那些最宝贵的东西，现在在英国本国竟被人们鄙夷到了何等地步。无论英国人属于哪个党派，都多少持有那些照它们最确切的形式看来以自由主义著称的思想。英国人很少知道在这方面他们和其他大多数民族有多大程度的不同。和其他大多数民族相比，20年前，差不多所有的英国人都是自由主义者——无论他们和党派自由主义（party liberalism）存在多大的区别。就是在今天，英国的保守主义者或社会主义者也同自由主义者一样，如果他到外国去旅行，他可能发现卡莱尔或者迪斯累里、韦伯夫妇或者H. G. 威尔斯的思想和著作在与他很少有共同之处的圈子内，在纳粹和其他极权主义者当中极为盛行，如果他发现一个思想的孤岛，在那里麦考利和格莱斯通，J. S. 穆勒或约翰·莫利的传统仍然活着，那么他将会发现一些和他自己“说同一种语言”的亲切的幽灵，不管他自己和他们所特别拥护的理想有多么不同。

最能体现人们丧失对英国文明的特殊价值的信心，并且对我们追求当前伟大目标起最大的瘫痪作用的，莫过于英国所作的大部分笨拙宣传。对外宣传成功的首要前提条件，是自豪地肯定那些别的民族都知道的、做宣传的国家所具有的独特价值和出色特点。英国的宣传之所以无效，主要是因为负责宣传者本身似乎都已对英国文明的特殊价值失去信心，或者说，完全不了解它借以区别于其他民族的那些要点。其实，左翼知识分子崇拜外国上帝已经如此之久，以致他们似乎已经变得几乎不能看清英国特有制度与传统的任何优点。他们中间的大部分人引以为豪的那些道德价值，多半是他们出面加以毁灭那些制度的产物，这些社会主义者对此当然不会承认。并且，不幸的是，持这种态度的不仅限于那些公开的社会主义者。虽然人们一定希望那些说话较少而为数较多的、有教养的英国人不是那样的，但是，如果人们是凭表现于当前的政治讨论和宣传中的思想来作出判断的话，那些不但“说着莎士比亚的语言”，而且“持着弥尔顿的信仰和道德”的英国人，几乎都已经消失殆尽了。①

不过，如果相信抱这种态度进行宣传会对我们的敌人，尤其是会对德国人产生我们所欲求的效果，那是大错特错的。也许德国人并不怎么了解英国，但对于什么是英国生活的传统价值特点以及对于近两三代以来是什么东西把这两国的民心更加分离开

① 虽然在本章内容里不止一次地引证了弥尔顿的话，但在这里我经不起诱惑，不得不再一次援引他所说的、大家都很熟悉的一句话。在今天，除了一个外国人外，似乎没有人敢于引证这句话：“不要让英国忘记它那教导各民族如何生活的占先地位（precedence）。”或许深有意义的是，我们这一代人已经看见了无数诋毁弥尔顿的美国人和英国人——并且他们当中的第一个就是埃兹拉·庞德（Ezra Pound），他是在这次战争期间从意大利发表广播演说的人！

来，他们是有充分认识的。如果我们不仅想要使他们相信我们对他们是真诚的，而且也使他们相信我们必须向他们提供一条不同于他们已走过的真正可行的道路，那么我们就绝不能依靠对他们思想体系作出让步。我们不应该用从他们祖先那里借来的思想的陈腐翻版来欺骗他们，无论它们是民族社会主义，“现实政治”、“科学”计划或社团主义，等等。我们不应该用在通向极权主义道路上跟着他们后头走一半路程的方法来说服他们。如果英国人自己放弃了个人有关自由与幸福的至高无上的理想，如果他们默认不值得保留他们的文明并且默认没有比沿着德国人指引的道路走下去更好的选择，那么它们实际上就等于没有什么东西值得贡献。照德国人看来，所有这一切只不过是为时已晚地承认英国人已经完全大错特错了，而且是他们德国人正在把人们引向一个新的更好的世界，不管这一过渡时期是如何可怕。德国人知道他们所仍然认为是英国的传统和他们自己新理想的东西，基本上是对立的和不可调和的人生观。也许我们有可能使他们相信他们所选择的道路是错的，但绝对无法使他们相信，在德国人所走的道路上英国人会是更好的引路人。

对于那些价值观和我们最为接近、我们到头来还必须指望他们帮助我们重建欧洲的德国人，那种形式的宣传尤其没有打动他们的心。因为亲身经历已使他们更为明智，更为伤感：他们已经懂得了，在一个人身自由和个人责任遭到摧毁的体制里，无论是善意或者组织效率都不足以使人安身立命。那些领受了这一教训的德国人和意大利人最想得到的东西，就是保护他们免遭那个残暴政府的蹂躏——不是巨型组织的一些宏伟计划，而是平安和自由地重建他们自己小天地的一个机会。我们之所以能够指望从敌国的某些国民当中得到支持，不是因为他们认为听从英国人的指挥比听从普鲁士人要好些，而是因为他们认为在一个英国理想已经获得胜利的世界里，他们将会少受指挥，将会有时间来安心地从事他们自己的事业。

如果我们要在意识形态战争中取得胜利，要把敌国正派的人争取过来，我们就必须首先恢复对以往所维护的那些传统价值的信心，必须在道义上有勇气坚定地维护我们敌人所攻击的那些理想。我们若要能够赢得信任和支持，就不是靠谦卑的辩解和有关我们正在迅速革新的保证，不是靠有关我们正在在传统的英国价值标准和新的极权主义思想之间寻求某种折中办法的那种解释。我们所应借重的不是我们最近对社会制度所作出的那些改进（它们同两种对立的生活方式的基本区别相比是无足轻重的），而是我们对那些英国传统不可动摇的信心——正是那些传统使得英国拥有其自由而正直、宽容而独立的人民。

第十五章　国际秩序的展望

在所有节制民主的方法中，联邦制一直是最有效的和最相宜的……联邦制是通过分割统治权力并通过只把某些特定的权利指派给政府而限制和约束统治权力的。它是不仅抑制多数而且也抑制全体人民权力的唯一方法。

——阿克顿勋爵

在任何其他领域里，世界由于放弃19世纪自由主义而付出的代价没有比在开始这种退却的国际关系领域里表现得更为明显。但是，在亲身经历所应当已经给予我们的教训中，我们只吸取了很小的部分。也许与任何其他地方相比，这里所流行的一些有关什么是合适可行的观念仍然会导致与它们的许诺适得其反的结果。

在新近的经验教训中，现在正在缓慢地和逐步地被人们体会珍惜的那一部分是：在全国规模内独立实行的诸多经济计划，就其总体效应而论，即使是从纯经济观点来看，也必定是有害的，而且它们还必定会产生国际上的严重摩擦。只要每一个国家都自由地启用从它自身的眼前利益看来认为可取的任何措施，而不考虑这些措施对于其他国家可能有何损害，那就很少有建立国际秩序或实现持久和平的希望可言。对于这一点，我们此刻已几乎无须特别强调。确实，只有计划当局能够有效地阻断一切外来的影响，才能使得许多种经济计划真正付诸实施。因此，这种计划的结果，必然是对于人员和货物流动的限制愈来愈多。

对和平的不很明显，但绝非不很真实的威胁来自那种人为地培养一国全体人民的经济团结的做法，以及在全国实行计划所产生的新的利益对立的集团。在国界的两侧，居民的生活水平就呈现出明显的差异，凭借一国的国民资格就有权分享和他国国民所分享的完全不同的成果——这是既不必要也不可取的。如果各国的资源被当作为各国自身的独占性财产，如果国际经济关系不是成为个人与个人之间的关系，而是越来越成为作为贸易实体的各个整体国家之间的关系，它们就不可避免地成为各个整体国家之间的不和及猜忌的根源。一个致命的幻想就是：认为用国家之间或有组织集团之间的谈判方式来代替围绕市场和原料展开竞争的方式就可以减少国际摩擦。这不过是用借助强力的争夺代替那种只能喻称为“斗争”的竞争，并将那种在个人之间无须诉诸武力便可决定胜负的抗争，转变为在强有力的、武装的国家之间的没有更高法律约束的抗争。这些国家同时是本身行为的最高评判者，都不听命于更高的法律，它们的代表们除了本国各自的眼前利益之外又不受任何其他因素的约束——这些国家之间的经济交易必定会导致权力的冲突。①

如果我们只是鼓励朝着这一方向发展的现有趋势（这种趋势在1939年前已过于明显）而不是更好地利用胜利形势，我们也许真的会发现：我们已经打败了德国的民族社会主义，而又只是创造了一个由许多个民族社会主义所组成的世界，它们虽然在

① 对于这里和以下的各点，此处只能简单论及，见莱昂内尔·罗宾斯教授所著《经济计划与国际秩序》（*Economic Planning and International Order*），1937年一书各章。

具体细节上各不相同，但都同样是极权主义和民族主义的，并且相互之间不断地发生着冲突。于是，德国人之所以成为破坏者，正像他们已经对某些民族所做的那样①，只不过是由于他们第一个走上了一条所有其他人最后也都要跟着走的路罢了。

* * *

那些至少部分地意识到这些危险的人，常常得出结论，认为应该搞“国际性”的经济计划，即通过某种超国家主管机构来搞。不过，虽然这可能防止一国的全国性计划所能引起的某些明显的危险，但是提倡这种雄心勃勃的构想的人们，似乎并没有想到他们的提议甚至可以造成更大的困难和危险。有意识地在全国范围内指导经济事务会引起各种问题，如果在国际范围内同样这样做，那么问题的规模必然还会更大。当那些受一项单一计划支配的人们所信奉的各种标准和价值的相似性日渐减少的时候，计划和自由之间的矛盾只能变得更为严重。要计划一个家庭的经济生活未必有多少困难，计划一个小社区生活的困难也较少。但是，随着计划规模增大，对各目标的优先顺序的意见一致程度即趋于减少，而仰仗强力和强迫的必要性则随之增大。在一个小社区里，居民在许多问题上对各项主要任务的相对重要性都能取得一致的看法，也有一致的价值标准。但是我们的网撒得越大，一致的看法就会越来越少，并且，随着一致看法的日益减少，借重于强力和强制的必要性将日益增大。

可能很容易说服任何一个国家的人民为了支援他们认为是“他们的”制铁工业或是“他们的”农业，或者为了在他们的国

① 应特别参阅詹姆斯·伯恩汉姆的那本有意义的著作《管理革命》（*Managerial Revolution*），1994 年。

家中没有一个人的生活降低到某一个水平以下而做出牺牲。只要问题仅仅在于帮助那些我们所熟知其生活习惯和思维方式的人们，或者在于改进那些我们很容易想象的、对于他们自己的相应境况的看法基本上和我们的看法相同的人之间的收入分配或其工作条件，我们通常是甘愿做出某种牺牲的。但是人们只要想象哪怕在像西欧这样一个地区实行经济计划会发生什么样的问题，就必将发现这种计划完全缺乏道德基础。谁能想象竟会有一种共同的公平分配理想会使挪威渔民同意放弃改善经济收入的前景以便帮助其葡萄牙的同行，或使荷兰工人在购买他的自行车时多付价款以便帮助英格兰考文垂市的机械工人，或使法国农民缴纳更多的税金以支援意大利的工业化？

如果大多数人现在还不愿意看到这种困难，这主要是因为他们有意识或无意识地认定恰恰是他们将要为别人解决这些问题，也因为他们相信自己有能力公正和公平地做到这一点。例如，只有当英国人看到了在国际计划当局中他们可能是少数，看到了英国经济发展的主要方向可能要由一个不是英国人的多数作决定，英国人也许就能比任何国家的人更加了解这种计划究竟意味着什么。对于一个国际性主管机构，不管它是以多么民主的方式组建的，如果它有权命令西班牙钢铁工业的发展必须优先于南威尔士的类似工业的发展，命令最好把光学工业集中在德国而把英国排除在外，或者只准完全精炼过的汽油输入英国，并且把一切与炼油有关的工业保留给产油国家时，那么试问英国究竟会有多少人准备服从这一国际性主管机构的决定呢？

想象可以通过民主程序来管理或计划一个包含许多不同民族的广大地区的经济生活，这说明了这些人对这种计划将会引起什么问题是完全缺乏了解的。与在全国范围内实行计划相比，在国际范围内实行计划只能更是一种赤裸裸的强力的统治，是由一个小集团把计划者认为适合于其余人的那样一种标准和目标强加在这些人的身上。有一点是可以肯定的，那就是只有由一个主人—种族（master-race）即“Herrenvolk”，无情地把自己的目的和观念强加于其他种族，德国人所一直欲求的那种大区经济才能得以成功实现。把德国人所曾表现过的对弱小民族的残暴和对这些民族的一切愿望和理想的蔑视简单地看作是德国人特别邪恶的表现，这是一个错误。正是他们所从事的任务的性质，才使得这些事情的发生不可避免。要对理想和价值标准差异很大的人民的经济生活进行管理，就是要承担起一种使得一个人有必要使用强力的责任。它等于僭取一种地位，处于这种地位的人，即使是最为心地善良的人，也不能不使他们被迫按照一种对某些受影响的人说来必定显得高度不道德的方式来行事。①

即使我们假定统治力量有着像我们所能想象的那样的理想主义思想和无私胸怀，事情也仍然是如此。但是，经济力量会是无私的这种可能性又是多么渺小，而偏袒自身的诱惑力却又是多么巨大！我相信英国人的礼仪和公道的水平，特别是在国际事务方面，跟任何其他国家的人相比都是有过之而无不及的。不过，即使在现在，我们也还能听到有人申辩说：必须利用胜利来创造条件，使英国工业能够充分运用战时建造起来的专门设备；同时，必须引导欧洲的复兴，使它适合英国工业的特殊要求，并保障国内每一个人拥有他自己认为是最适合的职业。这些建议的令人不安之处，并不在于那些体面人物提出这些建议，而是在于他们是以如此单纯和理所当然的态度提出这些建议——他们完全没有意

① 和其他任何国家一样，我们这一国家在殖民方面的经验也充分地表明，即使像被我们理解为殖民地开发的那种温和形式的计划，不管我们愿意与否，也必定会把某些价值标准和理想强加于他们所要帮助的人们。确实，正是这种经验，使得即使是最有国际头脑的殖民专家也非常怀疑对殖民地实行“国际”共管的可行性。

识到为实现这类目的而动用强力涉及道德上的犯罪。

*　*　*

产生这种认为有可能通过民主手段对许多不同民族的经济生活实行统一的集中指导的信念的最有力动因，也许就是这样一种错觉：以为如果把决定权交给“人民”，那么工人阶级利益的一致性将很容易克服那些统治阶级之间所存在的分歧。我们完全有理由预期：在实行世界性计划时，现在在任何一国的经济政策上所产生的经济利益冲突，事实上将成为所有民族之间的，只有诉诸武力才能解决的利益冲突，而且它将以更为激烈的形式出现。在国际计划当局必须加以解决的那些问题上，各民族的工人阶级之间将必然同样会有利益及看法冲突，与一国内的不同阶级之间的冲突相比，它们更缺乏为各方所公认的公平解决基础。对于贫困国家的工人来说，他比较幸运的他国同事要求通过最低工资立法从而免受来自他的低工资竞争，自称这是出于对他的利益的考虑。而这往往只是一种手段，用以剥夺他按低于他国工人的工资进行劳动、克服不利的自然条件以改善其处境的唯一机会。对他来说，他得拿出花费了 10 个工时的产品来换取别处拥有较好机械装备的工人的 5 个工时的产品这一事实，无异于任何资本家所

---

① 如果有人仍然看不到这些困难，或相信只要抱有些许善意，就能克服所有这些困难，那么，他应该试着去关注一下把经济生活的集中管理应用于全世界范围时所将涉及的一切问题。这将对他有所助益。这将意味着或多或少有意识地力图确保白种人的优势，并使所有其他民族认为这是理所当然的。这难道还有什么疑问吗？在我找到一个神志清醒的、真正相信欧洲各民族将自愿接受由一个世界性的议会为他们决定的生活水平和发展速度的人以前，我只能把这类计划看成是荒诞的。但不幸的是，这并没有杜绝人们认真地拥护一些特定的措施，而只有在世界性管理原则是一种可实现的理想的时候，这些措施才能是正当的。

施行的“剥削”。

相当肯定的是，与在一个自由经济中相比，在一个国际性计划体系中，较为富裕的因而也是最为强大的国家会在更大的程度上成为贫困国家仇恨和猜忌的对象，而后者全都会认定，只要它们能够自由地做它们愿做的事情，它们本来就能够更为快速得多地改善他们的处境，至于这种看法是对是错，我们姑且不提。的确，如果开始把实现各民族间的公平分配视为国际性计划当局的责任的话，那么社会主义理论稳步和不可避免的发展无非就是阶级冲突将变成各国工人阶级之间的斗争。

当前存在许多有关“为了生活水准的均等化而实行计划”的糊涂言论。稍为详细地考察一下其中的某个建议，看看它到底包含些什么内容，会是富有启发意义的。目前，我们的计划者特别喜欢提出要为之制订这种计划的地区是多瑙河流域和东南欧。毫无疑问，出于人道主义和经济的考虑，也出于欧洲未来和平的利益，这一地区的经济情况亟待改善，而且只有在和过去不同的政治制度安排下才能实现这一步。但是，这并不等同于要求我们根据一项单一的总计划来管理这一地区的经济生活，根据事前制订的计划表来促进各种产业的发展，而且地方发挥自身积极性与否有赖于中央当局是否批准并把它编入总计划。例如，人们不能为多瑙河流域创建一种像田纳西河峡谷管理局之类的东西，如果不因此而在事前决定未来许多年中居住在多瑙河领域地区里的各个民族的相对发展速度，或者不使这些民族各自的雄心和愿望服从于这个任务。

制订这种计划必然得从规定各种要求的优先次序入手。为了有意识地把生活水平加以均等化而实行计划，意味着必须通过权衡价值的大小来对不同的要求排序，某些要求必须优先于另一些要求，后者必得静候该轮到它们的时候——即使那些其利益由此被置后的人们也许确信，他们不但更有权利，而且只要给予他们以按照他们自己的打算自由行事的权利，他们就有能力更快地达到他们的目标。我们并没有根据去决定，贫困的罗马尼亚农民的要求要比更贫困的阿尔巴尼亚农民的要求有更多或更少的迫切性，或者斯洛伐克山区牧民的需要比他的斯洛文尼亚同行的需要更大些。但是，如果必须按照一个单一的计划来提高他们的生活水平的话，那就必须有人有意识地去平衡所有这些权利要求的是非曲直，并居间做出选择和决定。一旦这样一项计划付诸实施，就要把计划区域内的一切资源用于这项计划——这对那些认为他们自己能干得更好的人们也不能有例外。一旦他们的权利要求被列入较低等级，他们就必须为首先满足那些得到优先权者的需要而工作。在这种情况下，每一个人将会理所当然地感到，如果采用其他某种计划的话，他的处境也许不至于那么坏，感觉到正是主要强国的决定和强权才使他处于比他认为应得的要更为不利的地位。如果在一个小民族聚居区里试行这类事情，而且这些小民族中的每一个民族都同样狂热地相信自己胜于其他民族，那就只能诉诸武力才能完成这件工作。事实上，这无异于必得利用决断和强权去解决诸如是马其顿还是保加利亚农民的生活水平应该提高得更快一些，是捷克还是匈牙利的矿工应该更快地接近西方生活水平之类的问题。我们并不需要懂得多少有关人性的知识，而且肯定只要稍加了解有关中欧民族的知识，就可以看出：不管强加的是些什么决定，将会有许多人，也许有大多数人，认为代为选定的某种特定优先顺序是极为不公平的，他们就会立刻转而向那些实际上决定他们命运的强国发泄他们共同的仇恨，不管它是多么公正无私。

有许多人是真诚地相信，如果让他们去处理这件事，他们能公正地和不偏不倚地解决所有这些问题，但是当他们发现人家都转而对他们产生猜忌和仇恨时，他们无疑会真正感到惊奇，而当他们看到他们有意使其受益的人们表现出反抗时，他们可能会是第一批动用强力的人，并在强使人们做那些据说对他们自己有利的事情时，表现出他们是十分残酷无情的。这些危险的理想主义者不明白，当承担一种道德责任必须涉及通过强力使自己的道德观念相对于那些在其他社会中占据支配地位的道德观念占上风的时候，承担这样一种责任会使一个人处于一种不可能按道德行事的处境。如果硬要把这样一种不可能完成的道义任务强加于战胜国，这肯定会在道德上败坏和损害它们。

让较贫困民族依靠自己的努力去建立他们的生活，提高他们的生活水平，并让我们尽一切可能去帮助他们。如果一个国际性的主管机构仅限于维持秩序并为人民能改善自己生活而创造条件，它就能够保持公正和对经济繁荣做出巨大贡献。但是，如果由中央配给原料和配置市场，如果每一个自发行动都得由中央当局"同意"，如果没有中央当局的批准就什么事也不能做的话，中央当局就不可能保持公正，就不可能让人民按自己的意愿安居乐业。

* * *

在经过以上各章的讨论之后，我们几乎没有必要再来强调说，用"仅仅"把某些特定的经济权力委托给各种国际性主管机构的方法不能应付这些困难。那种认为这是一个切实可行解决办法的信念基于这样一种谬见：即认为经济计划仅仅是一项技术性任务，可以由专家按绝对客观的方式加以完成，而真正重要的事情却仍然掌握在政治当局的手里。由于任何国际性经济当局不受某一种最高政治权力的约束，即使严格限于某一特定领域，也易于施展其所能想象得到的、最暴虐和不负责任的权力。对某一重要商品或劳务（如航空运输）的控制实际上是能够委托给任何当局的一种影响最为深远的权力。并且因为几乎没有任何事情不能以局外人无法有效加以质询的“技术上需要”为借口，甚或以不能用任何其他方法加以帮助，处于不利地位的群体的需要这种人道主义的，可能完全是真诚的理由来加以辩护，所以很少有可能控制那种权力。这种在或多或少自主的机构之下的世界资源组织，现时常常在最令人感觉意外的地方被青睐，属于一个为所有国家政府所承认、不服从任何一国政府的广泛的垄断系统里受到青睐，它不可避免地会成为一切所能想象得到的计策中最下下之策，即使那些受托管理者表明他们是其所看护的某些特定利益的最忠实的维护者。

我们只要认真地剖析一下那些貌似无害的建议的全部内在关联之处，就能明了它们所产生的可怕的政治困难和道德危害。那些建议广泛地被视作未来经济秩序的重要基础。例如有关有意识地控制和分配主要原料之类的建议。控制例如石油或木材，橡胶和锡之类的任何一种原材料供应的人，将成为全部工业和各国命运的主宰。在决定是否要增加供给、降低价格或生产者收入时，他会决定是否允许某个国家创立某种新的工业，或是否禁止它这样做。当他“保护”那些他认为是特别托付给他照顾的人的生活水准时，他将剥夺许多处境更坏的人的最好的，也许是唯一的改善其处境的机会。如果由此控制了所有重要原材料，那么在没有得到控制者的准许的情况下就的确不会有新的工业，不会有一个国家的人民可能着手去从事新的风险投资，没有一种开发或改进计划是他们的否决权所不能破坏的。在旨在“分配”市场的国际安排方面也是如此，而在控制投资和自然资源开发方面更是如此。

如果观察那些装做是最冷静的现实主义者的人，我们会发现那是很出奇的，他们抓住一切机会嘲笑那些相信建立国际政治秩序可能性的人的“乌托邦主义”，但对经济计划所带来的、对各个民族生活的远为直接的和不负责任的干涉，反倒认为是比较切实可行；他们并且相信，一旦一种从未梦想过的权力被赋予一个国际性政府，即那种刚才说到过的，甚至不能实行一种简单的法治的国际性政府，这种较大的权力将以如此无私和明显公正的方式得以行使并足以博得普遍的同意。如果有什么东西是一目了然的话，那就是：虽则许多国家可能信守它们所曾同意的正式规则，但它们绝不会听从国际经济计划的指导——就是说，虽则它们可能同意比赛规则，但是它们绝不会同意由多数投票来决定它们各自需要的轻重缓急和容许它们的发展速度。纵使起初由于对这种建议的意义抱有某种幻想，各国竟然同意把这种权力移交给一个国际性主管机构，但它们不久后就会发现，它们所委托的不仅仅是一个技术性任务，而是管理它们生活本身最为广泛的权力。

赞成这种计划的人当中也有一些不见得是完全不切实际的“现实主义者”，在他们内心里的想法显然是：虽然大国将不愿服从任何最高当局，但它们将能够利用那些“国际性”主管机构，以便在它们所拥有霸权的区域内把它们的意志强加给小国。这里面的确有许多的“现实主义”成分，用这种手法可以使计划当局披上一层“国际”的伪装，这也许便于创造条件，使得唯有国际性计划才是切实可行的，也就是说，实际上是使一个唯一的占统治地位的强国独揽大权。但是这一伪装并不会改变以下事实：对于所有小国来说，这将意味着有甚于丧失一部分明确规定的政治主权，它们还要完全地从属于一个外来的强力，对于这种强力，它们不再可能进行真正有效的抵抗。

有意义的是，最为热心地拥护一种集中指导的欧洲经济新秩序的人，竟也像他们的费边主义和德国的鼻祖一样，表现出完全漠视各小国的个性与权利。与在国内政策问题上相比，卡尔教授在这方面更代表英国向着极权主义发展的一种趋势，他的看法也已经引起他的一位同行向他提出一个非常理直气壮的问题：“如果纳粹对待较小的主权国家的行径真的将成为一种普通形式，那么这场战争是为了什么?”[①] 最近某些在像伦敦《泰晤士报》和《新政治家》杂志这样大不相同的报刊上发表的有关这些问题的言论已经在我们较小的盟国内部引起多少紧张不安[②]。那些留意过这一势态的人将不会怀疑：就连在我们最亲密的朋友们中间，现在这种态度也引起多少愤慨，并且如果听从这些建议者的话，战时留下的善意印象又将多么容易烟消云散。

*　*　*

当然，那些这样轻易去蹂躏小国权利的人，有一点是对的：如果不管大国小国都在经济领域内重新取得不受限制的主权的话，我们便不能指望战后有秩序或持久和平可言。但这并不是说，我们要把甚至在一国范围内还不曾学会善加运用的权力赋予一个新的超级国家，要授权一个国际主管机构去指导各个国家如何使用它们的资源。这不过是说，必须有一种权力可以制止各个国家加害于邻国的行动，必须有一套规定一个国家可以做什么的规则，以及一个能够执行这些规则的主管机构。这样一个机构所需要的权力主要是消极性的，尤其是它必须能够对一切限制性措施说一声“不”。

我们现在普遍相信，我们需要一个国际经济主管机构，而各个国家又能同时保持其不受限制的政治主权——这远非属实，实

① 参阅曼宁（C. A. W. Manning）教授对卡尔教授所著《和平的条件》（*The Conditions of Peace*）一文的书评，载《国际事务评论》增刊（*International Affairs Review Supplement*），1942 年 6 月。

② 从几方面来看，正如我最近在一个周刊里看到的那样，很为重要的是：“人们早已开始预料到在《新政治家》（New Statesman）的字里行间也会像在《泰晤士报》上那样闻到卡尔的气息。”引文见《四季风》（Four Winds），载《时与潮》（*Time and Tide*），1943 年 2 月 20 日。

际情况几乎恰恰相反。我们所需要和能够希望实现的，并不是把更多的权力集中在不负责任的国际经济机构的手里，而是相反赋予它一种更高的政治权力，它应能制衡各种经济利益集团，并在这些利益集团之间发生冲突的时候，由于正是它自己不参与经济角逐而能够真正保持公平。我们所需要的是这样一个国际政治主管机构：它无权指挥各个民族必须如何行动，但必须能够制止他们做损害其他民族的行动。必须委托给国际主管机构的权力，不是近年来各个国家所僭取的新权力，而是一种没有它就不能维持和平关系的最低限度的权力，也就是说，基本上是那种极度自由主义的“自由放任”国家所拥有的权力。并且，甚至比在一国范围内更为紧要的是，应当由法制来严格限制国际主管机构的这些权力。当各个国家越来越成为经济管理单位，越来越成为经济主体而不仅是监督人，任何摩擦也就都不再是个人之间的，而是作为经济管理单位的国家与国家之间的摩擦，对这种超国家主管机构的需要当然也就变得更大了。

在一种国际政府形式下，应把某些严格规定的权力移交给一个国际机构，而在其他各方面，应仍由各个国家继续负责其国内事务——这种形式当属联邦制形式。我们应该不容许在有关“联邦”（Federal Union）的宣传盛极一时的时候以一种全世界的联邦制组织的名义提出许许多多考虑不周的、常常是极端愚蠢的主张来混淆这样一个事实：联邦原则是使各个民族能够联合起来建立一个国际秩序，而对他们合理的独立愿望并不加以非分遏止的唯一形式。[①] 诚然，联邦制只不过是民主政治运用到国际事务

---

① 很遗憾的是，近年来向我们袭来的联邦主义著作的洪流，使得其中少数有思想的重要著作没有得到人们应有的重视。其中 W. 艾弗·詹宁斯（W. Ivor Jenning）教授著的小册子《西欧联邦》（*A Federation for West Europe*），1940年，是我们在建立一个新的欧洲政治机构的时机到来时应当特别细心参读的一本书。

方面，是人类迄今发明的和平转变的唯一方法。不过，它是一种赋予政府有着明确和有限权力的民主政治。撇开把各个国家合并为一个单一的集权国家这种更为不可实现的理想不谈（这种集权国家的吸引力是远为显而易见的），它是实现国际法理想的唯一途径。我们一定不要自欺欺人地说，在过去把国际行为规则称作国际法时，我们所做的已经超越了仅仅表示一种虔诚的希望的程度。当我们希望防止人们互相杀戮时，我们不应满足于发表一个杀人是不合宜的宣言而了事，而应给予主管机构一种禁止它的权力。同理，如果没有一个权力机构把国际法付诸实施，就不可能有国际法。建立这样一种国际权力机构的障碍主要在于一种认为该机构必须掌握所有的、现代国家所拥有的、实际上是无限的权力的观念。但由于联邦制遵循分权原则，这绝对不是必然如此的。

这种分权制不可避免地既限制整体的权力，也将限制各个国家的权力。不错，现时流行的许多种计划也许会变成完全不可能。① 但分权绝不会成为对所有计划的障碍。实际上，联邦制的主要优点之一，便是它能够这样来设计：使得大多数有害的计划难以实现，而同时却给值得期望的计划大开方便之门。它能阻止，或者我们能使它阻止多数种类的限制主义。它使国际性计划限于那些能够取得真正的一致意见——不论在与之有着直接利害关系的“利益集团”之间，还是在一切影响所及的人们之间——的范围。那些能够由地方实行而无须限制性措施的可取的计划形式是完全由地方自由决定的，而且决定权操纵在那些最有资格对之负责的人的手中。我们甚至可以希望，在一个联邦内

① 有关这一点的论述可参阅笔者著《建立国家间的联邦的经济条件》（Economic Conditions of Inter－State Federation），载《新联邦季刊》（*New Commonwealth Quarterly*），第5卷，1939年9月。

部，使得各国尽量强大的那些同样的理由也将不再存在，过去的集权过程在某种程度上可能被扭转过来，而且把国家的某些权力下放给地方当局也是有可能的。

有人想通过把各个国家分头吸收进一些大的联邦制集团组织，最终也许把它们吸收进一个单一的联邦，从而终于获得世界和平——值得回忆的是，这一想法并不是什么新鲜的东西，它实际上是几乎所有 19 世纪自由主义思想家的理想。从常被引用的坦尼森（Tennyson）的“空战”幻想开始，接下来是人民在最后一场大战以后组成联邦的幻想。一直到 18 世纪的末叶，这种联邦组织的最后成功还仍然只是一种人们对于文明进展的下一个重大步骤所抱的不断重复出现的希望。19 世纪的自由主义者都可能还未充分意识到，一个由各国组成的联邦组织对于他们的原则来说是一个何等不可缺少的补充[①]；但是他们当中很少有人不曾表示过他们相信这是他们的最终目标[②]。只是随着 20 世纪的来临，这些希望才赶在“现实政治”嚣张之前被认为是不可实现的空想。

* * *

我们不应该大规模地重建文明。总的说来，既然避免了中央集权这种致命因素，那么小国人民的生活就会是更美好和更体面，而大国人民的生活就会是更幸福和更美满，这绝不是偶然

① 有关这一点可参阅本书中业已引述的罗宾斯教授的著作，第 240—257 页。

② 直至 19 世纪末的最后数年，H. 西季威克还认为：“推测在西欧国家内部将来可能发生某种一体化过程，这并未超出一个适度预测的范围；如果真的发生了这种一体化的话，那它或许会以美国为榜样，并且新的政治集体的形成将以联邦政体为基础。”［见《欧洲国家政体的发展》（*The Development of European Polity*），1903 年辞世后出版，第 439 页。］

的。如果都由一个大得远非一般人所能测度或理解的组织独揽一切权力和作出大多数重要决定，我们将丝毫不能维护和培育民主。在任何地方，只要没有很大程度的地方自治管理，没有对大众和他们的未来领导人提供一所国民教育学校，民主就从未顺利运作过。只有可以在大多数人所熟悉的事务中学习和完成承担自身的责任的地方，只有在是近邻的觉悟而不是某些有关他人的需要的理论知识在指导行动的地方，一个普通人才能真正参与公共事务，因为他们关心他所了解的世界。如果把政治行动范围搞得过大，以至于几乎只有官僚机构才能掌握有关这一政治行动的必要知识，那么个人的首创性一定会减弱，我相信那些诸如荷兰和瑞士之类的小国在这方面的经验，就连像大不列颠这一类最幸运的大国，都能够从中学到不少东西。如果我们能够创造一个适合小国生存的世界，那对我们大家都有好处。

但是，只有在一种既保证某些规章得到不折不扣地执行，又保证有权执行这些规章的主管当局不把它们用于任何其他目的的真正的法律制度框架内，小国才能像在国内场合那样在国际事务方面保持自己的独立性。虽然为了确保完成其执行共同的法律的任务，这种超国家机构必须很有权力，但是在设计这种国际机构的宪制时，必须防止国际当局以及国家当局成为暴政机构。如果我们不愿意用有时也可能妨碍把权力用于合乎愿望的目的的方法来限制权力，我们将不能防止权力被滥用。在这次战争结束时，我们将会得到的最大的机会就是：战胜的大国自己也得首先服从一个他们所有权付诸实施的规则体系，也许应该同时获得把同样的规则加之于他国的道义上的权力。

一个有效地限制国家对个人的权力的国际机构，将是对和平的一个最好保障。国际范围内的法治必须保障国家不对个人、同时保障这种新的超级国家不对各个民族国家施行暴政。我们的目标既不是具有无限权力的超级国家，也不是那种“自由国家”

的散漫联合体，而必须是自由人的国家的共同体。我们在很久以来辩解说，在国际事务中，要想照我们认为是合宜的那样去做是不可能的，因为其他国家不肯照着规矩来行事。那么，战争行将结束，这将是一个机会来表明我们是诚心诚意的，并且表明我们自己也同样准备接受那些我们认为为了共同利益有必要施之于他国的、对行动自由的限制。

联邦制组织原则只需善为运用，确能成为对世界上某些最为棘手问题的最好解决办法。但是，这个原则的运用是一项极为困难的任务，并且，如果因我们在过于雄心勃勃的尝试中滥用和苛求该原则，我们就不易取得成功。也许会存在一种把任何新的国际组织搞成全方位的和世界规模的组织的强烈趋势，并且当然也会存在一种对于某种这样的综合性组织——如某种新的国际联盟——的迫切需要。很大的危险在于，如果试图单单依靠这一世界性组织，那就会把一切似乎值得置之于一个国际组织之手的任务都交付它来负责办理，而它实际上不会足够令人满意地完成这些任务。我始终确信，这种奢望乃是国际联盟软弱的根源：在它（不成功地）试图成为涵盖世界范围的机构过程中，它不得不被搞得软弱，而一个更小的，同时更为强有力的联盟也许可以成为一个维护和平的更好的工具。我相信这些理由现在仍然站得住脚，并且在英帝国和西欧国家（也许还有美国）之间能够取得某种程度的合作，但在世界范围内，这种合作却是不可能的。一个联邦组织所代表的比较密切的联合，也许其覆盖面起初甚至不能超越像西欧的某一局部地区那样狭小的一个区域，虽则它可以逐步得到扩展。

诚然，形成这些区域性联邦后，各个集团之间的战争可能性依然存在，而为了尽量减少这种危险，我们还得凭借一个更大的，但比较松散的联合体。我的看法是，对某种这样的其他组织的需要，不应当成为那些在文化、看法和标准上很相似的国家之间紧密联合的障碍，虽然我们的目标必须是尽可能防止未来的战争，但我们务必不要相信我们能够一举创立一个使得世界上任何角落里的一切战事都成为不可能的永久性组织。否则，不仅是我们这种企图将不会成功，而且我们也许会因此而失去在更为有限的范围内取得成功的机会。正如在其他大的恶行发生时的那样，为了使战争在将来成为完全不可能而采取的措施，甚至可能比战争本身还要坏得多。如果我们能够减少容易导致战争的冲突的摩擦风险，这也许就是我们所能合理地希望得到的一切。

结　论

本书的意图不在于描述出一份有关合乎我们愿望的未来社会秩序的详细方案。如果说我们在国际问题方面稍稍越出了本书基本的批判任务的话，这是因为我们在这一方面可能立即要面临一项任务，它要求我们建立一个也许要成为今后长久岁月的发展基础的体制。这在很大程度上将取决于我们如何利用行将到来的机会。但是不管我们做什么，它只能是一个新的、长期的、艰苦的过程的开始，在这个过程中，我们大家都希望能够逐渐创造一个和过去 25 年中我们所知道的那个世界完全不同的世界。在现阶段，一幅合乎愿望的国内社会秩序的详细蓝图是否有很大用处，或者说，是否有人有资格提供这幅蓝图，这至少是一个疑问。现在重要的事情是，我们要来商定某些原则，以及使得我们从不久以前曾支配着我们的某些错误中解脱出来。不管我们多么不情愿承认这一点，但我们必须承认，在这次战争以前，我们确曾又一次到达过一个阶段，当时更重要的是清除那些因人类的愚蠢而加诸于我们前进道路上的障碍，解放个人的创造力，而不是设计更多的机构去“指引”和“指导”他们——也就是说，要创造有利于进步的条件，而不是去“计划进步”。现在首要的是，要把我们自己从那种当代最坏形式的蒙昧主义（obscurantism）中解放出来，这种蒙昧主义试图使我们相信，不久以前我们所做的一切不是做得明智，就是非做不可的。在还没有领悟到我们做过了许多蠢事这一点之前，我们将不会变得更为明智。

如果我们要建成一个更好的世界，我们必须有从头做起的勇气——即使这意味着以退为进（reculer pour mieux sauter）。表现出这种勇气的，并不是那些信仰必然趋势的人，也不是那些宣扬一种只不过是根据过去40年以来的走势而预测的“新秩序”的人，也不是那些除了效法希特勒之外就没有其他什么想法的人。其实那些高声要求新秩序的人，也正是那些完全受那种造成这次战争和造成我们所遭受的大多数祸害的观念影响的人。如果年轻的一代人不怎么相信那些曾支配过大多数老一辈人观念的话，他们是对的。但是，如果他们认为这些观念依旧是他们实际上很少了解的、19世纪的自由主义观念的话，他们就犯了错或者误入歧途了。虽然我们既不能希望，也无此力量回到19世纪的现实中去，但我们却有机会去实现它的理想——而且这些理想并非鄙不足取。在这方面，我们几乎没有权利感到比我们的祖辈优越；我们绝不应忘记：把事情弄成一团糟的并不是他们，而是我们自己，是这个20世纪。如果他们还不曾充分了解，为了创造他们所希望的世界，他们究竟需要做些什么，那么，我们从那时起所取得的经验应当已经使我们具有完成这项任务所必需的更多的知识了。如果我们在创造一个自由人的世界的首次尝试中失败了，我们必须再次尝试。一项维护个人自由的政策是唯一真正进步的政策，在今天，这一指导原则依然是正确的，就像在19世纪时那样。

书目提要

对一种多年来一直为人们明确支持的观点加以说明，会遇到这样的困难，即在几章的篇幅内只能对它的几个方面进行讨论。对那些完全通过前 20 年中的主流观点形成其看法的读者来说，这几乎不足以为有益的讨论提供共同的话题。但是，尽管并不时髦，本书作者的观点也并不像某些读者看来的那样是独一无二的。他的根本看法与许多国家里人数正稳步增长的作者们的看法一致，而这些作者的研究却并未使他们得出相似的结论。有些读者愿意进一步了解他所能发现的陌生但并不一致的观点，对他们来说，下列若干这类较重要的著作是有用的，其中也包括这样几本书，它们通过对所向往的未来社会结构的更充分讨论，对本书必不可少的批判性特征进行了补充。

CHAMBERLIN, W. H. , *A False Utopia. Collectivism in Theory and Practice*, Duckworth, 1937. [W. H. 张伯伦：《伪乌托邦——集体主义的理论与实践》，杜克沃兹，1937 年。]

GRAHAM, F. D. , *Social Goals and Economic Institutions*. Princeton University Press 1942. [F. D. 格拉汉姆：《社会目标与经济制度》，普林斯顿大学出版社，1942 年。]

HALÉVY E. , *L' Ere des Tyrannies*. Paris, Gallimard, 1938. [E. 阿列维：《专制时代》，巴黎，伽利玛，1938 年。该书中最重要的两篇论文的英文版可以在《经济学》杂志（*Economica*）1941 年 2 月号和《国际事务》（*International Affairs*）1934 年卷

中找到。]

HALM, G., L. V. MISES, and others, *Collectivist Economic Planning*, by F. A. Hayek, Routledge, 1937. [G. 哈尔姆、L. V. 米塞斯等：《集体主义经济计划》，F. A. 哈耶克编，路特利治，1937 年。]

HUTT, W. H., *Economists and the Public*, Cape, 1935. [W. H. 赫特：《经济学家与公众》，海岬，1935 年。]

LIPPMANN, W., *An Inquiry into the Principles of the Good Society*. Allen & Unwin, 1937. [W. 李普曼：《对良好社会原则的探索》，艾伦和厄温，1937 年。]

MISES, L. V., *Socialism*, trsl. by J. Kahane, Cape, 1936. [L. V. 米瑟斯：《社会主义》，J. 卡汉译，海岬，1936 年。]

MUIR, R., *Liberty and Civilisation*, Cape, 1940。[R. 缪尔：《自由与文明》，海岬，1940 年。]

POLANYI, M., *The Contempt of Freedom*, Watts, 1940. [M. 博兰尼：《蔑视自由》，沃茨，1940 年。]

RAPPARD, W., *The Crisis of Democracy*, University of Chicago Press, 1938. [W. 莱帕德：《民主的危机》，芝加哥大学出版社，1938 年。]

ROBBINS, L. C., *Economic Planning and International Order*, Macnillan, 1937. [L. C. 罗宾斯：《经济计划与国际秩序》，麦克米伦，1937 年。]

ROBBINS, L. C., *The Economic Basis of Class Conflict and Other Essays in Political Economy*, Macnillan, 1930. [L. C. 罗宾斯：《阶级冲突的经济基础及其他政治经济学论文》，麦克米伦，1930 年。]

ROBBINS, L. C., *The Economic Causes of War*, Cape, 1939. [L. C. 罗宾斯：《战争的经济原因》，海岬，1939 年。]

ROEPKE, W., *Die Gesellschaftskrisis der Gegenwart*, Zürich Eugen Rentsch, 1942. [W. 勒普:《现代国家的危机》，苏黎世，欧根·伦奇，1942 年。]

ROUGIER, L., *Les nystiques economiques*, Paris, Librairie Medicis, 1938. [L. 罗杰尔:《经济学之神秘》，巴黎，美第奇出版社，1938 年。]

VOIGT, F. A., *Unto Caesar*, Constable, 1938. [F. A. 沃伊特:《归于恺撒》，康斯特布尔，1938 年。]

下列为芝加哥大学出版社编“公共政策丛刊”（Public Policy Pamphlets）

SIMONS, H., *A Positive Program for Laissez - Faire, Some Proposals for Liberal Economic Policy*, 1934. [H. 西蒙斯:《自由放任的实证纲领——对自由主义经济学的某些建议》，1934 年。]

HERMENS, F. A., *Democracy and Proportional Representation*. 1940. [F. A. 赫门斯:《民主和比例代表制》，1940 年。]

SULZBACH, W., “*Capitalist Warmongers*”: *A Mondern Superstition*, 1942. [W. 舒尔茨巴赫:《“资本主义战争贩子”: 现代迷信》，1942 年。]

HEILPERIN, M. A., *Economic Policy and Democracy*, 1943. [M. A. 海尔佩林:《经济政策和民主》，1943 年。]

还有些同样性质的德文的和意大利文的重要著作，考虑到这些书的读者，在此提及它们的书名是不明智的。对此书目，我要增添三本书的名字，这三本书比其他任何一本书都更有助于我理解主宰我们的敌人的观念体系和使他们的思想与我们的思想分离的差别。

ASHTON, E. B., *The Fascist, His State and Mind*, Putnam, 1937。[E. B. 艾希顿:《法西斯主义——其国家与精神》，普特

南，1937 年。]

FOERSTER, F. W., *Europe and the German Question*, Sheed, 1940。[F. W. 福斯特尔：《欧洲与德国问题》，希德，1940 年。]

KANTOROWICZ, H., *The Spirit of English Policy and the Myth of the Encirclement of Germany*, Allen & Unwin, 1931. [H. 坎托洛维茨：《英国政策的实质和德国包围的神话》，艾伦和厄温，1931 年。]

我还要补充一本值得注意的有关德国现代史的近著，它在这个国家并未得到它应得的知名度。

SCHNABEL, F., *Deutsche Geschichte in* 19. *Jahrhundert*, 4 vols, Freiburg, i. B. 1929_ 37. [F. 施纳贝尔：《十九世纪的德国历史》，4 卷本，弗赖堡，1927—1937 年。]

对我们当代某些问题的最佳指导，或许仍然会从自由主义时代的某些伟大政治哲学家——德·托克维尔、阿克顿勋爵，甚至还可以进一步回溯到雅曼·贡斯当、埃德蒙·柏克——的著作以及麦迪逊、汉密尔顿和杰伊等的《联邦党人文集》(*The Federalist Papers*) 中找到。对这几代人来说，自由还是一个问题和一种要捍卫的价值，而同时我们这代人却认为自由理所当然，既认识不到危及它的威胁出自何处，也没有勇气使其摆脱威胁它的种种教条。

各章篇首引文出处

引　言　阿克顿勋爵：《自由史及其他论文》(Lord ACTON, *History of Freedon and other Essays*)，第 62 页。

第一章　罗斯福：《致国会咨文》(F. D. ROOSEVELT, *Message*

to Gongress)，1938 年 4 月 29 日。

第二章 荷尔德林：《许佩里翁》（F. HOELDERLIN，*Hyperion*）第 1 卷，第 1 章［《文集》（*Werke*），海岛（Insel）版，第 465 页］。

第三章 阿列维：《专制时代》（E. HALÉVY，L' Ere des Tyranines），第 208 页。

第四章 墨索里尼：《大法西斯议会报告书》（B. MUSSOLINI，*Grand Fascist Council Report*），1929 年。

第五章 斯密：《国富论》（A. SMITH，*Wealth of Nations*），第四卷，第二章，坎南（Cannan）版，第 1 卷，第 421 页。

第六章 曼海姆：《重建时代的人与社会》（K. MANNHEIM，*Man and Society*），第 180 页。

第七章 贝洛克：《奴隶国家》（H. BELLOC，*The Servile State*），第 3 版，第 111 页。

第八章 阿克顿勋爵：《自由史及其他论文》，第 57 页。

第九章 列宁：《国家与革命》（V. I. LENIN，*State and Revolution*），小型列宁文库（Little Lenin Library）版，第 78 页。

托洛茨基：《背叛了的革命》（L. TROTSKY，*The Revolution Betrayed*），第 76 页。

第十章 阿克顿勋爵：《历史论文与研究》（*Historical Essays and Studies*），第 57 页。

第十一章 卡尔：《二十年的危机》（E. H. CARR，*Twenty Year's Crisis*），第 172 页。

第十二章 缪勒·范·登·布鲁克：《第三帝国》（A. MOELLER VAN DEN BRUCK，*Das Dritte Reich*），转引自巴特勒《国家社会主义的根源》（R. D. BUTLER，*The Roots of Mational Socialism*），第 260 页。

第十三章 《泰晤士报》（*The Times*），1940 年 2 月 24 日，第一版。

第十四章 弥尔顿：《建立自由共和国的简易可行的办法》

(*J.* MILTON, *Ready and Easy Way to Establish a Free Commonwealth*) [《阿留帕几底卡及其他散文文集》(*Aeropagitica and other Prose Works*)，人人(Everyman)版，第181页。]

第十五章　阿克顿勋爵：《自由史及其他论文》，第98页。

译名对照表

ACLAND，R.，艾克兰
ACTON，Lord，阿克顿勋爵
Altruism，利他主义
Antisemitism，反犹太主义
ASHTON，E. B.，艾希顿
Austria，奥地利

Balilla，法西斯少年组织
Beamtenstaat，吏治国家
BEBEL，A.，倍倍尔
BECKER，K.，贝克尔
BELLOC，H.，贝洛克
BENDA，J.，本达
Bill of Rights，权利法案
——of attainder，剥夺公民权利法案
BISMARCK，O. V.，俾斯麦
"Blindmess" of Competition，竞争的"盲目性"
Book Clubs，读书俱乐部
BORKENAU，F.，博尔肯瑙
Bourgeoisie，市民阶级，资产阶级
BRADY，R. A.，布雷迪
BRIGHT，J.，布赖特
BRUENING，H.，布吕宁

BURCKHARDT, J. , 布尔克哈特
BURNHAM, J. , 伯恩汉姆
BUTLER, R. D. , 巴特勒

CARLYLE, T. , 卡莱尔
CARR, E. H. , 卡尔
Cartels, 卡特尔
CECIL, Lord, 塞西尔勋爵
Central Euope, 中欧
CHAMBERLAIN, H. S. , 张伯伦
CHAMBERLIN, W. H. , 张伯伦
CHASE, S. , 蔡斯
CICERO, 西塞罗
CLARK, C. , 克拉克
Class struggle *à rebours*, 阶级斗争逆转
—, international, 国际性阶级斗争
COBDEN, R. , 科布登
Collectivism: definition, 集体主义：定义
Colonial development, 殖民地开发
Commerce, 商业
Competition, 竞争
Competitive socialism, 竞争性社会主义
COMTE, A. , 孔德
Concentration camps, 集中营
Concentration of industry, 产业集中化
Consumption, control of, 对于消费的控制
Contract, Rule of, 契约法则
Corporate State, 法团国家
Corporations, law of, 公司法
COYLE, D. C. , 柯伊尔
Creed, necessity of common, 共同信条的必然性

ERASMUS, D. , 伊拉斯谟
Ethical Code, 伦理准则
Exchange control, 对交换的控制

Fabians, 费边主义者
Fair Wages, 合理的工资
Fairness, 公平
Federation, 联邦
FEILER, A. , 费勒
FICHTE, J. G. , 费希特
Fluctuations, industrial, 产业的波动
Foreign correspondents, 驻外通讯员
Formal Rules, 形式法规
France, 法国
FRANKLIN, B. , 富兰克林
Freedom, economic, 经济自由
—, Change of meaning of term "自由" 词意的变化
—, "collective", "集体主义的" 民主
—of thought, 思想自由
Free Trade, 自由贸易
Freirechtsschule, 自由权利学派
Freizeitgestaltyng, 业余活动安排
FREYER, H. , 弗里耶尔
FRIED, F. , 弗里德
"Full Employment", "充分就业"
"—Produce of Labour", "劳动的全部生产物"

Germany, antisemitism in, 德国的反犹太主义
—, democracy in, 德国的民主
—, intellectual influence on England, 德国对英国思想上的影响
—, leads in modern economic and political development, 德国引导现代经

Holland，荷兰
HUMBOLDT，W. V.，洪堡
HUME，D.，休谟
HUTT，W. H.，赫特

Incentives，刺激
India，印度
Individual Rights，个人权利
Individualism，个人主义
Intelligibility of Social Forces，社会力量的可理解性
Investment，control of 控制投资
Italy，意大利

JAFFE，E.，加菲
JANET，P.，雅内
JENNINGS，W. I.，詹宁斯
Jews，犹太人
Journal for Marxist – Leninist Natural Science，《马克思主义—列宁主义自然科学杂志》
Journal of the National Socialist Association of Mathematicians，《民族社会主义数学家协会杂志》
JUENGER，E.，荣格
Just Price，公道价格
Just，distributive，公正分配
—，formal and substantive，形式上的和实质上的公平

KANT，I.，康德
KEYNES，Lord，凯恩斯勋爵
KILLINGER，M. V.，基林格尔
KNIGHT，F. H.，奈特
KOLNAI，A.，柯尔奈

Macmillan Report，《麦克米伦报告书》
MAINE，H.，梅因
MANNHEIM，K.，曼海姆
MANNING，C. A. W.，曼宁
MARX，K.，马克思
Marxism，马克思主义
Means and ends，手段与目的
MICHELS，R.，米歇尔斯
Middle class，dispossessed，被剥夺财产的中产阶级
—socilism，中产阶级的社会主义
"Middle Way"，"中间道路"
Military type of society，军事式社会
MILL，J. S.，穆勒
MILTON，J.，弥尔顿
Mininum standards，最低水准
—wages，最低工资
Minorities，少数
MOELLER VAN DEN BRUCK，A.，缪勒·范·登·布鲁克
Money，货币（或钱）
Monopoly，垄断
MONTAIGNE，M. de，蒙田
Moral basis and effects of Collectivism，集体主义的道德基础和后果
—code，道德准则
—standards，道德水准
MORLEY，Lord，莫利勋爵
MOSLEY，O.，莫斯利
Motor roads，汽车公路
Motives（economic or pecuniary），（经济的或金钱的）动机
MUGGERIDGE，M.，马格里奇
MUSSOLINI，B.，墨索里尼
Myths，神话

Privilege，特权
Propaganda，宣传（机构）
Property，private，私有财产
Protection：effects in Germany，保护：在德国的后果
—in Great Britain and U. S. A.，英国和美国的保护
Prussianism，普鲁士主义
Public utilities，公共事业
—works，公共工程

QUISLING，V.，吉斯林

Raison détat，国家利益
RATHENAU，W.，腊特瑙
Raw materials，原料
Realism，historical，历史现实主义
Rechtsstaat，法治国家
Renaissance，文艺复兴
Rentier，靠利息过日子（者）
Restrictionism，限制主义
Rights of Man，人权
Risk，风险
ROBBINS，L. C.，罗宾斯
ROEBERTUS，K.，洛贝尔图
ROEPKE，W.，勒普克
ROOSEVELT，F. D.，罗斯福
Rule of law，法治
RUSSELL，B.，罗素
Russia，俄国

Sabotage，阴谋破坏
SAINT - SIMON，C. H. de，圣西门

TACITUS，塔西佗
TAYLOR，F. M.，泰勒
Technological change，技术变化
Temporaty National Economic Committee，全国经济临时委员会
Tennessee Valley Authority，田纳西河谷管理局
TENNYSON，A.，坦尼森
THUCYDIDES，修昔底德
Times，*The*，《泰晤士报》
TOCQUEVILLE，A. de，托克维尔
Totalitarianism：definition，极权主义：定义
TOYNBEE，A. B.，汤因比
Trade unions，工会
TREITSCHKE，L.，特赖奇克
TROTSKY，L.，托洛茨基
Truth，真理

Unemployment，失业
United States of America，美国

Virtues，individualist and social，个人主义的和社会的美德
VOIGT，F. A.，沃伊特
VOLTAIRE，F. M. A. de，伏尔泰

WADDINGTON，C. H.，沃丁顿
War，战争
WEBB，S，and B.，韦伯夫妇
Welfare，social or common，社会的或公共的福利
WELLS，H. G.，威尔斯
Western Civilisation，西方文明
White race，白种人